A First Course in Italian

OGGI IN ITALIA Second Edition

Ferdinando Merlonghi

Franca Merlonghi
Pine Manor College

Joseph A. Tursi
State University of New York
at Stony Brook

Houghton Mifflin Company
Boston   Dallas   Geneva, Illinois
Hopewell, New Jersey   Palo Alto   London

Acknowledgments

The authors and publisher would like to thank the many users of *Oggi in Italia* who suggested changes and improvements based on classroom experience with the material over a period of years. Most of their suggestions have been incorporated in the second edition of the program. Special thanks are due to the following people for their in-depth reviews of substantial portions of the manuscript: Adele Farella, New Dorp High School, Staten Island, New York; Professor Silvano Garofalo, Department of French and Italian, University of Wisconsin at Madison; Professor Erasmo Gerato, Department of French and Italian, The Florida State University at Tallahassee; Professor Sebastien Gulizia, Dawson College, Quebec; and Professor Raymond Petrillo, Department of French and Italian, University of Wisconsin at Madison.

Components of *Oggi in Italia, Second Edition:*

Student text (hardbound)
Instructor's Annotated Edition (hardbound)
Workbook/Laboratory manual
Recordings
Text bank (in printed form)

© Copyright 1982 by Houghton Mifflin Company.

All rights reserved. No part of this work may be reproduced or transmitted in any form or by any means, electronic or mechanical, including photocopying and recording, or by any information storage or retrieval system, except as may be expressly permitted by the 1976 Copyright Act or in writing by the Publisher. Requests for permission should be addressed in writing to Permissions, Houghton Mifflin Company, One Beacon Street, Boston, Massachusetts 02108.

Printed in the U.S.A.

Library of Congress Catalog Card Number: 81-85378

Student's Edition ISBN: 0-395-31872-6
Instructor's Annotated Edition ISBN: 0-395-31873-4

CONTENTS

Appendices

INTRODUCTION

Oggi in Italia, Second Edition is an introductory course in Italian designed for use in both two-year and four-year colleges and universities. It is also suitable for use over a two-year period of time at the secondary school level. The program consists of a student text, an Instructor's Annotated Edition, a Workbook/Laboratory manual, a set of recordings, and a test bank.

The primary aim of *Oggi in Italia* is to provide students with a sound basis for learning Italian as it is spoken and written today. Practice in all four basic skills—listening, speaking, reading, and writing—is given, and every effort is made to provide students with opportunities for self-expression in concrete situations. By the end of the course, students should have mastered many of the basic features of the sound system, be able to use actively many of the basic structures in everyday conversation and writing, and be able to handle an active vocabulary of approximately 1200 words, as well as recognize many more in speech or in writing.

The secondary aim of *Oggi in Italia* is to introduce students to contemporary, non-touristic Italian life and culture. The themes of the dialogues and readings, the cultural notes, the photographs and realia, help convey to students what life is like in Italy today.

The student text is divided into two preliminary lessons, twenty-eight regular lessons, and seven optional cultural units that occur after every four lessons.

The preliminary lessons contain dialogue material with questions, explanations of some important features of the sound system of Italian, cultural notes, a list of common first names in Italian, the Italian alphabet, and some useful introductory vocabulary (numbers 1–10 and classroom objects).

Each of the regular lessons is built around a cultural theme such as university life, sports, leisure activities, politics, and food. A typical lesson is divided into the following sections:

1) *Dialogo* or *Lettura* (a dialogue, narrative, or combination dialogue-narrative that serves as the core material of the lesson); *Domande generali* (comprehension questions) and *Domande personali* (personalized questions); *Nota culturale* (brief cultural note related to the theme of the core material); *Vocabolario* (new vocabulary presented in the core material); *Modificazioni* (simple substitution drills); and *Practica* (varied types of oral and written work).

2) *Pronuncia* (pronunciation drills and sentences in which the sounds are presented in context). This section drops out after *Lezione 16ª*.

3) *Ampliamento del vocabolario* (word sets and vocabulary expansion exercises).

4) *Struttura ed uso* (grammar explanations with examples and related exercises).

5) *Ripasso* (exercises that review basic structures and vocabulary).

Oggi in Italia, Second Edition provides a sufficient variety of materials to make it easily adaptable to different learning/teaching situations. The flexibility of the organization and the great variety of activities allow teachers working under diverse teaching situations to adapt the program to their individual needs and goals.

For a detailed description of the contents and organization of *Oggi in Italia, Second Edition*, see the Instructor's Guide in the Instructor's Annotated Edition.

SCOPE AND SEQUENCE CHART

Italia

LEZIONE A

Listen and repeat after your instructor:

Mi chiamo Anna Paolini.
Sono studentessa.
Sono italiana.
Abito a Milano, in corso Vittorio.

English equivalent

My name is Anna Paolini.
I'm a student.
I'm Italian.
I live in Milan, on Vittorio Avenue.

Mi chiamo Roberto Dini.
Sono studente.
Sono italiano.
Abito a Milano, in via Manzoni.

English equivalent

My name is Roberto Dini.
I'm a student.
I'm Italian.
I live in Milan, on Manzoni Street.

1

Domande personali

1. Come si chiama lei, signor / signorina / signora ...?   Mi chiamo ...
2. È studente o professore, signor ...?   Sono ...
3. È studentessa o professoressa, signorina / signora ...?   Sono ...
4. È italiano o americano, signor ...?   Sono ...
5. È italiana o americana, signorina / signora ...?   Sono ...
6. Dove abita, signor / signorina / signora ...?   Abito ...

Pratica

Pretend that you are in Milan and that you have just met a young woman at the university. Find out what her name is, whether she is a student or a teacher, whether she is Italian or American, and where she lives.

NOTA CULTURALE: Speakers of Italian

Italian is the language of more than 56 million people in Italy. It is also spoken by residents of the Canton Ticino in Switzerland and by Italians living in many parts of the world. In the United States and Canada there are thousands of Italians who not only speak the language, but also read Italian newspapers that are locally published.

Pronuncia: vowel sounds

Because English and Italian have their own set of sound-spelling correspondences, the pronunciation sections of this text use the special symbols developed by the International Phonetic Association to represent sounds. Each symbol, given between slash lines, represents a specific sound. A complete list of symbols, together with the Italian spelling correspondences, is given in the back of this text in Appendix C.

There are five basic vowel sounds in Italian. The sounds /a/ (spelled **a** as in **Anna**), /i/ (spelled **i** as in **Milano**), and /u/ (spelled **u** as in st**u**dente) are stable; they are always pronounced the same. The sounds /e/ (spelled **e** as in b**e**ne) and /o/ (spelled **o** as in s**o**no) may vary slightly.

A. Listen and repeat after your instructor:

/a/	/e/	/i/	/o/	/u/
americana	bene	mi	sono	uno
Anna	come	italiano	corso	studente
Manzoni	arrivederci	signore	abito	tu

B. Read the following sentences aloud. Pay particular attention to the way you pronounce the vowels.

1. Vittorio è americano.
2. Abito a Milano.
3. Ugo è studente.
4. Come si chiama lei?

C. Write the words or sentences dictated by your instructor.

Dialogo

Roberto is walking hurriedly down Via Manzoni, when he suddenly sees Anna. They greet each other, shake hands, and continue on their way.

Roberto	Ciao, Anna, come stai?	Hi, Anna, how are you?
Anna	Bene, grazie, e tu?	Fine, thanks, and you?
Roberto	Abbastanza bene, grazie ... Ciao!	Pretty well, thanks... Good-by!
Anna	Arrivederci!	By!

Pratica   Role-play the dialogue on page 3 with another student. Substitute your
own names for those of Roberto and Anna, or choose an Italian name
from the list below.

Nomi italiani

Nomi di ragazze		*Nomi di ragazzi*	
Anna	Giovanna	Antonio	Luigi
Antonella	Luisa	Alberto	Mario
Carla	Maria	Carlo	Michele
Caterina	Marisa	Enrico	Paolo
Elena	Paola	Franco	Piero
Franca	Silvia	Giacomo	Roberto
Francesca	Teresa	Giorgio	Stefano
Gianna	Valeria	Giovanni	Ugo

NOTA CULTURALE: Levels of formality

In Italian, as in English, speakers use different levels
of formality in the language, depending on the
situation and the person or persons to whom they
are speaking. For example, Roberto uses *ciao* to say
both hello and good-by to his friend Anna. If he
were in a more formal situation, he would probably
use *buon giorno* as a greeting and *arrivederla* as a
farewell expression.

In English, speakers use the pronoun *you* when
they address anyone: a child, an adult, a stranger; or
two or more children, adults, relatives, etc. In
Italian, there are four ways of expressing *you*: *tu,
lei, voi,* and *loro.* You will learn when it is
appropriate to use each pronoun as you continue
your study of Italian.

In Italy it is customary to shake hands much
more frequently than in the United States. When an
Italian shakes hands, he or she is likely to use one
short up-and-down shake, not a series of up-and-
down pumping movements, as an American might.

Ampliamento del vocabolario

Numeri da 0 a 10

0 = zero	4 = quattro	8 = otto
1 = uno	5 = cinque	9 = nove
2 = due	6 = sei	10 = dieci
3 = tre	7 = sette	

A. Add one to each of the following numbers.

▶ zero *uno*

1. tre	4. sette	7. nove
2. quattro	5. sei	8. otto
3. due	6. cinque	9. uno

B. On a scale of 0 to 10, rate your ability to do the following things.

1. speak Italian	5. ride a bike
2. play the piano	6. cook
3. spell in English	7. swim
4. draw cartoons	8. sing

C. Report where the following people live.

▶ Anna / corso Vittorio 8   *Anna abita in corso Vittorio 8.*

1. Ugo / via Manzoni 10
2. Stefano / corso Vittorio 5
3. Caterina / via Mazzini 4
4. Antonella / corso Italia 7
5. Piero / via Dante 3

D. Name the numbers that your instructor or another student writes on the board in series of three.

▶ 2 0 3   *due, zero, tre*

LEZIONE B

Listen and repeat after your instructor:

Sono la signora Paolini, la madre di Anna.
Sono dottoressa.
Lavoro in un ospedale.

English equivalent

I'm Mrs. Paolini, Anna's mother.
I'm a doctor.
I work in a hospital.

Sono il signor Dini, il padre di Roberto.
Sono meccanico.
Lavoro in una fabbrica di automobili.

English equivalent

I'm Mr. Dini, Roberto's father.
I'm a mechanic.
I work in an automobile factory.

Domande

1. Chi è la signora Paolini?   È la madre di ...
2. È dottoressa?   Sì, ...
3. Dove lavora?   Lavora in ...
4. Chi è il signor Dini?   È il padre di ...
5. È dottore?   No, è ...
6. Dove lavora?   Lavora in ...
7. È italiana la dottoressa Paolini? Sì, ...
8. È americano il signor Dini?   No, non è ...

Pratica

Pretend you are at a party and are speaking with Anna's mother and Roberto's father. Find out who they are, where they live, where they work, and if they are American or Italian.

Pronuncia: the Italian alphabet

The Italian alphabet consists of 21 letters. Five additional letters occur in foreign words. Here is the alphabet and the names of the letters in Italian.

Italian alphabet		*Foreign letters*
a = a	**n** = enne	**j** = i lunga
b = bi	**o** = o	**k** = cappa
c = ci	**p** = pi	**x** = ics
d = di	**q** = cu	**y** = ipsilon
e = e	**r** = erre	**w** = vu doppio
f = effe	**s** = esse	
g = gi	**t** = ti	*Capital and small letters*
h = acca	**u** = u	C = maiuscola
i = i	**v** = vu	c = minuscola
l = elle	**z** = zeta	
m = emme		

A. Spell the following words in Italian.

1. studentessa   3. ospedale   5. fabbrica   7. zero
2. dove   4. meccanico   6. giorno   8. cinque

B. Spell in Italian your own first and last name, and the names of some of your classmates or relatives.

NOTA CULTURALE: Italian, a Romance language

Italian is a Romance language, for it derives from Latin, the tongue spoken by the ancient Romans. Other Romance or neo-Latin languages are French, Spanish, Portuguese, and Rumanian.

English is a Germanic language, along with German, Swedish, Danish, Norwegian, and Dutch or Flemish. English does, however, contain thousands of words derived from Latin that resemble their Italian equivalents. These words are called *cognates.* Some are close cognates and are easily recognizable in print, though their pronunciation may be very different; for example, *student* / **studente;** *mechanic* / **meccanico;** *doctor* / **dottore.** Others are a little more difficult to recognize, such as *hospital* / **ospedale,** and *stadium* / **stadio.** Still other cognates share a meaning, though the term may no longer be used in current English; for example, *to labor* / **lavorare.**

Aeroporto Internazionale Leonardo da Vinci, Roma.

Accent marks

In written Italian, accent marks occur only on vowels, and they are in most cases grave (`). They are acute (´) on a few words ending in **e,** such as **perché** (*why*), **sé** (*oneself*), and **né** (*neither*).

Accent marks are used on certain monosyllabic words such as **più** (*plus, more*) and **già** (*already*). They are also used to distinguish between some words that are spelled alike but have different meanings; for instance:

e = and	**è** = is
si = himself/herself	**sì** = yes
se = if	**sé** = oneself

Dialogo   *Mr. Dini is walking along a street in Milan and sees Mrs. Paolini. They shake hands and chat a minute before going on their way.*

Sig. Dini	Buon giorno, dottoressa, come sta?	Good morning, doctor, how are you?
Sig.ʳᵃ Paolini	Molto bene, grazie, e lei?	Very well, thanks, and you?
Sig. Dini	Non c'è male, grazie.	Not too bad, thanks.
Sig.ʳᵃ Paolini	Stanno tutti bene a casa?	Is everyone well at home?
Sig. Dini	Sì, grazie ... Arrivederla, signora!	Yes, thanks ... Good-by, (Mrs. Paolini)!
Sig.ʳᵃ Paolini	Arrivederla, signor Dini.	Good-by, Mr. Dini.

Pratica   Role-play the dialogue above with another student. Then substitute the names of *professoressa Morini* and *professor Boni* for *signor Dini* and *signora Paolini.*

NOTA CULTURALE: Use of titles

The use of first names among adults is less frequent in Italy than in the United States. Often the courtesy titles *signore, signorina,* and *signora* are used in place of a name. Unlike English, professional titles such as *dottore, avvocato* (lawyer) and *ingegnere* (engineer) are commonly used with, or as substitutes for, names. Notice that the titles ending in *-re* (*signore, dottore, professore,* and *ingegnere*) drop the final *e* when they precede a name:

Buon giorno, *signore.*   Buon giorno, *signor* Dini.
Buon giorno, *dottore.*   Buon giorno, *dottor* Paolini.

Signore, signora, and *signorina* are usually not capitalized in Italian. They are abbreviated *Sig.,* *Sig.ʳᵃ* and *Sig.ⁿᵃ*.

Ampliamento del vocabolario

Che cosa è?

un libro

un quaderno

un pezzo di gesso

un cancellino

un cestino

un calendario

un foglio di carta

un giornale

un televisore

un dizionario

una penna

una matita

una gomma

una macchina da scrivere

una rivista

un registratore

una calcolatrice

una radio

A. Ask another student to identify the objects you point to in the classroom.

▶ S¹: Che cosa è?   S²: *È un libro.*

B. Ask another student if he or she has one of the classroom objects listed below. Use the sentence patterns indicated in the model.

▶ un libro   S¹: *Hai un libro?*
             S²: *Sì, ho un libro.* /or/ *No, non ho un libro.*

1. un cancellino
2. un quaderno
3. un pezzo di gesso
4. un registratore
5. una radio
6. una penna
7. una matita
8. una gomma
9. una calcolatrice
10. una macchina da scrivere
11. un giornale
12. una rivista
13. un foglio di carta
14. un televisore

LEZIONE 1ª

Stefano incontra un'amica vicino alla fontana di Trevi.

Stefano Ciao, Luciana. Come stai?
Luciana Bene, grazie, e tu?
Stefano Benissimo, grazie!
Luciana Dove vai così in fretta?
5 **Stefano** Allo stadio. E tu, che cosa fai qui?
Luciana Ho un appuntamento con un amico.
Andiamo ai Musei Vaticani.

11

Domande

Generali
1. Chi incontra Stefano? Dove?
2. Come sta Luciana?
3. Come sta Stefano?
4. Dove va Stefano?
5. Con chi ha un appuntamento Luciana?
6. Dove va Luciana?

Personali
7. Come stai?
8. Che cosa fai qui?
9. Hai un appuntamento oggi? Con chi hai un appuntamento?

Vocabolario

Nomi

un'**amica**   friend (*female*)
un **amico**   friend (*male*)
un **appuntamento**   appointment, date
una **fontana**   fountain
un **incontro**   meeting
una **piazza**   plaza, square

Verbi

andare   to go
  andiamo   we're going
incontrare   to meet
  incontra   he meets

Altre parole ed espressioni

benissimo   just fine, very well
casuale   casual, chance
con   with
dove?   where?
e (**ed** before a vowel)   and
qui   here

allo stadio   to the stadium
ai Musei Vaticani   to the Vatican Museums
che cosa fai qui?   what are you doing here?
dove vai così in fretta?   where are you going in such a hurry?
vicino (a)   near

Modificazioni

Repeat the model sentences after your instructor. Then substitute the words indicated.

1. Ciao, **Luciana.** Come stai?
     Franco
     Teresa
     Giuseppe
     Francesca

2. **Benissimo,** e tu?
     Abbastanza bene
     Molto bene
     Non c'è male
     Non troppo bene (*not too well*)

3. Dove vai **così in fretta?**
    adesso (*now*)
    più tardi (*later*)
    oggi (*today*)
    domani (*tomorrow*)

4. Ho un appuntamento con **un amico.**
    un'amica
    uno studente
    una studentessa
    un dottore
    una dottoressa

NOTA CULTURALE: **Piazze** in Italy

Almost all Italian cities and towns have one or more squares (*piazze*), often adorned with famous monuments and spectacular fountains. The *piazza* has been a feature of Italian cities from ancient times, and used to be the focal point of civic life. The Romans used their *piazze* for many purposes. One of them was to erect in their center honorary columns or arches to commemorate great national events. In Piazza Colonna, for instance, a column was erected between 180 and 192 A.D. to honor the victory of the Emperor Marcus Aurelius against the Germans.

Unfortunately, the *piazze* of contemporary cities and towns have lost their original meaning and have been transformed into convenient but unattractive parking lots. Through ecological awareness and fear of air pollution, however, many famous *piazze* have recently been closed to traffic and have been turned into pedestrian plazas (*isole pedonali*).

La Piazza Colonna, Roma.

Pratica

A. Role-play the dialogue on page 11 with another student. Then sub-stitute your own names for those of Stefano and Luciana.

B. Give Italian equivalents of the following phrases: *How are you?* *Where are you going? What are you doing here? Where is Stefano going? I have a date with a friend.*

Pronuncia: syllabication and stress

Most Italian syllables end in a vowel sound. A syllable usually contains at least one vowel.

Ca·ro·li·na   par·la   i·ta·lia·no.
Ro·ber·to   a·bi·ta   a   Mi·la·no.

In Italian, most words are stressed on the second-to-last syllable. Many others are stressed on the third-to-last syllable.

stu·den·te′s·sa   dia′·lo·go
a·me·ri·ca′·no   a′·bi·to
cul·tu·ra′·le

Italian words that are stressed on the last syllable bear a written accent on the final vowel.

u·ni·ver·si·tà   fa·col·tà   ma·tu·ri·tà

A small group of words (mostly verb forms) are stressed on the fourth-from-last syllable.

te·le′·fo·na·no   a′·bi·ta·no   de·si′·de·ra·no

A. Read the following sentences aloud. Notice that most of the syllables end in a vowel sound.

1. Mi   chia·mo   An·na   Pa·o·li·ni.
2. A·bi·to   a   Mi·la·no,   in   cor·so   Vit·to·rio.

B. Listen and repeat after your instructor. Be sure you stress the correct syllable.

co′r·so	au·to·mo′·bi·le	u·ni·ver·si·tà	te·le′·fo·na·no
so′·no	sim·pa′·ti·co	co·sì	a′·bi·ta·no
do′·ve	e·ne′r·gi·co	ven·ti·tré	de·si′·de·ra·no
stu·de′n·te	mec·ca′·ni·co	cit·tà	ca′·pi·ta·no
Mi·la′·no	fa′b·bri·ca	e·tà	a·do′·pe·ra·no

Dictate words to students and have them divide them into syllables.

Ampliamento del vocabolario

Un'aula

1. un banco	4. una sedia	7. una porta
2. una cattedra	5. una parete	8. una finestra
3. un orologio	6. una lavagna	9. una carta geografica

A. Ask another student to identify as many objects in the picture above as he or she can.

▶ S¹: È una cattedra?   S²: *Sì, è una cattedra.*
▶ S¹: È una sedia?   S²: *No, non è una sedia; è un banco.*

B. Ask another student to identify the objects you point to in the class-room or in illustrations in a magazine.

▶ S¹: Che cosa è?   S²: *È una sedia.*

Struttura ed uso

I Subject pronouns

Here are the subject pronouns in Italian. You are already familiar with the subject pronouns **tu** and **lei**.

singular		plural	
io	I	**noi**	we
tu	you (*familiar*)	**voi**	you (*familiar*)
lui	he		
lei	{ she { you (*formal*)	**loro**	{ they (*masc.* or *fem.*) { you (*formal*)

1. The pronoun **lei** may mean either *she* or *you* (*sg. formal*); the pronoun **loro** may mean either *they* or *you* (*pl. formal*). Context usually makes the meaning clear.

2. There are four ways to express *you*: **tu, voi, lei,** and **loro.**
   —**Tu** is used to address a member of one's family, a close friend, a relative, or a child. The plural of **tu** is **voi.**
   —**Lei** is used to address a person with whom one wishes to be somewhat formal or show respect. The plural of **lei** is **loro.**

   A. Which subject pronoun would you use in addressing the following persons: *tu, voi, lei,* or *loro*?

   1. your friend Mario
   2. your uncle and aunt
   3. a policeman
   4. the president of Italy
   5. two strangers
   6. your younger cousin
   7. your mother
   8. a group of your friends
   9. your parents
   10. a teacher

B. Express in English.

1. noi
2. lei
3. voi
4. tu

5. loro
6. io
7. lui

II *Present tense of* avere

As you introduce reading and writing, remind your students that *h* is not pronounced; it is there to show the difference between words that sound alike but have different meaning: *o/ho, ai/ hai, anno/hanno,* etc.

The verb **avere** (*to have*) is irregular and does not follow the pattern of any of the regular verbs that you will study.

singular			plural		
io	**ho**	I have	noi	**abbiamo**	we have
tu	**hai**	you (*fam.*) have	voi	**avete**	you (*fam.*) have
lui/lei lei	**ha**	{ he/she has { you (*formal*) have	loro	**hanno**	{ they have { you (*formal*) have

1. In Italian, verb endings change according to the subject of the sentence. Since the verb endings indicate person and number, subject pronouns are often omitted except when necessary for emphasis or to avoid ambiguity.

   Ho una calcolatrice.   *I have* a calculator.
   But: **Lui** ha una matita e **tu** hai   *He* has a pencil and *you* have a pen.
   una penna.

2. Negative sentences are formed by using **non** before the verb.

   Non ho un registratore.   *I don't have* a tape recorder.

3. There is no equivalent of *do* or *does* in Italian negative or interrogative sentences.

   Anna **non ha** un orologio.   Anna doesn't have a watch.
   Marco **ha** una radio?   Does Mark have a radio?

C. Say that the following people have an appointment.

▶ Gianna   *Gianna ha un appuntamento.*

1. noi
2. Patrizia e tu

3. io
4. Maria ed io

5. loro
6. Luciano

7. tu
8. Ugo e Luisa

D. Answer the following questions affirmatively or negatively, using the appropriate form of *avere*.

▶ Noi abbiamo un registratore. E tu?   *Sì, ho un registratore.*
                                          No, non ho un registratore.

1. Io ho un giornale. E loro? (Sì, ...)
2. Voi avete un orologio. E lui? (No, ...)
3. Pietro ha un quaderno. E Sara? (Sì, ...)
4. Tu hai una calcolatrice. E lei? (Sì, ...)
5. Loro hanno un televisore. E tu? (No, ...)
6. Laura ha una macchina da scrivere. E Mario e Angela? (No, ...)

E. Ask the following people if they have one of the objects indicated.

▶ Franco: una rivista   *Hai una rivista?*

1. Marco e Carlo: una matita
2. Patrizia: un registratore
3. voi: un foglio di carta
4. la signora Paolini: una penna
5. il signor Dini e la signora Paolini: un dizionario

III Singular forms of nouns

Italian nouns are either masculine or feminine in gender, even those that refer to objects such as notebooks, pencils, and pens. There are no neuter nouns.

persons	amico *m.*	amica *f.*	professore *m.*
objects	quaderno *m.*	rivista *f.*	parete *f.*

Nouns are classified by their final vowel ending. Most nouns fit into one of the following categories:

> Nouns that end in **-o** are usually masculine.
> Nouns that end in **-a** are usually feminine.
> Nouns that end in **-e** may be either masculine or feminine. The gender should be memorized.

F. Identify the following nouns as masculine or feminine.

▶ giornale   *masculine*

1. orologio	3. sedia	5. rivista	7. studente
2. parete	4. professoressa	6. giornale	8. cancellino

IV *Indefinite article*

The indefinite article (*a, an*) in Italian has four forms. It agrees in number and gender with the noun it modifies.

masculine	feminine
un, uno	una, un'

un libro   **una** lavagna
un orologio   **un'** aula
uno studente
uno zero

1. **Un** is used with a masculine noun beginning with most consonants or with a vowel.
   Uno is used with a masculine noun beginning with **s** + consonant or with **z**.
2. **Una** is used with a feminine noun beginning with a consonant.
   Un' is used with a feminine noun beginning with a vowel.

G. Repeat each noun with its correct indefinite article.

▶ penna   *una penna*

1. quaderno	4. finestra	7. studentessa
2. cestino	5. foglio di carta	8. professore
3. studente	6. orologio	9. aula

H. Say that you have the following objects. Use the correct indefinite article.

▶ matita e penna   *Ho una matita e una penna.*

1. libro e quaderno	4. giornale e rivista
2. cancellino e pezzo di gesso	5. calcolatrice e registratore
3. gomma e dizionario	6. radio e televisore

I.   Say that you don't have the following items.

▶ foglio di carta   *Non ho un foglio di carta.*

   1. rivista   3. dizionario   5. calendario
   2. giornale   4. quaderno   6. carta geografica

J.   Say that you work in the following places. (Note: *Lavoro in* = I work at, in.)

▶ ospedale   *Lavoro in un ospedale.*

   1. fabbrica di automobili   4. aeroporto
   2. museo   5. università
   3. stadio

La Galleria di Milano.

V *Plural forms of nouns*

In Italian, noun endings commonly change in the plural forms as indicated below:

1. A noun whose singular ends in **-o** generally changes **-o** to **-i.**

   un lib**ro**   due lib**ri**
   un quader**no**   due quader**ni**

2. A noun whose singular ends in **-a** generally changes **-a** to **-e.**

   una studentes**sa**   tre studentes**se**
   una finest**ra**   tre finest**re**

3. A noun whose singular ends in **-e** generally changes **-e** to **-i.**

   uno studen**te**   quattro studen**ti**
   una pare**te**   quattro pare**ti**

4. A noun whose singular ends in **-io** usually drops the **-o** in the plural.

   un calenda**rio**   due calenda**ri**
   un orolo**gio**   due orolo**gi**

K. Repeat each noun with the number *due.*

▶ una parete   *due pareti*

1. una porta   4. un orologio
2. un quaderno   5. una sedia
3. una cattedra   6. un giornale

L. Ask another student if he/she has the number indicated of the following classroom objects.

▶ libro (2)   *Hai due libri?*

1. dizionario (3)   4. penna (6)
2. gomma (4)   5. quaderno (7)
3. registratore (5)   6. matita (8)

M. Add-an-element. Repeat the pattern started by your instructor, and add an item of your own choice. Increase the number by one.

▶ T: Io ho un libro.
   S[1]: Io ho un libro e due matite.
   S[2]: Io ho un libro, due matite e tre quaderni.
   S[3]: Io ho ...

Ripasso

A. Ask another student if he/she has two of the objects below.

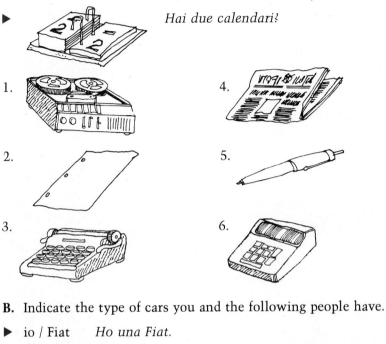

▶ *Hai due calendari?*

1.

2.

3.

4.

5.

6.

B. Indicate the type of cars you and the following people have.

▶ io / Fiat   *Ho una Fiat.*

   1. Giuseppe / Ferrari   4. Teresa e tu / Maserati
   2. Luisa e Carlo / Lancia   5. tu / Lamborghini
   3. noi / Alfa Romeo   6. Marisa / Innocenti

C. Complete the following paragraph with appropriate words from the list below.

   È   corso   dottoressa   un   studentessa   madre   abita
   lavora

   Anna è ... . italiana e ... a Milano, in ... Vittorio.
   La ... di Anna è .... . La signora Paolini ... in ... ospedale.

D. Express in Italian.

   1. —How are you?
      —Not too bad, thank you.
   2. —Do you (*tu*) have an appointment today?
      —Yes, I have an appointment with Teresa.
   3. —Does Mark have a radio?
      —No, he has a tape recorder.

Che cosa c'è di nuovo?

LEZIONE 2ᵃ

Franco Benotti, uno studente dell'Università di Roma, parla con Marisa Martinelli, una studentessa del liceo scientifico. Franco ha venti anni e Marisa ha diciotto anni.

Marisa   Ciao, Franco, che cosa c'è di nuovo?
Franco   Adesso frequento l'università.
Marisa   Ah, sì? Quale facoltà?
Franco   La facoltà di Legge. E tu, frequenti ancora il liceo?

5 **Marisa** Sì, l'ultimo anno.
  Franco Abiti sempre in via Nazionale?
  Marisa No, ora abito in corso Italia...... Scusa, che ora è, per favore?
  Franco Sono le dieci e mezzo. Perché?
  Marisa Oh, è tardi! Devo andare. Ho un appuntamento importante
10   alle undici.
  Franco Bene, arrivederci, allora.
  Marisa Ciao.

Domande

Generali
1. Chi frequenta l'università? Quale facoltà?
2. Chi frequenta il liceo? Quale anno?
3. Dove abita Marisa?
4. Che ora è?
5. Chi ha un appuntamento importante?
6. A che ora ha un appuntamento Marisa?

Personali
7. Frequenta l'università o il liceo lei?
8. Dove abita lei?
9. Lei ha un appuntamento importante oggi? A che ora?

Vocabolario

Nomi

un **anno** year
una **facoltà** university department;
  la facoltà di Legge law school
un **liceo** high school
un'**università** university

Verbi

abitare to live
  abita he / she lives
  abiti you live
  abito I live
dovere must, to have to
  devo I must
  devo andare I have to leave
frequentare to attend
  frequenti? do you attend?
  frequento I attend, I go to
parlare to speak
  parla he / she speaks, is speaking

Altre parole ed espressioni

adesso now
ah oh
allora then
ancora still
del (della) of the, at the
importante important
ora now
perché? why?
quale? which?
scusa excuse me, pardon me
sempre still, always

a che ora? at what time?
alle undici at eleven o'clock
che cosa c'è di nuovo? what's new?
che ora è? what time is it?
ha venti (diciotto) anni he/she is 20 (18) years old
per favore please
è tardi it's late
sono le dieci e mezzo it's ten-thirty

NOTA CULTURALE: Education in Italy

In Italy, education is obligatory for eight years. Children must spend five years in elementary school (*la scuola elementare*) and three years in junior high school (*la scuola media unica*). They may then choose to continue their education for five years in a *liceo* or in an *istituto*.

A *liceo* is equivalent to the last three years of an American senior high school and the first two years of an American college. The *liceo classico* offers classical courses while the *liceo scientifico* offers scientific courses. An *istituto* prepares students for specific careers (technical, commercial, industrial, agricultural, etc.) in five years' time. An *istituto magistrale* is a secondary school that prepares students in five years for elementary school teaching.

Students who graduate from a *liceo* or an *istituto* may be admitted to a university. They must choose their major subject when they register and they must enroll in a specific department (*facoltà*) in which they will be required to take all their courses.

Modificazioni

1. Frequento l'Università di **Roma.**
   Firenze
   Bologna
   Napoli
   Padova

2. Frequenti la facoltà di **Legge?**
   Chimica
   Medicina
   Lettere e Filosofia (*Humanities*)
   Scienze Politiche (*Political Science*)
   Lingue Moderne (*Modern Languages*)

3. Ho un appuntamento **alle undici.**
   alle due
   alle quattro e mezzo
   all'una
   a mezzogiorno

Pratica

Make up a dialogue between Stefano and Teresa. Teresa attends the University of Florence and is a student in the Department of Political Science. Stefano attends the *Istituto Magistrale* in Naples. Stefano interrupts the conversation because it's four o'clock and he has an important date.

Pronuncia:
single and double consonants

When a consonant is doubled in Italian, the sound is usually lengthened or held slightly, or it is pronounced more forcefully.

A. Listen and repeat the following pairs of words after your instructor:

contesa / contessa   copia / coppia   cadi / caddi
tufo / tuffo   fato / fatto   soma / somma
sono / sonno   sera / serra   pala / palla

B. Read aloud the following words. Pay particular attention to the way you pronounce the double consonants.

piazza   Colonna   Vittorio   legge   appuntamento
penna   mezzo   oggi   allora   quattro

C. Read the following sentences aloud:

1. Frequento la facoltà di Legge.
2. Sono le quattro e mezzo.
3. Abiti in piazza Colonna?
4. Dove vai allora?

D. Write the words or sentences dictated by your instructor.

Ampliamento del vocabolario

Numeri da 11 a 30

11 = undici	16 = sedici	21 = ventuno	26 = ventisei
12 = dodici	17 = diciassette	22 = ventidue	27 = ventisette
13 = tredici	18 = diciotto	23 = ventitré	28 = ventotto
14 = quattordici	19 = diciannove	24 = ventiquattro	29 = ventinove
15 = quindici	20 = venti	25 = venticinque	30 = trenta

Quanto fa ... ?

—Quanto fa 2 + 3 (due **più** tre)? —Due più tre fa cinque.
—Quanto fa 5 − 1 (cinque **meno** uno)? —Cinque meno uno fa quattro.
—Quanto fa 2 × 2 (due **per** due)? —Due per due fa quattro.
—Quanto fa 6 ÷ 2 (sei **diviso** due)? —Sei diviso due fa tre.

A. Read aloud the following pairs of numbers:

▶ 6/16   *sei / sedici*

1/11	2/12	3/13	4/14	5/15
11/21	12/22	13/23	14/24	15/25

B. Ask another student or your instructor to answer the following arithmetic problems:

▶ 3 + 6 = ?   S¹: *Quanto fa tre più sei?*
                  S²: *Tre più sei fa nove.*

5 + 7 = ?	12 + 5 = ?	21 + 9 = ?
9 − 3 = ?	20 − 3 = ?	30 − 3 = ?
8 × 2 = ?	6 × 4 = ?	8 × 3 = ?
10 ÷ 2 = ?	12 ÷ 6 = ?	28 ÷ 7 = ?

C. Chain drill. Ask another student how old he or she is.

▶ S¹: Quanti anni hai?   S²: *Ho [diciannove] anni.*
▶ S²: Quanti anni hai?   S³: *Ho [venti] anni.*

Struttura ed uso

I *Che ora è? / Che ore sono?*

È l'una.

Sono le tre.

Sono le dieci.

È l'una e un quarto.
È l'una e quindici.

Sono le quattro e venti.

Sono le undici e mezzo.
Sono le undici e trenta.

Sono le sette meno un quarto.

Sono le otto meno dieci.

È mezzogiorno.
È mezzanotte.
Sono le dodici.

1. **Che ora è?** and **Che ore sono?** can be used interchangeably. Both mean *What time is it?*
2. **È** is used with **l'una, mezzogiorno,** and **mezzanotte** to express *It's one o'clock, It's noon, It's midnight.* **Sono + le** is used with all other hours.
3. The word **e** is used between the hour and the half hour, and **meno** is used between the half hour and the next hour.

   Sono le quattro **e** ventisei.   It is 26 minutes *past* four.
   Sono le cinque **meno** dieci.   It is ten *to* five.

4. The expressions **di mattina, del pomeriggio,** and **di sera** are used to make clear whether one is referring to A.M. or P.M.

   Sono le quattro di mattina.   It's four A.M.
   Sono le quattro del pomeriggio.   It's four P.M.
   Sono le dieci di sera.   It's ten P.M.

5. The expression **A che ora** is used to ask *at what time.* The response *at* + time is given by **a mezzogiorno (mezzanotte),** or **all'una, alle +** **due, tre,** etc.

A. Tell what time it is in the following digital clocks.

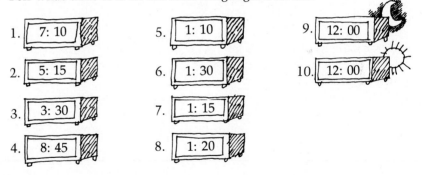

1. 7: 10
2. 5: 15
3. 3: 30
4. 8: 45
5. 1: 10
6. 1: 30
7. 1: 15
8. 1: 20
9. 12: 00
10. 12: 00

B. Franco and Marisa disagree about the time. Franco says that it's a certain hour, and Marisa says no, it's one hour later. Take Marisa's role in responding to Franco's statements.

▶ Franco: Sone le nove.   Marisa: *No, sono le dieci!*

1. Sono le undici.
2. È mezzogiorno.
3. Sono le sette.
4. Sono le tre.
5. È l'una.
6. Sono le dodici.
7. Sono le sei.
8. Sono le otto.

C. There is a six-hour difference in time between New York and Rome. Tell what time it is in Rome, according to the hours given for New York.

▶ New York: Sono le tre e mezzo.   Rome: *Sono le nove e mezzo.*

1. È l'una e venticinque.
2. Sono le quattro e un quarto.
3. È mezzogiorno e cinque.
4. Sono le tre meno venti.
5. Sono le dodici e venti.
6. Sono le due e un quarto.

II Singular forms of the definite article

In Italian, the definite article (*the*) changes to agree in number and gender with the noun it modifies. The singular forms of the definite article are:

masculine	feminine
il, lo, l'	la, l'

il liceo   **la** sedia
lo studente   **l'**aula
lo zero
l'anno

1. **Il** is used with masculine nouns beginning with most consonants.
   Lo is used with masculine nouns beginning with **s** + consonant or with **z.**
   L' is used with masculine nouns beginning with a vowel.
2. **La** is used with feminine nouns beginning with a consonant.
   L' is used with feminine nouns beginning with a vowel.

D. Repeat each noun with the correct *definite* article.

▶ un dottore   *il dottore*

1. un orologio
2. un televisore
3. uno studente
4. una fontana
5. una piazza
6. una sedia
7. un'amica
8. una porta
9. un appuntamento

E. Complete the following dialogue with the appropriate singular forms of the definite article.

Antonella: Frequenti ... Università di Firenze?
Giuseppe: Sì, frequento ... facoltà di Lingue Moderne. E tu?
Antonella: Frequento ... liceo.
Giuseppe: ... ultimo anno?
Antonella: Sì. Scusa, che ora è, per favore?
Giuseppe: È .. una.

III *Present tense of* essere

Essere is irregular in the present tense, as is its English counterpart, *to be.* You have already had all the forms except **siamo** and **siete.**

	singular			plural	
io	**sono**	I am	noi	**siamo**	we are
tu	**sei**	you *(fam.)* are	voi	**siete**	you *(fam.)* are
lui / lei lei	**è**	{ he / she is { you *(formal)* are	loro	**sono**	{ they are { you*(formal)*are

F. You and some of your friends are studying in different Italian cities for a while. Say where some of you are.

▶ Luigi / Napoli   *Luigi è a Napoli.*

1. Marcella e Luisa / Firenze   4. tu / Torino
2. Francesca / Perugia   5. io / Milano
3. noi / Roma   6. Massimo e tu / Pisa

G. Report that the following people are not in Piazza Colonna.

▶ Marco   *Marco non è in piazza Colonna.*

1. Paolo e Roberto   4. tu
2. il padre di Anna   5. la signorina Martinelli ed io
3. i signori Carli   6. io

H. Form sentences, using the cued words and the appropriate form of *essere.*

▶ io / studentessa   *Sono studentessa.*

1. la madre di Anna / dottoressa
2. Luciana ed io / allo stadio
3. loro / ai Musei Vaticani
4. il signor Dini / il padre di Roberto
5. lui / meccanico
6. tu / italiano
7. io / americana
8. Enrico e tu / all'Università di Roma

I. Domande personali.

1. È italiano(a) lei?
2. È americano o italiano suo (*your*) padre?
3. È dottoressa (dottore) lei?
4. È meccanico lei, signor ...?
5. È studente (studentessa) lei?
6. È all'Università di Firenze lei?

IV The preposition di + name

The preposition **di** plus a proper name is used to express possession or a relationship of some kind.

Dov'è **la macchina di Gabriele?**	Where is Gabriele's car?
Qual è **il cognome di Marisa?**	What is Marisa's last name?
Sono **la madre di Anna.**	I'm Anna's mother.
È **il padre di Roberto.**	He's Roberto's father.

The interrogative expression **di chi?** means *whose?*

Di chi è la macchina?   Whose car is it?

J. Create questions and answers with the following cues.

▶ matita: Paola   *Di chi è la matita? È di Paola.*

1. dizionario: Enrico
2. giornale: Giuseppe
3. registratore: Alessandro
4. penna: Matilde
5. quaderno: Carla
6. calcolatrice: Piero

K. Answer these questions by saying that the following objects belong to the person mentioned last.

▶ È di Marco o di Carla il televisore?   *È di Carla.*

1. È di Luisa o di Silvia l'automobile?
2. Sono di Valerio o di Antonio la penna e la matita?
3. È di Michele o di Pietro il dizionario?
4. Sono di Franco o di Ugo il libro e il quaderno?
5. È di Giacomo o di Marcello la macchina da scrivere?

Ripasso

A. Write out in Italian the following number-noun combinations:

1. nineteen years
2. three streets
3. four walls
4. thirty notebooks
5. two lessons
6. eleven chairs
7. twenty-one students (*m.*)
8. sixteen students (*f.*)
9. ten classrooms
10. seventeen books

B. Tell what class Marisa is in, according to the times indicated in her schedule (*orario scolastico*) for Monday (*lunedì*).

L'orario scolastico di Marisa per lunedì	
8:30	matematica
9:30	fisica
10:30	inglese
11:30	chimica
12:30	geografia

▶ Sono le nove e dieci.   *Marisa ha lezione di matematica.*

1. Sono le undici.
2. È l'una.
3. Sono le dieci e un quarto.
4. È mezzogiorno e cinque.
5. Sono le nove.
6. Sono le dieci meno venti.

C. Write out the following arithmetic problems.

▶ $2 - 2 = ?$ *Due meno due fa zero.*

1. $10 \times 3 = ?$	4. $9 + 3 = ?$	7. $16 - 1 = ?$
2. $20 - 11 = ?$	5. $5 \times 5 = ?$	8. $7 \times 2 = ?$
3. $8 + 2 = ?$	6. $21 \div 7 = ?$	9. $16 + 5 = ?$

D. Say that the following people are not from the city indicated.

▶ Silvia / Torino   *Silvia non è di Torino.*

1. la madre di Anna / Venezia	5. Claudia e tu / Salerno
2. Massimo e Lorenzo / Genova	6. Marina / Cagliari
3. io / Trieste	7. il padre di Luigi / Catania
4. Corrado ed io / Bari	8. tu / Roma

E. Deny that the objects mentioned below belong to the person indicated. Then say that they belong to Sandro.

▶ gomma / Valerio   *Non è la gomma di Valerio. È di Sandro.*

1. registratore / Massimo	4. carta geografica / Piero
2. matita / Gianna	5. rivista / Caterina
3. giornale / Roberto	

F. Match the following Italian and English expressions. There is one extra English expression.

1. Che cosa c'è di nuovo?	*Good-by.*	*Thank you.*
2. Per favore.	*What time is it?*	*It's late.*
3. Scusa.	*What's new?*	*Not too well.*
4. Arrivederci.	*Please.*	*Excuse me.*
5. È tardi.		
6. Non troppo bene.		
7. Grazie.		

G. Express in Italian.

1. —Do you attend the University of Florence?
   —No, I attend the University of Bologna.
2. —I have an appointment with the teacher tomorrow.
   —At what time?
   —At one o'clock.
3. —How old are you?
   —I'm nineteen years old.

Un questionario

LEZIONE 3ª

Marisa Martinelli abita con la famiglia a Roma, in corso Italia 28. Il padre di Marisa è dottore e lavora in un ospedale della città. La madre è professoressa ed insegna l'italiano in una scuola media.

Una sera il padre torna a casa e trova un questionario per il nuovo censimento. Il capofamiglia deve rispondere alle domande e rimandare il questionario al comune della città.

QUESTIONARIO

Cognome   *Nome*

CAPOFAMIGLIA: _____

MOGLIE / MARITO: _____

FIGLI: _____

_____

_____

_____

1. Lavora lei?   Sì ☐   No ☐   Dove? _____

2. Chi altro lavora nella famiglia?
     Moglie / Marito   Sì ☐   No ☐
     Un figlio?   Sì ☐   No ☐
     Più di un figlio?   Sì ☐   No ☐

3. Abitano con lei i genitori?   Sì ☐   No ☐

4. Ha la radio?   Sì ☐   No ☐

5. Ha il televisore?   Sì ☐   No ☐

6. Ha altri elettrodomestici?   Sì ☐   No ☐

7. Usa l'automobile per andare a lavorare?   Sì ☐   No ☐

8. Quante automobili ci sono in famiglia?
     Una ☐   Più di una ☐

Indirizzo: Via _____   Numero _____

              Città _____   Telefono _____

Data _____   Firma _____

Domande

Generali
1. Con chi abita Marisa? Dove?
2. Dove lavora il padre di Marisa? la madre?
3. Che cosa insegna la madre?
4. Che cosa trova una sera il padre di Marisa?

Personali
5. Abita lei con la famiglia?
6. Dove lavora suo (*your*) padre? sua madre?
7. Usa lei l'automobile per andare a scuola?
8. Qual (*what*) è il suo cognome? il suo indirizzo? il suo numero di telefono?

Vocabolario

Nomi

il **capofamiglia**   head of family
la **casa**   house, home
il **censimento**   census
la **città**   city
il **cognome**   last name
la **data**   date
gli **elettrodomestici** *pl.*   electrical household appliances
la **famiglia**   family
il **figlio**   son, child
i **figli**   children
la **firma**   signature
i **genitori** *pl.*   parents
l'**indirizzo**   address
il **marito**   husband
la **moglie**   wife
il **questionario**   questionnaire
la **scuola media**   middle school
la **sera**   night
il **telefono**   telephone

Verbi

dovere   must, to have to
   deve   he must
insegnare   to teach
lavorare   to work
rimandare   to return (something)
rispondere   to answer, to respond
tornare (a casa)   to return (home)
trovare   to find
usare   to use

Altre parole ed espressioni

al (alle)   to the
altri *m. pl.*   other
in   in, at
   nella   in the
per   for, in order to
quante?   how many?

chi altro?   who else?
il comune della città   city hall
più di   more than

NOTA CULTURALE: Family ties in Italy

Generally speaking, the "extended family" (which includes near relatives as well as mother, father, and children) is very important in Italian society. Because of strong family ties, and at times owing to economic necessity, two or three generations may live in the same household. It is relatively common to find grandparents living with their children and grandchildren, and unmarried aunts and uncles living with the family of one of their brothers or sisters. Large family gatherings are often held for important occasions such as weddings and for special holidays such as Christmas and Easter.

Modificazioni

1. Lei **lavora** la sera?
   studia (*study*)
   guarda la televisione (*watch television*)
   ascolta la radio (*listen to the radio*)

2. Usa **l'automobile** per andare a lavorare?
   i mezzi pubblici (*public means of transportation*)
   la macchina (*car*)
   la motocicletta (*motorcycle*)

3. Ha **la radio?**
   il televisore
   il frigorifero (*refrigerator*)
   altri elettrodomestici

4. Il padre trova **un questionario.**
   una lettera (*letter*)
   un giornale
   una rivista

Pratica

A. Imagine that you are a census-taker and that you have to go from house to house to gather necessary information about people living in a certain area. Ask several heads of household questions 1 to 8 on the census form.

B. Give an English cognate of *numero, rispondere, automobile, data, lettera, famiglia, nome, pubblici, città.*

Pronuncia: the sounds /r/ and /rr/

Italian /r/ is very different from English /r/ as pronounced in the United States. Italian /r/ is "trilled"; a single flap with the tip of the tongue against the gum ridge behind the upper front teeth produces a sound similar to the *tt* in bi*tt*er, be*tt*er, bu*tt*er, when pronounced rapidly. The sound /rr/ (spelled with a double *rr*) is produced with a multiple flap of the tip of the tongue.

A. Listen and repeat the following words after your instructor.

/r/			/rr/
radio	trova	Marisa	arrivederci
ragazza	grazie	lettera	carro
rivista	Franco	televisore	marrone
Roma	frequento	altro	arrivare

B. Read aloud the following sentences. Pay particular attention to the way you pronounce *r* or *rr*.

1. Franco telefona a Marisa Martinelli.
2. Compro un televisore.
3. Buon giorno, signor Rossi.
4. Arrivederci, signorina.

C. Write the words or sentences dictated by your instructor.

Ampliamento del vocabolario

La famiglia e i parenti

il padre father	**lo zio** uncle	**la moglie** wife	**il cugino** cousin (*m.*)
la madre mother	**la zia** aunt	**il marito** husband	**la cugina** cousin (*f.*)
il fratello brother	**il nonno** grandfather	**il figlio** son	**i genitori** parents
la sorella sister	**la nonna** grandmother	**la figlia** daughter	**i parenti** relatives

A. Answer the following questions.

1. Ha lei un fratello? Come si chiama?
2. Ha lei un cugino? Quanti anni ha?
3. Ha lei uno zio? Dove abita?
4. Quanti fratelli ha? Quanti cugini?

**La famiglia
Martinelli**

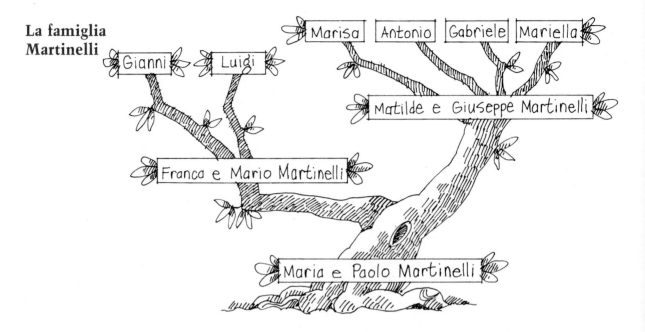

B. Read the following paragraph and answer the questions based on it.

Giuseppe Martinelli è il padre di Marisa. La madre di Marisa si chiama Matilde. Marisa ha due fratelli, Antonio e Gabriele, e una sorella, Mariella. Il nonno e la nonna di Marisa abitano con la famiglia Martinelli. Lo zio e la zia e due cugini abitano a Padova.

1. Qual è il cognome di Marisa?
2. Qual è il nome della signora Martinelli?
3. Quanti fratelli ha Marisa? Quante sorelle?
4. Chi abita con la famiglia Martinelli?
5. Dove abitano lo zio e la zia di Marisa?

C. Roberto and Anna disagree about who is a relative of whom. Take Anna's role in responding to Roberto's statements. You may need to refer to the family tree above.

▶ Roberto: Mario Martinelli è   Anna: *No. Mario Martinelli*
   il padre di Antonio.   *è lo zio di Antonio.*

1. Gianni è il cugino di Luigi.
2. Mariella è la sorella di Gianni.
3. Il signor Paolo Martinelli è lo zio di Giuseppe Martinelli.
4. La signora Matilde Martinelli è la zia di Giuseppe Martinelli.
5. Luigi è il figlio di Antonio.

Struttura ed uso

I The infinitive form

The basic form of an Italian verb (the form listed in dictionaries and vocabularies) is the infinitive. An infinitive is made up of a stem and an ending. Some infinitives end in **-are,** some in **-ere,** and some in **-ire.** Infinitives in **-are** are by far the most numerous.

infinitive	stem + ending	English equivalent
comprare	**compr + are**	to buy
rispondere	**rispond + ere**	to respond
finire	**fin + ire**	to finish

II The present tense of regular -are verbs

The present tense of regular **-are** verbs is formed by adding the endings **-o, -i, -a, -iamo, -ate,** and **-ano** to the infinitive stem (the infinitive minus the **-are** ending).

Here is the present tense of the regular verb **comprare,** *to buy:*

singular			plural		
io	compro	I buy	noi	compriamo	we buy
tu	compri	you (*fam.*) buy	voi	comprate	you (*fam.*) buy
lui		he buys			
	compra	she buys, you	loro	comprano	they buy
lei		(*formal*) buy			you (*formal*) buy

1. A single verb form may be used to express an action that requires a form of the verb *to be + -ing* in English.

   Paola **compra** una rivista.   Paola *buys / is buying* a magazine.
   Il signor Martinelli **lavora** in   Mr. Martinelli *works / is working*
     un ospedale.   in a hospital.

2. Remember: Subject pronouns are often omitted in Italian since the verb endings indicate person and number.

   —Roberto abita a Milano?   —Does Roberto live in Milan?
   —No, **abita** a Firenze.   —No, *he lives* in Florence.

3. Verbs ending in **-care** and **-gare** (like **cercare** *to look for* and **pagare** *to pay for*) are regular except that they add an **h** in the **tu-** and **noi-** forms.

   tu **cerchi**   tu **paghi**
   noi **cerchiamo**   noi **paghiamo**

Here is a list of common regular **-are** verbs. You already know many of them.

abitare to live	**entrare** to enter	**parlare** to speak
arrivare to arrive	**frequentare** to attend	**portare** to bring; to wear
ascoltare to listen (to)	**guardare** to look (at)	**rimandare** to return (something)
aspettare to wait (for)	**incontrare** to meet	**telefonare** to telephone
cantare to sing	**insegnare** to teach	**tornare** to return
chiamare to call	**lavorare** to work	**trovare** to find
comprare to buy	**mandare** to send	**usare** to use

A. Specify what each person buys. Use the cues indicated.

▶ Franco / televisore   *Franco compra un televisore.*

1. io / radio
2. Maria / frigorifero
3. voi / rivista
4. loro / orologio
5. lui / calcolatrice
6. tu / registratore
7. lei / macchina da scrivere
8. Enrico e Francesca / casa
9. lei / automobile
10. lui / motocicletta

B. Emphasize who does the following activities by beginning each sentence with an appropriate subject pronoun.

▶ Parlo italiano.   *Io parlo italiano.*

1. Ascoltate la radio.
2. Aspettano lo studente.
3. Parliamo con Carlo.
4. Guardi la televisione.
5. Entrate in aula.
6. Incontro un amico.
7. Comprano due quaderni.
8. Chiama il dottore.

C. Restate the following sentences by changing each verb to agree with the new subject.

▶ Maria telefona a Giuseppe. (io)   *Telefono a Giuseppe.*

1. Tu porti un libro. (voi)
2. Noi aspettiamo la professoressa. (lui)
3. Teresa chiama un'amica. (tu)
4. Lei abita in via Mazzini. (loro)
5. Voi lavorate in un ospedale. (noi)
6. Lui insegna l'italiano. (loro)

D. Deny that you and the following people do these things today.

▶ Vincenzo / telefonare   *Vincenzo non telefona oggi!*

1. Mauro e Laura / lavorare
2. io / tornare a casa
3. la madre di Marisa / arrivare
4. Gianni ed io / guardare la televisione
5. Enrico e tu / ascoltare la radio
6. tu / usare il registratore
7. Elena e Angelo / rimandare il questionario
8. Claudio / comprare una motocicletta

E. Create logical sentences with the cues provided.

▶ voi / chiamare / fratello / Giovanni   *Voi chiamate il fratello di Giovanni.*

1. lui / incontrare / madre / Paola
2. io / parlare / con / amico / Giuseppe
3. lei / ascoltare / nonna / Margherita
4. noi / aspettare / zio / Giorgio
5. voi / frequentare / liceo
6. tu / pagare / meccanico
7. loro / comprare / macchina da scrivere
8. noi / cercare / indirizzo / Filippo

III Asking questions in Italian

General questions

Interrogative sentences that may be answered by *yes* or *no* are formed in several ways:

a) by using rising intonation at the end of a sentence.

   Ascolti la radio?
   Aspettano Laura?

b) by adding a tag phrase like **non è vero?** at the end of a sentence.

   Paola compra una rivista, **non è vero?**

c) by using rising intonation and shifting the subject to the end of a sentence.

   Frequenta l'università Filippo?
   Lavora in un ospedale il signor Martinelli?

When a subject pronoun is used, it generally comes right after the verb.

Parla **lei** italiano?
Guardano **loro** la televisione?

F. Change each of the following statements into three questions, using the patterns indicated.

▶ Marisa lavora oggi. *Marisa lavora oggi?*
                        Marisa lavora oggi, non è vero?
                        Lavora oggi Marisa?

1. Franco parla con la cugina.
2. Ornella rimanda il questionario.
3. Lei studia la sera.
4. I signori comprano un giornale.
5. Paola è americana.
6. Voi ascoltate la radio.
7. Marco frequenta l'università.
8. I genitori di Elena tornano stasera (*tonight*).

Ripasso

A. Find out the following information from another student. Make up questions using the *tu*-form.

1. if he / she is meeting a friend today
2. if he / she works
3. if he / she uses public transportation to go to school
4. if he / she speaks Italian at home
5. if he / she listens to the radio
6. if he / she is looking for a tape recorder

B. Ask the following people if they don't use the objects below.

▶ Michele: macchina   *Non usi la macchina?*

1. Silvia: calcolatrice
2. la signora Celli: frigorifero
3. Sandro e Franco: motocicletta
4. i signori Carli: la radio
5. i genitori di Lea: automobile
6. uno studente: registratore

C. Complete the following paragraph with appropriate words.

... sorella ... Giovanni ... chiama Tina. Tina ... 25 anni ed ... professoressa. ... l'inglese (*English*) in un ... scientifico di Palermo. Tina ... i mezzi ... per .... a scuola. Tina e Giovanni ... l'italiano e l'inglese. Loro ... con i genitori ... Palermo.

D. Complete the partial sentences in Column A with an appropriate verb from Column B. Be logical!

A	B
1. Luigi ... una lettera.	tornare
2. Io non ... italiano.	rimandare
3. Noi ... la televisione.	ascoltare
4. Loro ... a Roma.	guardare
5. Il padre ... il questionario.	trovare
6. Lei non ... a casa.	arrivare
7. Tu ... la radio.	mandare
8. Adriana ... il dizionario.	parlare

E. Express in Italian.

1. —Does Marisa's mother work?
   —Yes, she teaches in a high school.
2. —Mariella, are you buying a magazine?
   —No, I'm buying a newspaper.
3. —Are you (**voi**) looking for a pen?
   —No, we're looking for the typewriter.

Che cosa fai stasera?

LEZIONE 4ª

Franco desidera telefonare a Marisa. Entra in un bar, compra un gettone e fa il numero. Marisa risponde al telefono.

Marisa Pronto?
Franco Ciao, Marisa. Sono Franco. Che cosa fai oggi pomeriggio?
Marisa I compiti, purtroppo. Devo anche studiare le lezioni per domani.
5 **Franco** E stasera?

Marisa	Non ho niente da fare.
Franco	Vuoi venire a prendere un caffè con me?
Marisa	Mi piace l'idea. A che ora?
Franco	Alle sette.
10 **Marisa**	Dove?
Franco	Al bar "Gli Sportivi" vicino alla stazione.
Marisa	Va bene. A stasera.

Domande

Generali
1. A chi desidera telefonare Franco?
2. Dove compra il gettone?
3. Chi risponde al telefono?
4. Che cosa fa Marisa oggi pomeriggio?
5. A che ora è l'appuntamento?
6. Dove vanno Franco e Marisa stasera?

Personali
7. Che cosa fa lei oggi pomeriggio?
8. Le piace (*do you like*) il caffè? Vuole venire a prendere un caffè?

Vocabolario

Nomi

il **bar**   type of café where one can
  get coffee, etc. as well as alcoholic
  beverages
il **caffè**   (cup of) coffee
i **compiti** *pl.*   homework
il **gettone**   token
la **stazione**   (train) station

Verbi

andare   to go
  vanno   they go
desiderare   to wish, to want
fare   to do; **fa il numero**   he dials
  the number
prendere   to have (in the sense of *to
  drink, to eat*)
studiare   to study
venire   to come
volere   to want
  vuoi ...?   do you (*fam.*) want ...?

Altre parole ed espressioni

anche also	**alle sette** at seven o'clock
purtroppo unfortunately	**a stasera** till this evening, see you
pronto? hello? (*on telephone*)	tonight
vicino (a) next (to), near	**con me** with me
	mi piace l'idea I like the idea
	non ho niente da fare I have
	nothing to do
	oggi pomeriggio this afternoon
	va bene fine, OK

Modificazioni

1. Che cosa fai **oggi pomeriggio?**
   stamattina (*this morning*)
   stasera
   domani mattina
   domani pomeriggio
   domani sera

2. Vuoi venire a prendere **un caffè?**
   un cappuccino (*coffee with cream*)
   un aperitivo
   una limonata (*lemonade*)
   un'aranciata (*orange soda*)

3. Mi piace **l'idea.**
   la matematica
   l'arte
   il gelato (*ice cream*)
   il cappuccino

4. Devo **studiare la lezione.**
   aspettare un amico
   comprare un gettone
   chiamare Giorgio
   incontrare Maria

5. Non ho niente da **fare.**
   comprare
   studiare
   portare

Pratica

Exchange the roles of Franco and Marisa. Marisa phones Franco and asks him what he's doing that evening. Franco says he has to do his homework, but that he has nothing to do the following evening. They make plans to meet at the Bar Giuliani on Via Mazzini for a lemonade or an orange soda.

NOTA CULTURALE: Public telephoning in Italy

In Italy, a special token (*gettone*) is used in public telephones instead of a coin. These tokens may be purchased at newsstands, stores, or bars, or from machines called *gettoniere* (that always require correct change). It is sometimes necessary to walk several blocks to purchase a *gettone* to use in an outside telephone booth, if one forgets to purchase some tokens in advance.

Gettone telefonico

Pronuncia: the sounds /k/ and /č/

The sounds /k/ as in **che** and /č/ as in **liceo** are easy for English speakers to pronounce, but they create problems for the reader.

/k/ $\begin{cases} = \textbf{ch} \text{ before } \textbf{e} \text{ and } \textbf{i} \\ = \textbf{c} \text{ before } \textbf{a, o,} \text{ and } \textbf{u} \end{cases}$ /č/ = **c** before **e** and **i**

A. Listen and repeat the following words after your instructor:

/k/		/č/	
che	amica	cestino	dieci
perché	amico	censimento	undici
politiche	Franco	liceo	vicino
Michele	cugina	cinque	arrivederci
chi	curioso		
chiama	culturale		

B. Read the following sentences aloud. Pay particular attention to the way you pronounce *c* and *ch*.

1. Chi chiama Michele?
2. Arrivederci alle undici!
3. Sono al liceo alle dieci.
4. Perché chiama adesso?

C. Write the words or sentences dictated by your instructor.

Ampliamento del vocabolario

La città

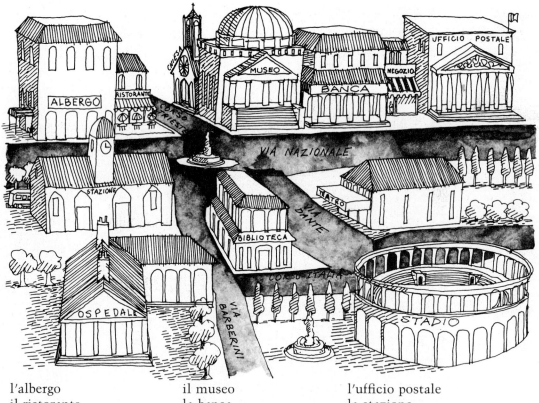

l'albergo	il museo	l'ufficio postale	il teatro
il ristorante	la banca	la stazione	l'ospedale
la chiesa	il negozio	la biblioteca	lo stadio

Ask another student to tell you on which street or avenue each building listed above is located, and whether the building is close to the (*vicino alla*) or far from the (*lontano dalla*) library.

▶ S¹: Dov'è il ristorante?   S²: *È in via Nazionale.*
                                                  È vicino alla biblioteca.

Struttura ed uso

I C'è, ci sono, *and* ecco

C'è (*there is*) and **ci sono** (*there are*) are used to say that objects or people are located or present in a place.

Qui **c'è** un ospedale.   *There is* a hospital here.
Qui **ci sono** tre studenti.   *There are* three students here.

Ecco (*here is, here are, there is, there are*) is used when specifically pointing to objects or people.

Ecco un giornale.   *Here is* (*There is*) a newspaper.
Ecco Mario e Carlo.   *Here are* (*There are*) Mario and Carlo.

A. Restate the following sentences, using *ecco* in place of *c'è* or *ci sono*.

▶ C'è un libro.   *Ecco un libro.*

1. Ci sono quattro matite.
2. C'è una gomma.
3. Ci sono tre penne.
4. C'è uno studente.
5. Ci sono due professori.

B. Point to various objects and students in your classroom. Use the expression *ecco* as you identify them.

▶ Ecco una matita (un quaderno, due finestre, etc.)
▶ Ecco Antonio (Maria e Luigi, Stefano, etc.)

C. Say whether or not there are the following buildings or businesses in your town.

▶ un ufficio postale   *Sì, c'è un ufficio postale.*
▶ due cinema   *No, non ci sono due cinema.*

1. uno stadio
2. quattro chiese
3. due ospedali
4. una biblioteca

5. venti negozi
6. quindici ristoranti
7. un teatro
8. una stazione

II Plural forms of the definite article

masculine	feminine
i, gli	le

i numeri   le lezioni
gli anni   le aule
gli studenti
gli zeri

1. **I** is used with masculine plural nouns beginning with most consonants. **Gli** is used with masculine plural nouns beginning with a vowel, **s** + consonant, or **z.**
2. **Le** is used with all feminine plural nouns.

Here is a summary of the forms of the definite article:

	masculine		feminine	
singular	plural		singular	plural
il	i		la	le
lo }			l' }	
l' }	gli			

D. Restate in the plural.

▶ Dov'è il ristorante?   *Dove sono i ristoranti?*

1. Dov'è la chiesa?	5. Dov'è l'ospedale?
2. Dov'è la ragazza?	6. Dov'è il negozio?
3. Dov'è il teatro?	7. Dov'è la scuola?
4. Dov'è lo studente?	8. Dov'è il museo?

E. Point out the following objects or persons. Use *ecco* and the correct form of the definite article (singular or plural).

▶ albergo   *Ecco l'albergo.*

1. gettoni	4. ristorante	7. stazione
2. studenti	5. telefono	8. studentesse
3. aranciata	6. aula	9. ufficio postale

F. Say that the following people are looking for the things or persons listed below.

▶ Marcello/penne di Luisa   *Marcello cerca le penne di Luisa.*

1. noi/amici di Paola
2. Patrizia e Carla/riviste di Andrea
3. io/questionari
4. Laura/genitori di Giacomo
5. Luigi e tu/sorelle di Marisa
6. tu/quaderni di Emilio
7. Claudio ed io/giornali di Antonio

III Use of the definite article with titles

The definite article is required before titles, except in direct address.

Ecco **la signorina** Marini. ⎫   ⎧ Buon giorno, **signorina** Marini.
Ecco **il dottor** Pieroni. ⎬ *but* ⎨ Buona sera, **dottor** Pieroni.
                             ⎭   ⎩

G. Point out the following people to another student and then say good morning to the individuals named.

▶ signor Rodoni   *Ecco il signor Rodoni.*
                   Buon giorno, signor Rodoni!

1. avvocato Rusconi   4. signora Gardini
2. professoressa Neroni   5. professor Palumbo
3. ingegner Manzoni   6. dottor Antonelli

IV Irregular nouns

Some nouns ending in **-a** in the singular are masculine. The plural form
ends in **-i.**

il problem**a**   i problem**i**
il dramm**a**   i dramm**i**

Some nouns do not change in the plural. They are mainly one-syllable
nouns or nouns accented on the last syllable.

il **bar** → i **bar**   l'**università** → le **università**
il **film** → i **film**   la **città** → le **città**
lo **sport** → gli **sport**   il **cinema** → i **cinema**
il **caffè** → i **caffè**   la **radio** → le **radio**

You will not be expected to use these nouns actively in this lesson, but
you should recognize the plural forms when you see them.

Ripasso

A. Paola meets Anna Benedetti in Piazza di Spagna. Complete the following conversation with appropriate words.

Paola: Ciao, Anna. ... stai?
Anna: Non c'è ... . E tu?
Paola: Benissimo, grazie. Dove vai ... in fretta?
Anna: ... museo.
Paola: ... prendere ... aranciata ... me stasera?
Anna: Sì, grazie. Scusa, che ... è, per favore?
Paola: Sono le tre ... dieci.
Anna: Oh, ... tardi! Devo andare. Il museo chiude (*closes*) ... cinque.
Paola: ...
Anna: Arrivederci.

B. Report how many things and people there are in Signor Boni's science
class.

▶ due ragazze   *Ci sono due ragazze.*
▶ un professore   *C'è un professore.*

1. tre studenti	4. un registratore
2. quattro calcolatrici	5. sette libri
3. un orologio	6. una porta

C. Point out the following persons or things, using the expression *ecco* and the appropriate form of the definite article.

▶ gettoni   *Ecco i gettoni.*

1. limonate
2. cugine di Paola
3. parenti di Luigi
4. questionari
5. zii di Giuseppe
6. orologi
7. compiti di Marco
8. sorelle di Lisa

D. Complete the partial sentences in Column A with a logical ending from Column B. There are two extra items.

A	B
1. Franco ha ...	risponde al telefono
2. Abitano con lei ...	l'ultimo anno di liceo
3. Frequento ...	fa undici
4. Dove vai ...	di nuovo?
5. Non ho niente ...	e compra un gettone
6. Che ora è, ...	venti anni
7. Che cosa c'è ...	i nonni?
8. Abiti sempre ...	così in fretta?
9. Due più nove ...	in via delle Grazie?
10. Entra in un bar ...	da fare
	per favore?
	si chiama Giuseppe Martinelli

E. Rewrite the following sentences, changing the italicized words to the plural.

1. Paolo compra *il gelato.*
2. Chiamo *l'amico* di Piero.
3. Incontrano *la zia* di Teresa.
4. Aspettiamo *il professore.*
5. Laura porta *la rivista* a scuola.

F. Express in Italian.

Caterina: What are you doing tomorrow afternoon?
Gianna: Nothing special.
Caterina: Do you want to come to the Vatican Museum with me?
Gianna: I like the idea. At what time?
Caterina: At four o'clock.
Gianna: Fine.

TRE GIOVANI ITALIANI

Paola Carelli

Mi chiamo Paola Carelli e sono di Venezia. Ho venti anni e frequento la facoltà di medicina all'Università di Bologna. Abito in una pensione° *boarding house* vicino all'università ed ho molti amici. Spesso andiamo insieme° al *together* cinema o a mangiare in un buon ristorante della città. Mi piace molto la cucina° bolognese, ma a volte° ho nostalgia della cucina di mia madre. *cooking / sometimes* Quando sento la mancanza della° mia città e della mia famiglia, **sento ... I miss** prendo il treno ed in poco tempo raggiungo° Venezia. *I reach*

Alessandro Meli

Io sono Alessandro Meli ed abito a Napoli. Ho diciotto anni e frequento l'ultimo anno dell'istituto tecnico commerciale. Nella mia famiglia ci sono quattro persone: mio padre, mia madre, mia sorella Luigina ed io. Mio padre è dirigente° in una fabbrica di automobili vicino a Napoli. Anche *manager* mia madre lavora; è impiegata° presso una banca della città. Luigina *employed* invece° è studentessa universitaria. Studia lingue moderne presso L'Istituto *instead* Orientale e nel futuro vuole essere interprete.

Federico Leone

Io mi chiamo Federico Leone ed ho ventiquattro anni. Abito in un paese° *town* del Piemonte, ed ho un appartamento piccolo,° ma comodo e bello. *small* Sono ingegnere e lavoro ad Ivrea in una fabbrica di macchine da scrivere. Il mio° lavoro è interessante e spesso sono in viaggio per affari° *my / business trip* e visito molte città italiane. A volte vado anche in Francia, Svizzera e Germania. Mi piace molto viaggiare e nel futuro spero° di andare negli *I hope* Stati Uniti; prima però devo imparare l'inglese con l'aiuto° di una brava *help* insegnante.

La piazza di San Marco, a Venezia, risale[1] al dodicesimo secolo.[2] In questa piazza, c'è la famosa basilica di San Marco, costruita[3] a partire dal[4] 1063. Altre attrazioni di questa piazza sono il campanile[5] e la torre[6] dell'orologio.

1 dates from   2 12th century
3 constructed   4 beginning in   5 bell
tower   6 tower

Piazza San Marco

INFORMAZIONI E CURIOSITÀ

— L'Italia è una penisola, circondata[1] dal mar Mediterraneo.
— L'Italia confina[2] al Nord con la Francia, la Svizzera, l'Austria e la Jugoslavia.
— Roma è la capitale d'Italia.
— Roma, Milano, Napoli e Torino sono le città più popolate[3] d'Italia.
— Milano, principale centro industriale e commerciale, è la ''capitale economica'' d'Italia.
— L'Italia ha due catene[4] di monti: le Alpi e gli Appennini.
— In Italia, ci sono vulcani attivi[5]: il Vesuvio (vicino a Napoli) e l'Etna (vicino a Catania, in Sicilia).
— Il Po è il fiume[6] più lungo d'Italia ed è navigabile per gran[7] parte del suo corso.
— I principali laghi[8] italiani sono: il lago di Garda, il lago Maggiore ed il lago di Como, situati nel nord ai piedi delle Alpi; il lago Trasimeno in Umbria; ed il lago di Bracciano nel Lazio.
— In Italia, il clima[9] è mediterraneo, tranne[10] nel nord, dove il clima è continentale.
— La lira è la moneta italiana.
— I colori della bandiera[11] italiana sono bianco[12], rosso[13] e verde[14].

1 surrounded   2 borders   3 populated   4 ranges   5 active   6 river   7 =grande   8 lakes
9 climate   10 except for   11 flag   12 white   13 red   14 green

Che cosa prendono i signori?

LEZIONE 5ª

Franco e Marisa sono al bar "Gli Sportivi".

Cameriere I signori prendono qualcosa?
   Marisa Sì, un'aranciata, per favore.
Cameriere E lei, signore?
   Franco Un cappuccino, con molto latte.
5 **Cameriere** Va bene, subito.

Franco	Allora, Marisa, che cosa fai di bello?
Marisa	Niente di speciale. Ogni giorno a scuola, la sera leggo, e qualche volta esco con le amiche.
Franco	Io invece ho abbastanza tempo libero. Sai, all'università non ho la frequenza obbligatoria.
Marisa	E che cosa fai allora?
Franco	Spesso vado al cinema, al teatro, o faccio gite con gli amici.
Marisa	Sei proprio fortunato!

10

Domande

Generali

1. Dove sono Franco e Marisa?
2. Prende Marisa un'aranciata o un cappuccino?
3. Dove va ogni giorno Marisa?
4. Quando legge Marisa?
5. Con chi esce Marisa la sera?
6. Perché ha abbastanza tempo libero Franco? (Perché non ha...)
7. Dove va spesso Franco?
8. Secondo Marisa, chi è fortunato?

Personali

9. Che cosa fa di bello lei la sera? Esce? Con chi?
10. Che cosa fa lei il pomeriggio?
11. Ha lei la frequenza obbligatoria?
12. È fortunato(a) lei?

Vocabolario

Nomi

il **cameriere** waiter
il **latte** milk
il **tempo** time

Aggettivi

fortunato, -a lucky
libero, -a free
molto *m.s.* a lot, much
obbligatorio, -a required
ogni each, every

Verbi

andare to go
  vado I go
leggere to read
sapere to know
  sai you know
uscire to go out
  esco I go out
  esce he/she goes out

Altre parole ed espressioni

abbastanza   quite a lot, enough
allora   well
invece   instead, on the other hand
perché   because
proprio   really
qualcosa   something
quando?   when?
secondo   according to
spesso   often
subito   right away, immediately

che cosa fai di bello?   what's new?
con molto latte   with lots of milk
faccio gite   I take trips
niente di speciale   nothing special
non ho la frequenza obbligatoria
   I'm not required to attend class
ogni giorno   every day
qualche volta   sometimes

Modificazioni

1. **Un'aranciata,** per favore.
    Un tè freddo (*iced tea*)
    Una spremuta d'arancia (*orange juice*)
    Un bicchiere d'acqua (*glass of water*)
    Un panino al prosciutto (*ham sandwich*)
    Un gelato
    Lo zucchero (*sugar*)

2. La sera **leggo un libro.**
        prendo il caffè
        scrivo (*I write*) lettere
        vedo (*I watch*) la televisione
        discuto di politica (*discuss politics*)

3. Sei proprio **fortunato!**
        gentile (*kind*)
        curioso (*curious*)
        elegante (*elegant*)
        simpatico (*nice, likable*)
        antipatico (*disagreeable*)

Pratica

Role-play the dialogue on page 58, substituting alternate words and expressions from the variations where possible.

NOTA CULTURALE: The Italian bar

An Italian bar (unlike most American bars) is a place where one can buy a cup of *espresso* coffee, a *cappuccino*, a sandwich, candy, and mineral water, as well as beer and other alcoholic beverages. Generally, a customer stands at the counter to drink or eat, since it is less expensive to do so than to sit at a table.

In fashionable sections of town, chairs and tables are placed outside the bar in good weather. A favorite pastime of many Italians is to sit there and enjoy an iced *cappuccino* or an apéritif as they watch passers-by.

Pronuncia: the sounds /s/ and /z/

The sound /s/ (unvoiced) is represented by the letters **s** and **ss**. The sound /z/ (voiced) is represented by the letter **s.** In standard Italian, intervocalic **s** is usually pronounced /z/.

A. Listen and repeat the following words after your instructor:

/s/	/s/	/z/
sei	adesso	cose
sera	benissimo	così
signora	classe	curioso
studente	professore	desidera
simpatico	studentessa	scusa

B. Read the following sentences aloud. Pay particular attention to the way you pronounce *s* and *ss.*

1. Il professore è simpatico.
2. La studentessa è in classe.
3. Marisa desidera studiare stamattina.
4. Adesso chiamo la signora.
5. Scusa, che cos'è?

C. Write the words or sentences dictated by your instructor.

Ampliamento del vocabolario

Caratteristiche personali

alto	basso		grande	piccolo		stanca	energico

grassa	magra	ricca	povera	allegra	triste

buono	cattivo	giovane	vecchio	bello	brutto

Note that an adjective that ends in **-o** refers to a male and an adjective that ends in **-a** refers to a female. An adjective that ends in **-e** may refer to either a male or a female.

A. Answer the following questions.

1. Qual è il contrario (*opposite*) di *ricco? vecchio? basso? brutto?*
2. Qual è il contrario di *povera? cattiva? grassa? alta?*
3. Il professore/la professoressa è simpatico / simpatica? buono buona? cattivo / cattiva?
4. Secondo lei, è alto o basso Franco Benotti? È grassa o magra Marisa Martinelli?
5. Secondo lei, è giovane o vecchia la signora Paolini? È stanco o energico il signor Dini?
6. Ha uno zio ricco? una zia gentile? un nonno giovane? una nonna antipatica?
7. Ha un fratello alto? una sorella bassa?
8. Chi è allegro / allegra in classe oggi? Chi è triste?

B. Describe one of the persons in the drawing below. Use at least four adjectives in your description.

Struttura ed uso

I *The present tense of regular* -ere *verbs*

Regular **-ere** verbs add the endings **-o, -i, -e, -iamo, -ete,** and **-ono** to the infinitive stem. Here is the present tense of the regular verb **vendere,** *to sell*:

singular	plural
vend**o**	vend**iamo**
vend**i**	vend**ete**
vend**e**	vend**ono**

The following **-ere** verbs are regular in the present tense.

chiudere to close	**perdere** to lose, to miss	**scrivere** to write
discutere to discuss	**prendere** to take	**spendere** to spend
leggere to read	**ricevere** to receive	**vedere** to see
mettere to put, place	**rispondere** to answer	**vendere** to sell

A. Report what the following persons drink or eat. Use the verb *prendere.*

▶ noi / un caffè   *Noi prendiamo un caffè.*

1. lo studente / un'aranciata
2. io / un panino al prosciutto
3. i signori / un tè freddo
4. voi / una spremuta d'arancia
5. Susanna e Pietro / un gelato

B. Tell what the following persons read.

▶ noi / il giornale   *Noi leggiamo il giornale.*

1. la professoressa / il libro
2. tu / il questionario
3. il cugino di Laura / la rivista
4. io / la lettera
5. voi / i giornali

C. Create sentences, using the cues given.

1. tu / vendere / le macchine
2. noi / prendere / matite di Giorgio
3. voi / ricevere / lettera
4. lei / non rispondere / alle domande
5. signorine / spendere / molto
6. Luisa / scrivere / alla zia
7. Enrico / discutere di sport / con Paolo
8. io / chiudere / finestre
9. ragazzi / vedere / televisione

D. Domande personali.

1. A chi scrive lettere lei? Da chi riceve lettere lei?
2. Che cosa legge lei ogni giorno?
3. Vede lei gli amici la sera?
4. Discute lei di sport con gli amici?
5. Che cosa prende lei la mattina: caffè, cappuccino, o latte?
6. Per venire a scuola, prende i mezzi pubblici?
7. Spende lei molto ogni giorno?

II Agreement of descriptive adjectives

In Italian, adjectives agree in number and gender with the nouns they modify. There are two main classes of adjectives.

		singular	plural
I	(*masc.*)	alto	alti
	(*fem.*)	alta	alte
II	(*masc.* or *fem.*)	triste	tristi

1. Adjectives whose masculine singular ends in **-o** have four forms.

Il signore è **alto.**   I signori sono **alti.**
Marisa è **alta.**   Marisa e Paola sono **alte.**

Adjectives whose masculine singular ends in **-io** drop the **-o** in the masculine plural:

Il signore è **vecchio.**   I signori sono **vecchi.**

2. Adjectives whose masculine singular ends in **-e** have two forms.

Il signore è **triste.**   I signori sono **tristi.**
Marisa è **triste.**   Marisa e Paola sono **tristi.**

When an adjective modifies two or more nouns of different gender, the masculine form is always used:

Stefano e Antonella sono **italiani.**

Notice that adjectives of nationality are not capitalized in Italian.

italiano, -a	Italian
americano, -a	American
tedesco, -a	German
spagnolo, -a	Spanish
russo, -a	Russian
francese	French
inglese	English
canadese	Canadian

E. Describe the following persons and things as beautiful.

▶ macchina   *La macchina è bella.*
▶ ragazzo e ragazza   *Il ragazzo e la ragazza sono belli.*

1. orologio
2. studentessa
3. albergo
4. biblioteca
5. chiese
6. fratello e sorella
7. museo
8. piazza Navona

F. Say that the following things and people are old.

▶ macchina   *La macchina è vecchia.*

1. ospedale
2. teatro
3. zia
4. giornale e rivista
5. Maurizio e Luigi
6. Maria
7. case
8. negozio

G. Give the nationalities of the following people.

▶ Mary (canadese)   *Mary è canadese.*

1. Charles e Diana (inglese)
2. Pablo e María (spagnolo)
3. Anne e Sylvia (francese)
4. Monika (tedesco)
5. Bill e Bob (americano)
6. Dimitri e Ivan (russo)

H. Complete the second sentence in each pair with an adjective opposite in meaning to that used in the first sentence.

▶ Antonella è allegra. / Luigi e Piero ...   *Luigi e Piero sono tristi.*

1. Alberto è povero. / Anna e Marco ...
2. Laura è buona. / Le figlie di Carla ...
3. Teresa è stanca. / Roberto ...
4. Le ragazze sono piccole. / I ragazzi ...
5. Gianna è giovane. / Alfredo ...
6. Luisa è grassa. / Angela e Maria ...
7. La madre di Franco è bella. / Le zie di Franco ...
8. Io sono alto. / Gli amici di Riccardo ...

III Position of descriptive adjectives in noun phrases

In English, descriptive adjectives precede the noun. In Italian, most descriptive adjectives follow the noun.

Ho abbastanza **tempo libero.**	I have quite a lot of *free time.*
Luigi e Stefano sono **ragazzi fortunati.**	Luigi and Stefano are *lucky boys.*
Vorrei un **tè freddo,** per favore.	I'd like a glass of *iced tea,* please.
Ecco due **ragazze eleganti.**	There are two *elegant (well-dressed) girls.*

Certain common adjectives, such as **bello, brutto, buono, cattivo, grande, piccolo, giovane,** and **vecchio** usually come before the noun. When they follow, it is usually for emphasis or contrast.

È una **bella ragazza.**	È una **ragazza bella.**
È un **giovane professore.**	È un **professore giovane.**

I. Complete each sentence with the correct form of the cued adjective.

▶ (allegro) Maria è una ragazza ...   *Maria è una ragazza allegra.*

1. (alto) Georgio è un ragazzo ...
2. (inglese) Ecco due signore ...
3. (americano) Jane e Kathy sono studentesse ...
4. (italiano) Ecco una professoressa ...
5. (scientifico) Vado al liceo ...
6. (simpatico) Ho un'amica ...
7. (magro) Franca è una ragazza molto ...
8. (canadese) Maria ha due amici ...

J. Make the following noun phrases plural.

▶ la signora elegante   *le signore eleganti*

1. il nonno simpatico
2. la famiglia americana
3. la bella signora
4. lo studente canadese
5. la grande piazza
6. la signora grassa
7. l'ospedale nuovo
8. la studentessa gentile

Ripasso

A. Report what the following people do during the weekend.

1. Pietro / leggere un libro
2. le sorelle di Marcella / vedere un film
3. Francesco e Giampaolo / discutere di politica
4. Giovanni e la moglie / ricevere gli amici
5. il padre di Alberto / rispondere alle domande del questionario
6. Pino ed io / vendere la macchina
7. tu / scrivere a Marina
8. io / vedere Giacomo

B. Describe the following people by completing the sentences and using one or two descriptive adjectives from the list below.

1. I miei (*My*) amici ...	simpatico	grasso
2. Le ragazze americane ...	vecchio	basso
3. I ragazzi italiani ...	triste	ricco
4. Il professore d'italiano ...	inglese	brutto
5. Mia (*My*) madre ...	cattivo	allegro

C. Describe yourself or one of your friends, using at least five adjectives.

D. Express in Italian.

Lorenzo: Hi, Gianna. What's new?
Gianna: Nothing special. How about you?
Lorenzo: Oh, I have quite a lot of free time. I often see friends and sometimes we have coffee.
Gianna: You're really lucky. I don't have enough free time. I study or I work every day.
Lorenzo: You're really energetic.

Un appuntamento per domenica sera

LEZIONE 6ª

Mentre il cameriere serve il cappuccino e l'aranciata, Marisa e Franco continuano la conversazione al bar "Gli Sportivi".

Franco Che cosa fai domenica prossima? Sei libera?
Marisa Credo di sì. Perché?
Franco Ho due biglietti per il Teatro Eliseo. Vorresti venire con me?
Marisa Sì, volentieri. Che cos'è in programma?
5 **Franco** Un dramma di Pirandello. È molto interessante.

Marisa	A che ora incomincia lo spettacolo?
Franco	Alle nove.
Marisa	D'accordo. Adesso però devo tornare a casa.
Franco	Non finisci di bere l'aranciata?
10 **Marisa**	No, non ho molta sete.
Franco	Cameriere, il conto, per piacere.
Cameriere	Subito, signore. Eccolo!

Domande

Generali

1. È libera Marisa domenica prossima?
2. Che cosa ha Franco?
3. Cos'è (= Che cos'è) in programma al teatro?
4. A che ora incomincia lo spettacolo?
5. Dove deve andare Marisa adesso?
6. Che cosa porta il cameriere?

Personali

7. Che cosa fa lei domenica prossima?
8. Lei è libero(a) oggi o domani?
9. Lei va spesso al cinema o al teatro?
10. C'è un dramma in televisione stasera?
11. A che ora incomincia la lezione (*class*) d'italiano?

Vocabolario

Nomi

il **biglietto**   ticket
la **conversazione**   conversation
il **conto**   bill, check
la **domenica**   Sunday
il **dramma**   drama, play
il **programma**   program
lo **spettacolo**   show, performance

Aggettivi

interessante   interesting
prossimo, -a   next

Verbi

bere   to drink
continuare   to continue
finire   to finish
incominciare   to begin, to start
servire   to serve
volere   to want
  vorresti ...?   would you (*fam.*)
  like ...?

Altre parole ed espressioni

mentre while
però however
volentieri I'd love to, with pleasure

che cos'è in programma? what's
  playing?
credo di sì I think so, I believe so
d'accordo fine, agreed

eccolo here it is
non ho molta sete I'm not very
  thirsty
per piacere please
vorresti venire con me? would you
  (*fam.*) like to come with me?

Modificazioni

1. Vorresti **venire** con me?
   ballare (*to dance*)
   uscire (*to go out*)
   parlare
   partire (*to leave*)
   discutere di politica

2. È molto **interessante.**
   divertente (*amusing*)
   noioso (*annoying*)
   importante
   facile (*easy*)
   difficile (*difficult*)

3. A che ora incomincia **lo spettacolo?**
   la commedia (*play*)
   la lezione d'inglese
   la partita di calcio (*soccer game*)

NOTA CULTURALE: Luigi Pirandello

Luigi Pirandello, the well-known Italian playwright, was born in Sicily in 1867 and died in Rome in 1936. He wrote poetry, novels, and short stories, but his literary fame is due mostly to his plays. Pirandello was the recipient of the 1934 Nobel Prize for Literature. Among his best-known plays are *Sei personaggi in cerca d'autore* (*Six Characters in Search of an Author*), *Come tu mi vuoi* (*As You Desire Me*), and *Il gioco delle parti* (*The Rules of the Game*).

Pratica

A. Role-play the dialogue on page 70, substituting alternate words and expressions from the variations where possible.

B. Rewrite the dialogue, changing Marisa to Marco and Franco to Carlo. Marco has two tickets to a soccer game for the following Sunday, and invites Carlo to go with him.

Pronuncia: the sound /t/

In English, the sound /t/ is aspirated; that is, it is pronounced with a little puff of air, which you can feel on the back of your hand as you say /t/. In Italian, /t/ is never aspirated. The tip of the tongue is pressed against the back of the upper front teeth. Compare the /t/ in the English and Italian words *too* and **tu**, *telephone* and **telefonare.**

A. Listen and repeat the following words after your instructor.

teatro	limonata	biglietto
telefono	subito	sette
tempo	matita	otto
tornare	parete	mattina
tu	politica	dottore
televisione	fratello	latte

B. Read the following sentences aloud. Pay particular attention to the way you pronounce *t* and *tt*.

1. Ho sette biglietti per il teatro.
2. Il dottore risponde al telefono.
3. Sono le otto di mattina.
4. Il fratello di Tonino scrive una lettera.

C. Write the words or sentences dictated by your instructor.

Ampliamento del vocabolario

I giorni della settimana

lunedì   martedì   mercoledì   giovedì   venerdì   sabato   domenica

1. Monday (not Sunday) is the first day of the week on Italian calendars.
2. The days of the week are not capitalized in Italian.
3. All the days of the week except **domenica** are masculine.
4. The definite article is used with days of the week to express repeated occurrences, as *on Mondays, on Tuesdays,* etc. The definite article is omitted when only one day is meant. Contrast:

Il lunedì vado al cinema.   *On Mondays* I go to the movies.
Lunedì vado al cinema.   *(This) Monday* I'm going to the movies.

A. Answer the following questions.

1. Che giorno è oggi?
2. Che giorno è domani?
3. Che giorno è dopodomani (*the day after tomorrow*)?
4. Che giorno era ieri (*was it yesterday*)?
5. Qual è l'ultimo giorno della settimana?
6. Qual è il primo giorno della settimana?

B. Ask another student to tell you one activity he or she does every Monday, Tuesday, etc. Use one of the *-are* or *-ere* verbs listed below.

▶ Che cosa fai il lunedì?   *Il lunedì leggo il giornale.*

1. ascoltare   3. comprare   5. ricevere
2. chiamare   4. discutere   6. rispondere

C. Ask another student to tell you one activity he or she is going to do this coming Monday, Tuesday, etc. Use one of the *-are* or *-ere* verbs listed below.

▶ Che cosa fai lunedì?   *Lunedì leggo il giornale.*

1. guardare   3. parlare   5. scrivere
2. lavorare   4. vendere   6. prendere

I mesi dell'anno e le date

gennaio	aprile	luglio	ottobre
febbraio	maggio	agosto	novembre
marzo	giugno	settembre	dicembre

1. The months of the year are not capitalized in Italian.
2. The preposition **a** is used with the names of the months to express *in,* as *in February, in March,* etc.

   A febbraio vado in Italia.   *In* February I go to Italy.

3. The first day of the month is expressed with an ordinal number.

   il primo (di) novembre

   The other days are expressed with cardinal numbers.

   il due (tre, quattro, etc.) (di) novembre

4. The definite article **il** is always used in front of the number.

   Oggi è **il primo** (di) maggio.
   Oggi è **il sette** (di) aprile.

5. The preposition **di** between the day and the month is optional.

   È il tre **di** gennaio. ↔ È il venti giugno.

   D. Name the month that precedes and the month that follows the ones listed below.

   ▶ aprile   *marzo e maggio*

1. maggio	3. marzo	5. novembre
2. ottobre	4. luglio	6. agosto

   E. Answer the following questions, using the names of the months.

   1. Qual è la data di oggi?
   2. Qual è il primo mese dell'anno?
   3. Qual è l'ultimo mese dell'anno?
   4. In quale mese siamo?

   F. Give the birth date of the following people.

1. you	3. your father	5. your sister
2. your mother	4. your best friend	6. your grandfather

G. Learn the following poem about the months of the year.

Trenta giorni ha novembre,	*Thirty days has November*
con aprile, giugno e settembre,	*April, June, and September.*
di ventotto ce n'è uno,	*Of twenty-eight there's only one*
tutti gli altri ne han trentuno.	*All the rest have thirty-one.*

Struttura ed uso

I *Present tense of regular -ire verbs*

Verbs ending in **-ire** are divided into two categories: those that follow the pattern of **servire** (*to serve*) and those that follow the pattern of **capire** (*to understand*). The endings are the same for both groups, but verbs like **capire** insert **isc** between the stem and the ending in all singular forms and the third person plural.

	servire		capire
singular	**plural**	**singular**	**plural**
servo	serviamo	cap**isc**o	capiamo
servi	servite	cap**isc**i	capite
serve	servono	cap**isc**e	cap**isc**ono

Here is a list of some common verbs that follow each pattern.

Verbs like **servire:**	Verbs like **capire:**
aprire to open	**finire** to finish
dormire to sleep	**obbedire** to obey
offrire to offer	**preferire** to prefer
partire to leave, depart	**pulire** to clean
seguire to follow, to take (classes)	**restituire** to return, to give back
sentire to hear; to feel	**spedire** to mail; to send
soffrire to suffer	**suggerire** to suggest

Note: **Finire** and **suggerire** are followed by **di** when used with an infinitive.

A. Report what each of the following persons opens. Use the appropriate form of *aprire*.

▶ noi / il libro   *Noi apriamo il libro.*

1. voi / le finestre
2. Michele / la porta
3. loro / il negozio
4. io / il frigorifero
5. tu / il giornale
6. lei / il quaderno

B. Tell what each of the following persons finishes. Use the appropriate form of *finire*.

▶ Paola / il lavoro   *Paola finisce il lavoro.*

1. tu / l'aperitivo
2. io / di bere il caffè
3. voi / di scrivere la lettera
4. loro / di fare i compiti
5. Antonella / di telefonare
6. Carlo ed io / il liceo
7. lei / di leggere il giornale
8. tu / le lezioni

C. Change the indicated subjects and verbs to the plural.

▶ *Il signore parte* per Roma.   *I signori partono per Roma.*
▶ *Il ragazzo pulisce* la macchina.   *I ragazzi puliscono la macchina.*

1. *Tu suggerisci* di vendere la motocicletta.
2. *Io obbedisco* sempre.
3. *Lui segue* le lezioni all'università.
4. *Lo studente capisce* il francese.
5. *Tu dormi* molto.
6. *Lui preferisce* un cappuccino.
7. *Io spedisco* una lettera.
8. *Tu restituisci* il dizionario.
9. *Io offro* il caffè allo zio.
10. *Lui suggerisce* di fare così.

D. Domande personali.

1. Capisce l'italiano lei? e il francese? e il tedesco?
2. Obbedisce sempre ai suoi (*your*) genitori?
3. Preferisce andare al cinema o al teatro stasera?
4. Suggerisce di vedere i film di Antonioni o di Fellini?
5. A che ora finisce la lezione d'italiano?
6. Segue lei un corso di chimica quest'anno?
7. Quante ore dorme lei la notte (*night*)?
8. Parte lei per l'Italia domani?

Sotto l'egida della Regione Abruzzo
**STAGIONE TEATRALE
AQUILANA 1976-77**

SPETTACOLI IN ABBONAMENTO

novembre   **IL CEDRO DEL LIBANO**
di Diego Fabbri   regia Nello Rossati
con Anna Miserocchi e Paolo Carlini

novembre   **LA CAMERIERA BRILLANTE**
dicembre   di Carlo Goldoni   regia Fulvio Tolusso e Alberto Gagnarli
Cooperativa teatrale Friuli Venezia Giulia

II Asking questions in Italian

Specific questions

Interrogative sentences that ask for specific information are introduced by interrogative words such as **come** (*how*), **quando** (*when*), **dove** (*where*), **che** or **che cosa** (*what*), **chi** (*who*) and **perché** (*why*). If there is an expressed subject, it comes after the verb.

Come sta Marisa?   **Dove** abita Pietro?   **Chi** ha una penna?
Quando leggi tu?   **Che cosa** prendono i signori?   **Perché** sei triste?

E. Make questions to which the following statements would be answers. Use the interrogative words provided.

▶ Marco va al cinema. (dove)   *Dove va Marco?*

1. Gli studenti scrivono bene. (come)
2. Gino e Mario sono al museo. (dove)
3. Loro studiano di pomeriggio. (quando)
4. Vendiamo la macchina. (che cosa)
5. Lei compra un libro. (che cosa)
6. Telefonate a Luisa. (perché)
7. Alfredo arriva stasera. (chi)
8. Restituisco il dizionario alla professoressa. (che)

F. Ask a logical question about the people and activities below.

▶ Laura / fare i compiti   *Quando (Dove, Perché, Con chi, Come) fa i
                              compiti Laura?*

1. loro / finire di studiare
2. la signora Marchesi / partire per Milano
3. Luisa e Sandra / spedire la lettera
4. tu / ascoltare la radio
5. i signori Parenti / preferire partire
6. Antonella / spedire il questionario

III *The irregular verb* fare

Although **fare** seems to be an **-are** verb, it is irregular in the present tense.
You already know many of the present-tense forms.

fare to do, to make	
faccio	facciamo
fai	fate
fa	fanno

Fare is used in many common idiomatic expressions. For example:

fare colazione to have breakfast or lunch
fare una gita to take a trip
fare una domanda to ask a question

G. Ask the following persons what they are doing this evening.

▶ Paolo   *Che cosa fai stasera, Paolo?*

1. Susanna e Filippo   4. i signori Cristini
2. Anna   5. il professore d'italiano
3. il signor Dini

H. Create complete sentences in the present tense.

1. Luciana ed io / fare colazione / alle otto
2. voi / fare una gita / sabato prossimo
3. Filippo ed Anna / fare una domanda / alla professoressa

4. il ragazzo / fare i compiti / oggi pomeriggio
5. io / fare una domanda / al dottor Chelli
6. tu / fare sempre gite / con gli amici

Ripasso

A. Give the Italian equivalents of the following dates.

1. August 21   3. March 1   5. May 9   7. July 17
2. December 27   4. June 8   6. January 31 8. September 11

B. You and your friends are at a cafe. Say what each prefers to have.

▶ Pino / un gelato   *Pino preferisce un gelato.*

1. Vincenzo e Luigi / un tè freddo
2. Renato / un panino al prosciutto
3. io / un bicchiere d'acqua
4. noi / un aperitivo
5. Laura e tu / una spremuta d'arancia
6. tu / un cappuccino

C. Ask the following people whether or not they do the things below.

▶ Marisa: partire domani?   *Parti domani?*

1. Carla e Sandra: suggerire di comprare una macchina italiana?
2. il dottor Merli: spedire il questionario più tardi?
3. i signori Pontini: aprire un nuovo negozio?
4. Anna: preferire andare ad un ristorante italiano?
5. la signora Paolini: seguire i programmi alla televisione?
6. il professore: capire il russo?
7. una turista: dormire in albergo?
8. il cameriere: servire i panini al prosciutto?

D. Tell at what time the following people have breakfast or lunch.

▶ Piero / alle sette   *Piero fa colazione alle sette.*

1. noi / alle otto   4. tu e Laura / alle undici
2. tu / alle otto e mezzo   5. le studentesse / alle dodici
3. io / alle nove   6. voi / a mezzogiorno

E. Complete the partial sentences in Column A with the appropriate ending from Column B. There is one extra item in Column B.

A	B
1. A che ora ...	porta il conto
2. Noi abitiamo ...	sono francesi
3. Il cameriere ...	il primo giorno della settimana?
4. Vorresti venire ...	incomincia lo spettacolo?
5. La sorella di Pietro ...	è molto divertente
6. Spesso faccio gite con ...	domenica prossima?
7. Sei libero ...	con me domani pomeriggio?
8. La commedia ...	in via Margutta
9. Qual è ...	scrive una lettera
10. Le cugine di Tommaso ...	gli amici
	sono alti e belli

F. Write at least ten sentences about the following illustration. Include information about who the people are, what time of day it is, what the people are doing, and where they are at the moment.

A Porta Portese

LEZIONE 7ª

Marisa e la sua amica Paola sono al mercato di Porta Portese e passano da una bancarella all'altra.

    Marisa Che cosa hai intenzione di comprare?

     Paola Non ho un'idea precisa. Vorrei abbellire la mia stanza con alcuni quadri originali.

    Marisa Io invece vorrei trovare un vestito a buon mercato.

5   **Paola** Allora guardiamo in giro con attenzione.

Marisa Va bene. Tra l'altro, è una splendida giornata e non abbiamo
           fretta.
  Paola Hai in mente un colore particolare per il tuo vestito?
Marisa Sì, vorrei una gonna di lana rossa o verde e una giacca di
10   velluto blu. Se è possibile, anche una maglia bianca con il
           collo alto.
  Paola Uhm, è proprio un insieme elegante!
Marisa Sì, ma non voglio spendere molti soldi. Per questo motivo
           siamo qui a Porta Portese.

Domande

Generali
1. Dove sono Paola e Marisa?
2. Che cosa ha intenzione di comprare Paola? Che cosa vuole trovare Marisa?
3. Vuole spendere molto Marisa?
4. Secondo Marisa, perché sono a Porta Portese le due amiche?

Personali
5. Lei compra i vestiti in un negozio o al mercato? Le piace comprare a buon mercato o preferisce spendere molti soldi?
6. Che cosa vuole comprare lei per abbellire la sua stanza?
7. Com'è la giornata oggi?
8. Lei preferisce portare gonne o pantaloni (*pants*), signorina ...?
9. Le piacciono (*do you like*) i vestiti eleganti?

Modificazioni

1. Vorrei abbellire **la mia stanza.**
         la mia camera da letto (*bedroom*)
         il mio studio (*study*)
         il mio salotto (*living room*)
         la mia sala da pranzo (*dining room*)
         la mia cucina (*kitchen*)

2. È una **splendida** giornata.   3. Vorrei una gonna **rossa.**
    bella   gialla (*yellow*)
    magnifica (*magnificent*)   bianca
    brutta   grigia (*grey*)
    triste   verde

NOTA CULTURALE: Shopping at **Porta Portese**

Porta Portese is one of the many gates along the walls that surrounded ancient Rome. It is located along the Tiber River and faces the district of Testaccio. Today Porta Portese is famous for its flea market, which takes place every Sunday. The flea market is an attraction not only for the present-day Romans, but also for tourists looking for a bargain.

Vocabolario

Nomi

la **bancarella**   stall, booth
il **colore**   color
la **giacca**   jacket
la **giornata**   day
la **gonna**   skirt
l'**insieme** *m.*   outfit
la **lana**   wool
la **maglia**   sweater
il **mercato**   market
il **quadro**   picture
i **soldi** *pl.*   money
la **stanza**   room, bedroom
il **velluto**   velvet
il **vestito**   dress, suit

Verbi

abbellire   to decorate
passare   to pass, to go
volere   to want
  voglio   I want
  vorrei   I'd like
  vuole   he/she wants

Aggettivi

alcuni *pl.*   some, a few
bianco, -a   white
blu (*invariable*)   blue
mio, -a   my
originale   original
particolare   particular, special
possibile   possible
preciso, -a   precise, exact
rosso, -a   red
splendido, -a   splendid
suo, -a   her, his, its
tuo, -a   your
verde   green

Altre parole ed espressioni

uhm   hmm
ma   but

a buon mercato   inexpensive, cheap
avere in mente   to have in mind
avere intenzione di   to intend to
avere fretta   to be in a hurry
con attenzione   carefully
con il collo alto   with a turtle neck
guardare in giro   to look around
per questo motivo   for this reason
tra l'altro   besides

Pratica

A. Lei invita un amico (un'amica) ad andare a Porta Portese a comprare un quadro per abbellire la sua stanza. Creare un dialogo appropriato. *(You invite a friend to go with you to Porta Portese to buy a painting for your room. Make up an appropriate dialogue.)*

B. Scrivere un dialogo fra Gabriele e Stefano che vogliono comprare un giradischi e alcuni dischi. *(Write a dialogue between Gabriele and Stefano who want to buy a record player (un giradischi) and some records (alcuni dischi).*

Pronuncia: the sound /l/

English /l/ is pronounced further back in the mouth than Italian /l/. Italian /l/ is made with the tip of the tongue pressed against the gum ridge behind the upper front teeth. The back of the tongue is lowered somewhat.

A. Ascoltare e ripetere le seguenti parole dopo l'insegnante. *(Listen and repeat the following words after your instructor.)*

la	altra	bancarella
latte	splendido	abbellire
lavagna	salotto	allora
leggere	colore	velluto
lettera	elegante	collo

B. Leggere ad alta voce le seguenti frasi. Fare attenzione alla pronuncia della *l* e della *ll*. *(Read the following sentences aloud. Pay particular attention to how you pronounce l and ll.)*

1. Antonella legge la lettera.
2. Paola compra una gonna di velluto blu.
3. Vorrei abbellire il mio salotto.
4. L'insieme è bello.

C. Scrivere le parole o le frasi dettate dall'insegnante. *(Write the words or sentences dictated by your instructor.)*

Ampliamento del vocabolario

Il vestiario

1. la gonna	5. il cappello	9. la maglia	13. i pantaloni
2. la giacca	6. l'impermeabile *m.*	10. la cravatta	14. le calze *f. pl.*
3. il vestito	7. la camicia	11. i guanti	15. i calzini
4. il cappotto	8. la camicetta	12. le scarpe *f. pl.*	16. la borsa

I colori

arancione (*orange*) grigio, -a rosso, -a (*red*)
azzurro, -a (*sky-blue*) marrone (*brown*) verde
bianco, -a nero, -a (*black*) verde scuro (*dark green*)
blu rosa (*pink*) verde chiaro (*light green*)
giallo, -a

Note that the adjectives **arancione, blu, marrone,** and **rosa** are invariable.

A. Identificare i capi di vestiario che portano le persone nella foto a pagina 67. (*Identify the articles of clothing worn by the people in the photograph on page 67.*)

▶ Un ragazzo porta (*is wearing*) la giacca e i pantaloni.

B. Identificare i capi di vestiario che portano lei e lo studente (la studentessa) vicino a lei. (*Identify the clothing you and the student sitting next to you are wearing.*)

▶ Porto una camicetta azzurra e una gonna verde e (Stefano) porta una camicia bianca ed i pantaloni neri.

C. Leggere il paragrafo seguente e poi rispondere alle domande basate su di esso. (*Read the following paragraph and then answer the questions based on it.*)

Al centro della città

La signora Cercato e sua figlia Francesca vanno in centro. La signora porta un cappotto grigio, le scarpe nere e una borsa rossa. Francesca invece porta una gonna verde scuro, una camicetta bianca ed una giacca marrone. Anche le scarpe e la borsa di Francesca sono marrone. La signora Cercato e sua figlia entrano in un negozio elegante del centro e comprano un paio di pantaloni verdi, due maglie gialle, una camicetta azzurra ed un vestito rosa.

1. Dove vanno la signora Cercato e sua figlia?
2. Che cosa porta la signora Cercato?
3. Di che colore sono le scarpe della signora?
4. Che cosa porta Francesca?
5. Di che colore è la borsa di Francesca?
6. Dove entrano la signora e sua figlia?
7. Che cosa comprano?

Struttura ed uso

I Possessive adjectives

In the responses below, the words in boldface are possessive adjectives that refer to Marisa's belongings. Note that the possessive adjectives agree in gender and number with the object possessed, not with the possessor (Marisa). Note also that the possessive adjectives are preceded by definite articles.

È la giacca di Marisa?	— Sì, è la **sua** giacca.	Yes, it's *her* jacket.
È il vestito di Marisa?	— Sì, è il **suo** vestito.	Yes, it's *her* dress.
Sono le gonne di Marisa?	— Sì, sono le **sue** gonne.	Yes, they're *her* skirts.
Sono i guanti di Marisa?	— Sì, sono i **suoi** guanti.	Yes, they're *her* gloves.

Here is a chart showing the forms of the possessive adjectives. Note that **loro** (*their*) is invariable.

	m. sg.	m. pl.	f. sg.	f. pl.
my	il **mio** vestito	i **miei** vestiti	la **mia** maglia	le **mie** maglie
your (*fam.*)	il **tuo** vestito	i **tuoi** vestiti	la **tua** maglia	le **tue** maglie
his, her, its, your (*formal*)	il **suo** vestito	i **suoi** vestiti	la **sua** maglia	le **sue** maglie
our	il **nostro** vestito	i **nostri** vestiti	la **nostra** maglia	le **nostre** maglie
your (*fam.*)	il **vostro** vestito	i **vostri** vestiti	la **vostra** maglia	le **vostre** maglie
their, your (*formal*)	il **loro** vestito	i **loro** vestiti	la **loro** maglia	le **loro** maglie

A. Cambiare le frasi sostituendo la parola indicata. (*Restate each sentence, substituting the cued word.*)

▶ È il suo cappotto. (giacca)   *È la sua giacca.*
▶ Sono i nostri questionari. (lettere)   *Sono le nostre lettere.*

1. Ecco il tuo dizionario. (penna)
2. Dove sono le vostre maglie? (pantaloni)
3. Silvia prende la sua rivista. (fogli di carta)
4. Cerchi la tua camicia? (cravatte)
5. Qual è la sua giacca? (cappello)
6. La mia bicicletta è qui. (televisore)
7. Signorine, ecco le loro aranciate. (gelati)
8. Signore, dov'è il suo impermeabile? (cravatta)

B. Paola vuole comprare qualche vestito nuovo. Non ha molti soldi, quindi cerca di vendere alcuni oggetti personali a Marisa, che non vuole comprarli. Fare o la parte di Paola o quella di Marisa. (*Paola wants to buy some new clothes. She doesn't have much money, so she tries to sell some of her belongings to Marisa, who refuses to buy them. Take Paola's or Marisa's role.*)

▶ la giacca   *Paola: Vuoi la mia giacca?*
              Marisa: No, non voglio la tua giacca.

1. la borsa marrone	6. la gonna
2. l'impermeabile	7. il vestito blu
3. il cappotto	8. i pantaloni verdi
4. le scarpe nere	9. il cappello
5. la camicetta rosa	10. la maglia azzurra

C. Formare frasi semplici usando le parole indicate e includendo un aggettivo possessivo. (*Make up simple sentences, using the cued words and including a possessive adjective.*)

▶ io / chiudere / libro   *Io chiudo il mio libro.*

1. lui / chiamare / amica	4. noi / abbellire / stanza
2. lei / parlare / con / amico	5. lui / cercare / maglia bianca
3. tu / prendere / quaderno	6. voi / leggere / rivista

II Possessive adjectives with nouns referring to relatives

Possessive adjectives are not preceded by definite articles when they occur before *singular unmodified* nouns referring to relatives. Exceptions: **mamma** (*Mom*), **papà** (*Dad*) and sometimes **nonno** and **nonna.**

Sua sorella non va a Roma.	*but:* **Le sue sorelle** non vanno a Roma.
Nostra zia è vecchia.	**La nostra vecchia zia** è simpatica.
Mia madre è a casa oggi.	**La mia mamma** è a casa oggi.
Tuo padre lavora a Napoli.	**Il tuo papà** lavora a Napoli.

The definite article is *always* used with **loro**, whether the singular noun is modified or not.

La loro sorella si chiama Marta.
Il loro vecchio zio abita a Palermo.

D. Chiedere ad altri studenti dove abitano i loro parenti. Se non hanno un determinato parente, possono dare informazioni fittizie. (*Ask other students where their relatives live. If they don't have the relatives named, they can supply fictitious information.*)

▶ lo zio   S¹: *Dove abita tuo zio?*
              S²: *Mio zio abita a Roma.*

1. il padre	4. le cugine	7. le sorelle
2. i nonni	5. il cugino	8. la nonna
3. la zia	6. i fratelli	9. la mamma

E. Dire che le seguenti persone visitano i nonni. (*Say that the following persons are visiting their grandparents.*)

▶ Gino   *Gino visita i suoi nonni.*

1. Gabriele	4. Carlo e Tonio	7. Elena e Tina
2. noi	5. tu	8. mio fratello ed io
3. voi	6. io	9. tu e tuo fratello

F. Sostituire ai sostantivi in corsivo le parole fra parentesi, e fare altri cambiamenti necessari. (*Replace the italicized nouns with the words in parentheses, and make any other necessary changes.*)

▶ Ecco mio *fratello*. (sorelle)   *Ecco le mie sorelle.*
▶ *Pina* telefona a sua sorella. (io)   *Io telefono a mia sorella.*

1. Ecco Michele e suo *zio*.   (zia)
2. Ecco *Alberto* e sua cugina.   (Enrico e Riccardo)
3. Parli con il tuo amico *Franco?*   (Laura)
4. *Caterina* arriva con il suo amico.   (Enzo e Francesco)
5. Barbara visita la sua *amica*.   (amici)

G. Sostituzione libera. Sostituire alle parole in corsivo un sostantivo e un aggettivo possessivo adatti. Fare tutti i cambiamenti necessari. (*Free replacement. Replace the italicized words with a suitable possessive adjective and noun. Make any other necessary changes.*)

▶ Vado a visitare *mio zio.*   *Vado a visitare tua sorella.*

1. Paola non è *una mia amica.*	5. Andiamo con *le nostre cugine.*
2. *Sua moglie* è molto bella.	6. *La loro macchina* è vecchia.
3. *Il loro professore* parla troppo.	7. Quanti anni ha *vostra cugina?*
4. *Tua nonna* è energica.	8. *I nostri genitori* sono in Italia.

H. Domande personali.

1. Signorina, quanti anni ha sua sorella? Quanti anni ha suo fratello?
2. Signorina, ha lei una macchina? La sua macchina è vecchia o nuova?
3. Signore, ha lei una motocicletta? Di che colore è la sua motocicletta?
4. Signore, va lei al cinema la domenica? Va con i suoi amici?
5. Signorina, dove va lei il sabato? Va con suo padre o con suo fratello?
6. Signore, vuole abbellire la sua stanza? il suo studio?
7. Signorina, di che colore è la sua giacca? il suo cappotto?

III Review: present tense of -are, -ere, and -ire verbs

Here is a chart to review the present tense of the regular verb conjugations in Italian.

-are guardare	-ere vedere	-ire partire	-ire (-isc-) preferire
guardo	vedo	parto	preferisco
guardi	vedi	parti	preferisci
guarda	vede	parte	preferisce
guardiamo	vediamo	partiamo	preferiamo
guardate	vedete	partite	preferite
guardano	vedono	partono	preferiscono

1. The *endings* of the **io-, tu-,** and **noi-** forms are the same in all three conjugations.
2. The **voi-** form has the vowel of the infinitive ending, i.e., guard**a**te, ved**e**te, part**i**te, prefer**i**te.
3. The *endings* of the **lui / lei-** and **loro-** forms are the same for the verbs in **-ere** and **-ire.**

I. Formare frasi complete usando le parole indicate. (*Form complete sentences, using the cued words.*)

1. i nonni di Alberto / arrivare / domani
2. Anna e tu / non capire / la lezione
3. io / finire / di leggere il giornale

4. Angela ed io / discutere / di sport
5. tu / preferire / andare allo stadio
6. Giampiero / telefonare / più tardi

J. Completare le frasi con la forma appropriata del verbo indicato. (*Complete the sentences with the appropriate form of the cued verb.*)

1. Io ... stasera, e Sara ... domani.   (partire)
2. Nina ... a sua madre, e noi ... ai nostri genitori.   (telefonare)
3. Marco e Milena ... un caffè, e tu ... un cappuccino.   (prendere)
4. Noi ... una lettera, e Tina ... una cartolina (*postcard*).   (spedire)
5. Franco e tu ... qui, e le ragazze ... in albergo.   (dormire)
6. Tu ... a tua sorella, ed io ... a mia zia.   (scrivere)

Ripasso

A. Dire che gli oggetti mostrati nei disegni le appartengono. Usare la forma corretta dell'aggettivo possessivo. (*Say that the items shown in the drawings belong to you. Use the correct form of the possessive adjective.*)

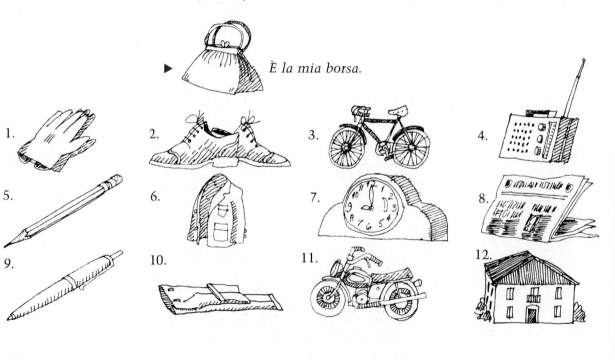

▶ *È la mia borsa.*

1. 5. 9.

2. 6. 10.

3. 7. 11.

4. 8. 12.

B. Domandare a un amico (un'amica) se vede alcuni dei suoi parenti oggi pomeriggio. (*Ask one of your friends if he / she is going to see some of his / her relatives this afternoon.*)

▶ madre   *Vedi tua madre oggi pomeriggio?*

1. fratello	3. simpatica cugina	5. nonna	7. papà
2. sorelle	4. genitori	6. vecchia zia	8. figlio

C. Creare una frase logica per ogni soggetto usando le parole indicate. (*Create a logical sentence for each subject, using the cued words.*)

A	B	C
1. i miei genitori	rispondere	l'italiano
2. Amerigo	arrivare	le scarpe nere
3. la sorella di Lisa	capire	di andare a Porta Portese
4. mia cugina ed io	insegnare	oggi pomeriggio
5. i tuoi parenti	suggerire	al telefono
6. tuo fratello e tu	abitare	di comprare la calcolatrice
	aspettare	a Siena
	mettere	i loro amici alla stazione
		in Italia
		i guanti di lana
		l'inglese

D. Abbinare i verbi di significato contrario. C'è un verbo di più nelle colonne a destra. (*Match the opposite verbs. There is one extra verb in the right-hand columns.*)

1. perdere	5. spedire	(a) arrivare	(f) rispondere
2. mandare	6. incominciare	(b) vendere	(g) vedere
3. partire	7. aprire	(c) finire	(h) ricevere
4. chiamare	8. comprare	(d) chiudere	(i) rimandare
		(e) trovare	

E. Esprimere in italiano. (*Express in Italian.*)

Michele: Do you want to come to Porta Portese with me?
Lorenzo: Yes. When?
Michele: Sunday morning.
Lorenzo: Very well. Do you have a car?
Michele: Yes. I have my father's car.
Lorenzo: What do you want to buy at Porta Portese?
Michele: I want to look for a painting for my room. And you?
Lorenzo: I intend to buy a tape recorder.

Mi puoi dare un passaggio?

LEZIONE 8ᵃ

Franco parla con Enrico, suo fratello.

    Franco Enrico, dove vai questa mattina?
    Enrico A lavorare, come ogni giorno, naturalmente. Non lo sai, forse?
    Franco Sì, lo so, non era mia intenzione fare dello spirito.
    Enrico E allora che cosa vuoi?
5 **Franco** Mi puoi dare un passaggio con la tua motocicletta?
    Enrico E dov'è la tua macchina?

Franco Dal meccanico. È in quel garage di fronte alla fermata del
tram.

Enrico Dove devi andare?

10 **Franco** Dal medico. Ho un appuntamento per le nove.

Enrico Va bene, ma fa' in fretta. Non voglio essere in ritardo.

Franco Sono quasi pronto. Prendo la giacca e vengo.

Domande

Generali

1. Dove va Enrico questa mattina?
2. Che cosa vuole Franco?
3. Dov'è la macchina di Franco?
4. Dove deve andare Franco?
5. È pronto Franco?

Personali

6. Dove va lei questa mattina?
7. Lei ha la macchina o la motocicletta?
8. È spesso in ritardo lei quando ha un appuntamento?
9. Lei deve andare dal medico o dal dentista domani?

Vocabolario

Nomi

la **fermata** stop
il **garage** garage
il **medico** doctor
il **passaggio** ride
il **tram** trolley

Verbi

dare to give
dovere to have to
  devi you have to
potere to be able, can
  puoi you (*fam.*) can
venire to come
  vengo I'm coming

Altre parole ed espressioni

come like
forse perhaps
naturalmente of course

pronto ready
quasi almost
quello,-a that
questo,-a this

dal meccanico (medico) at the
  mechanic's (doctor's)
di fronte a in front of
essere in ritardo to be late
fa' in fretta hurry up
fare dello spirito to be witty
lo so I know (it)
mi puoi dare un passaggio? can you
  give me a ride?
non era mia intenzione I didn't
  intend to
non lo sai? don't you know (it)?
questa mattina this morning

NOTA CULTURALE: Getting a driver's license

In the United States, each state has jurisdiction over the issuing of a driver's license. In Italy, the Department of Transportation has jurisdiction. Six types of licenses are issued, and each is assigned a letter of the alphabet from A to F. The B type of license, the one used to drive a car, is the most common.

The minimum age for obtaining a driver's license is eighteen. Drivers are tested not only on their ability to handle a car and their knowledge of traffic signals and regulations, but also on their understanding of the basic mechanics of a car motor.

Un vigile controlla la patente di un giovane motociclista.

Modificazioni

1. Dove vai **questa mattina?**
   questa sera
   questo pomeriggio
   quest'anno

2. Dov'è **la tua macchina?**
   la tua automobile
   la tua motocicletta
   la tua bicicletta

3. Mi puoi dare **un passaggio?**
   un libro
   una sedia
   un giornale
   una rivista

4. Devo andare **dal medico.**
   dall'avvocato
   dal dentista
   dalla mia amica
   da mia madre

Pratica

    A. La sua motocicletta è dal meccanico per essere aggiustata. Lei chiama il suo amico Marco e gli chiede di darle un passaggio fino al garage. (*Your motorcycle is at the mechanic's to be fixed. Call up your friend Marco and ask him to give you a ride in his car to the garage.*)

    B. Scrivere un dialogo fra Pierluigi e sua sorella Sandra. Pierluigi ha un appuntamento dal dentista e ha bisogno di un passaggio. (*Write a dialogue between Pierluigi and his sister Sandra. Pierluigi has an appointment at the dentist and needs a ride.*)

**Pronuncia:
the sound /d/**

Italian /d/ is pronounced differently from English /d/. The tip of the tongue touches the edge of the gum ridge just behind the upper front teeth, instead of being pressed against the back of the upper front teeth.

    A. Ascoltare e ripetere le seguenti parole dopo l'insegnante. (*Listen and repeat the following words after your instructor.*)

dove	andare	addio
dieci	prendere	addizione
dare	lunedì	addomesticare
due	quaderno	addominale
dodici	undici	
desiderare	padre	

    B. Leggere ad alta voce le seguenti frasi. Fare attenzione alla pronuncia della *d* e della *dd*. (*Read the following sentences aloud. Pay particular attention to the way you pronounce the letters* d *or* dd.)

       1. Dove desidera andare?
       2. Devo prendere due quaderni.
       3. Telefona lunedì alle dodici.
       4. Addio, Donatella.

Ampliamento del vocabolario

Guida lei?

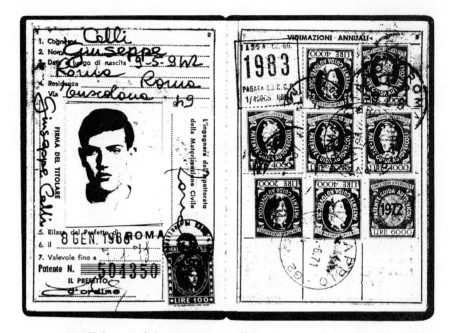

The following words and expressions will be useful to you in talking about driving a car.

la **macchina**
l'**automobile** f. } car, automobile
la **benzina** gasoline
la **marca** make (of car)

il **parcheggio** parking
la **patente di guida** driver's license
la **stazione di servizio** gas station

andare in macchina to ride in a car
guidare to drive

guidare velocemente/lentamente to drive fast/slowly
parcheggiare to park

A. Rispondere alle seguenti domande, usando le espressioni suddette. (*Answer the following questions, using expressions from the list above.*)

1. Guida lei? Ha lei la patente?
2. Ha la macchina lei? Che marca è? È una marca italiana, francese, inglese o americana?
3. Di che colore è la sua macchina? È grande o piccola?
4. Spende molto per la benzina?
5. Guida lei velocemente o lentamente? Guida molto bene?
6. Dove parcheggia lei? In un garage o nella strada (*street*)?
7. Usa l'automobile ogni giorno? il sabato? la domenica?

B. Leggere il seguente paragrafo e rispondere alle domande. (*Read the following paragraph, then answer the questions based on it.*)

Paola non ha la patente

Paola non guida perché non ha la patente. È ancora troppo giovane. Ha quindici anni. Spesso chiede° un passaggio a Piero, suo vicino di casa.° Piero ha diciotto anni, ha una bella macchina e guida molto bene. Oggi però Piero non può° dare un passaggio a Paola perché la sua macchina è dal meccanico.

°she asks for
°neighbor

°can't

1. Perché non guida Paola?
2. A chi chiede spesso un passaggio?
3. Ha la patente Piero?
4. Dov'è oggi la macchina di Piero?

Struttura ed uso

I *The irregular verb* andare

The verb **andare** is irregular in the present tense. You are already familiar with many of its forms.

andare to go	
vado	andiamo
vai	andate
va	vanno

Andare is often used with an infinitive to express the immediate future. It is followed by the preposition **a** before an infinitive.

| I ragazzi **vanno a vedere** un film. | The boys *are going to see* a movie. |
| **Non vado a dormire** adesso. | I'm *not going to sleep* now. |

A. Dire che le seguenti persone vanno *al bar Roma*. (*Say that the following people are going to the* bar Roma.)

▶ Carlo   *Carlo va al bar Roma.*

| 1. Paola e Marcella | 3. io | 5. lei, signorina |
| 2. tu ed io | 4. tu e Marisa | 6. mio fratello |

B. Dire dove vanno le seguenti persone. (*State where the following persons are going.*)

▶ Franco / al museo   *Franco va al museo.*
▶ io / da Silvia   *Io vado da Silvia.*

1. Carla / dal dottore   3. voi / al liceo   5. loro / in centro
2. tu / all'università   4. lei / in banca   6. noi / al garage

C. Domandare alle seguenti persone se fanno queste attività. (*Ask the following people if they are going to do these activities.*)

▶ Vincenzo: comprare il giornale   *Vai a comprare il giornale?*

1. il professore: chiamare gli studenti
2. Marcello e Sandro: prendere un aperitivo
3. le signorine Laudi: parlare con Massimo
4. l'ingegner Nanni: spedire la lettera
5. i signori Gizzi: fare una gita
6. Alfredo: vedere la televisione
7. Marco e Carlo: sentire i dischi
8. Giovanna: incontrare Tina alla stazione

II Prepositional contractions

In Italian, five of the most commonly used prepositions contract with definite articles. These prepositions are: **a** *to, at;* **di** *of, about, from;* **in** *in, into;* **su** *on;* **da** *from, by.*

Vado **ai** Musei Vaticani con Marco.   **ai = a + i**
I cappotti **dei** ragazzi sono blu.   **dei = di + i**
Metto la lettera **nella** borsa.   **nella = in + la**
I fogli di carta sono **sul** banco.   **sul = su + il**
Io vengo **dallo** stadio.   **dallo = da + lo**

Here is a chart of the most common prepositional contractions.

	m. sg.			m. pl.		f. sg.		f. pl.
	+ il	+ lo	+l'	+ i	+ gli	+ la	+ l'	+ le
a	al	allo	all'	ai	agli	alla	all'	alle
di	del	dello	dell'	dei	degli	della	dell'	delle
in	nel	nello	nell'	nei	negli	nella	nell'	nelle
su	sul	sullo	sull'	sui	sugli	sulla	sull'	sulle
da	dal	dallo	dall'	dai	dagli	dalla	dall'	dalle

The preposition **con** sometimes contracts with the masculine definite
articles **il** and **i**.

Giovanni parla $\left\{ \begin{array}{l} \textbf{con il} \\ \textbf{col} \end{array} \right\}$ fratello.   Marisa parla $\left\{ \begin{array}{l} \textbf{con i} \\ \textbf{coi} \end{array} \right\}$ ragazzi.

D. Dire che lei è ai seguenti posti. Usare la forma appropriata della
preposizione *a* + *l'articolo*. (*Say that you are in the following places.
Use the appropriate contractions of* a + *the definite article.*)

▶ il museo   *Sono al museo.*

1. la stazione
2. il ristorante
3. l'albergo
4. l'ospedale

5. l'università
6. l'ufficio postale
7. la banca
8. lo stadio

E. Domandare ad un altro studente (un'altra studentessa) se va ai luoghi
indicati nell'esercizio D, quando va e con chi va. (*Ask another student
whether he/she is going to the places mentioned in exercise D, when
he/she is going, and with whom he/she is going.*)

▶ S¹: Dove vai?   S²: *Vado al museo.*
  S¹: A che ora vai?   S²: *Vado alle dieci.*
  S¹: Con chi vai?   S²: *Vado con mio padre.*

F. Completare ciascuna frase con la forma articolata della preposizione
indicata. (*Complete each sentence with the appropriate contraction
of the preposition indicated.*)

▶ (a) Mio fratello è ... università.   *Mio fratello è all'università.*

1. (in)   Mario entra ... bar.
2. (di)   Ecco il dizionario ... studente.
3. (su)   Perché metti i libri ... cattedra?
4. (con) Ho un appuntamento importante ... professore.
5. (da)   Torniamo ... ufficio postale.
6. (di)   Dov'è la macchina ... amico di Giorgio?
7. (in)   Ora gli studenti sono ... aula.
8. (a)   Domani i miei genitori vanno ... teatro.
9. (su)   Metto i quaderni ... banco.

G. Dare una risposta negativa a ciascuna domanda. Sostituire alle parole o espressioni in corsivo le parole fra parentesi. (*Respond to each question in the negative. Substitute the cued word for the italicized word or expressions, and make the necessary contractions.*)

▶ Torna lei dal *teatro?* (stadio)   *No, torno dallo stadio.*

1. La sua macchina è di fronte alla *fermata del tram?*   (teatro)
2. Carlo ha lezione di francese alle *undici?*   (una)
3. Parlano bene del *professore?*   (studente)
4. Entra nel *negozio?*   (stazione)
5. Va dall'*avvocato?*   (dentista)
6. Marta risponde al *padre?*   (madre)
7. Vanno alla *stazione?*   (albergo)
8. Lei è in casa *dei genitori* di Luca?   (amici)

III Special meaning of da

Da may mean *at* or *to someone's place of business or house* when it is followed by a noun referring to a person.

Sono **dal dottore.**   I'm *at the doctor's (office).*
Andiamo **da Rosa.**   We're going *to Rosa's (house).*

H. Dire che lei va dalle seguenti persone. Usare *da* o la forma articolata di *da* + il sostantivo. (*Say that you're going to the following people's house or place of business. Use da or a contraction of* da + *the noun.*)

▶ meccanico   *Vado dal meccanico.*

1. dottore	3. zia	5. Giorgio
2. avvocato	4. nonni	6. signori Cristini

IV The demonstrative adjectives questo and quello

The demonstrative adjective **questo** (*this*) agrees in gender and number with the noun it modifies. The form **quest'** is usually used with singular nouns of either gender that begin with a vowel.

Questo cappotto è di Maria Pia.   *This* coat belongs to Maria Pia.
Questa giacca è di Teresa.   *This* jacket belongs to Teresa.
Questi guanti sono neri.   *These* gloves are black.
Queste cravatte sono rosse e blu.   *These* ties are red and blue.
Quest'orologio è di Giorgio.   *This* watch belongs to Giorgio.
Quest'automobile è nuova.   *This* car is new.

Here is a summary of the forms of **questo.**

m. sg.	m. pl.	f. sg.	f. pl.
questo ⎱ quest' ⎰	questi	questa ⎱ quest' ⎰	queste

The demonstrative adjective **quello** follows a pattern similar to that of the prepositional contractions with definite articles. (See p. 100.)

La macchina è in **quel** garage.	The car is in *that* garage.
Quell'orologio è bello.	*That* clock is beautiful.
Entrano in **quella** banca.	They enter *that* bank.
Quell'aula è grande.	*That* classroom is large.
Anna compra le scarpe e i vestiti in **quei** negozi.	Anna buys shoes and dresses in *those* stores.
Ci sono molti negozi in **quelle** strade.	There are many stores on *those* streets.

Here is a summary of the forms of **quello.**

m. sg.	m. pl.	f. sg.	f. pl.
quel quello ⎱ quell' ⎰	quei quegli	quella ⎱ quell' ⎰	quelle

I. Chiedere a un altro studente (un'altra studentessa) chi sono le seguenti persone. Usare la forma appropriata di *quello.* (*Ask another student who the following people are. Use the appropriate form of* quello.)

▶ la signorina   *Chi è quella signorina?*
▶ i professori   *Chi sono quei professori?*

1. lo studente	3. i ragazzi	5. la signora
2. la studentessa	4. gli studenti	6. i signori

J. Caterina e Mirella camminano per via Nazionale, guardano le vetrine (*store windows*) e parlano degli oggetti che vorrebbero comprare. Fare le due parti. (*Caterina and Mirella are walking along Via Nazionale, windowshopping. They are discussing which items they would like to buy. Play both roles.*)

▶ gonna   Caterina: *Io desidero comprare quella gonna.*
           Mirella: *Io invece preferisco questa gonna.*

1. orologio   3. televisore   5. scarpe   7. giacca
2. maglia   4. quadro   6. vestito   8. insieme

Ripasso

A. Completare ciascuna frase con una parola appropriata. Nella seconda colonna c'è una parola di più. (*Complete each sentence with an appropriate word. There is one extra item in the second column.*)

1. Le sue scarpe sono ... .   dal
2. La ... di Pino è dal meccanico.   leggono
3. Sono ... dottore.   bella
4. Oggi è il ... marzo.   coi
5. È una ... giornata.   sul
6. Sua sorella ... un appuntamento alle nove.   nere
7. Marisa parla ... ragazzi.   primo
8. Gli studenti ... una rivista italiana.   vanno
9. ... dizionario è di Marcello.   ha
10. I ragazzi ... a fare una gita.   macchina
                                      quel

B. Caterina ha molte cose da fare questa settimana. Rispondere alle domande basate sulle sue attività. (*Caterina has a very busy schedule this week. Answer the following questions about her schedule.*)

lunedì	Musei Vaticani
martedì	avvocato Benedetti
mercoledì	teatro con Gianni
giovedì	banca
venerdì	bar "Gli Sportivi" con Enrico
sabato	Porta Portese con Paola
domenica	Perugia con papà

1. Quando va dall'avvocato?
2. Dove va lunedì?
3. Ha un appuntamento importante sabato?
4. Con chi va al teatro mercoledì?
5. Va alla stazione giovedì?
6. Dove va venerdì?
7. Domenica va a Perugia con le sue amiche?

C. Dire che i seguenti oggetti non sono come descritti. (*Say that the following objects are not as described.*)

▶ macchina / vecchio   *Questa macchina non è vecchia.*

1. ragazzi / simpatico
2. studio / grande
3. cucina / piccolo
4. gonne / bianco
5. pantaloni / grigio
6. borsa / marrone
7. scarpe / bello
8. impermeabile / brutto
9. albergo / elegante

D. Rifare l'esercizio C, usando l'aggettivo *quello* invece di *questo*. (*Do exercise C again, using the adjective* quello *instead of* questo.)

E. Riscrivere le seguenti frasi, mettendo le parole indicate al singolare o al plurale secondo la necessità. (*Rewrite the following sentences, changing the indicated words to the singular or the plural, as necessary.*)

1. *Quell'orologio è* a buon mercato.
2. *Quella borsa è* marrone.
3. Compro *queste riviste* per gli amici di Laura.
4. *La gonna* di quella ragazza *è bella.*
5. *Quei quadri sono* di Valeria.

F. Esprimere in italiano. (*Express in Italian.*)

Marta:	Dad, can you (*mi puoi*) give me a ride this afternoon?
Il padre:	Where is your car?
Marta:	It's at the mechanic's.
Il padre:	Where are you going?
Marta:	To the dentist's. I have a four o'clock appointment.
Il padre:	I'm going out right away. Are you ready?
Marta:	I'm going to get my coat. I don't want to be late.

ATTUALITÀ 2

LA MACCHINA

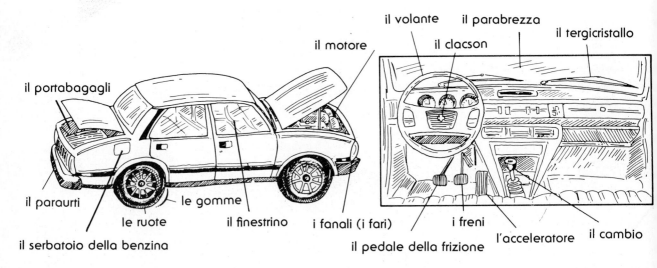

il motore
il volante
il clacson
il parabrezza
il tergicristallo
il portabagagli
il paraurti
le gomme
le ruote
il finestrino
i fanali (i fari)
i freni
l'acceleratore
il cambio
il serbatoio della benzina
il pedale della frizione

L'AUTOMOBILE E LE AUTOSTRADE IN ITALIA

Con lo sviluppo[1] industriale degli ultimi decenni[2], l'automobile è alla portata[3] di tutte le famiglie italiane. L'automobile non è solo usata per andare a lavorare, ma è anche il mezzo[4] indispensabile per le gite di fine-settimana e per andare in vacanza. La popolarità dell'automobile permette agli Italiani di muoversi[5] più facilmente su tutto il territorio nazionale, grazie[6] anche al gran numero di strade ed autostrade.

Le autostrade italiane sono moderne, belle e comode. Sono fornite[7] di numerose aree di servizio con stazioni di rifornimento[8] di benzina e luoghi di ristoro. In molte aree di parcheggio, ci sono giardini con panchine[9], fontanelle d'acqua e servizi igienici[10]. Tutte le autostrade sono a pagamento ed il pedaggio[11] è basato[12] sulla potenza[13] del motore dell'automobile. L'autostrada del Sole è la più lunga e pittoresca. Partendo da Milano, essa attraversa[14] tutto il paese ed arriva fino al Sud dell'Italia.

1 development   2 decades   3 within the reach   4 means
5 move   6 thanks to   7 supplied   8 filling   9 benches
10 rest rooms   11 toll   12 based   13 power   14 crosses

Hai fame?

Per rendere più comodi i viaggi dell'automobilista italiano, in tutte le autostrade ci sono molti posti di servizio e di ristoro[1]. La catena[2] di ristoranti Pavesi è specialmente famosa perché offre servizio ristorante, servizio bar, tavola calda[3] ed articoli da regalo. Quasi[4] tutti gli automobilisti che usano l'autostrada si fermano[5] ad uno dei tanti ristoranti Pavesi.

1 refreshment   2 chain   3 cafeteria
4 almost   5 stop

Alla stazione di servizio

Alberto si ferma° davanti ad un distributore di benzina° di una stazione di servizio. Il benzinaio° si avvicina° alla macchina. — *stops / gas pump* — *gas attendant / approaches*

Il benzinaio: Facciamo il pieno°, signore? — *fill it up?*
Alberto: No, grazie. Solo venti litri di benzina.
Il benzinaio: Va bene. Controllo° anche il livello° dell'olio? — *shall I check / level*
Alberto: Sì. Vuole controllare anche la pressione delle gomme, per favore?
Il benzinaio: Volentieri!
Alberto: Scusi, mi può lavare° anche il parabrezza? — *can you wash*
Il benzinaio: Perché no!
Alberto: La ringrazio° molto. — *thank you*
Il benzinaio: Non c'è di che!° — *don't mention it!*

107

INFORMAZIONI E CURIOSITÀ

- In Italia ci sono grandi industrie automobilistiche come la Fiat, la Lancia e l'Alfa Romeo.
- Fiat vuole dire **F**abbrica **i**taliana **a**utomobili (di) **T**orino.
- C'è un grande stabilimento[1] di macchine Fiat a Togliattigrad, in Russia.
- A Modena la Ferrari costruisce[2] solo macchine sportive e da corsa[3].
- La Maserati è un'industria automobilistica italiana con sede[4] a Modena, e produce soprattutto[5] macchine di gran turismo.
- La Lamborghini, un'altra fabbrica automobilistica famosa, è in provincia di Ferrara. Oltre ad automobili di lusso[6] di prestigio mondiale, costruisce anche trattori[7].
- Enzo Ferrari, il fondatore[8] della fabbrica automobilistica Ferrari, era un noto corridore[9] automobilista.
- L'Italia ha costruito la prima autostrada del mondo fra il 1923 ed il 1925. L'autostrada collegava[10] Milano, Varese, e Como.

1 factory   2 builds   3 racing (cars)   4 seat, headquarters   5 above all   6 deluxe   7 tractors
8 founder   9 racer   10 linked

La solita burocrazia!

LEZIONE 9ª

Stefano è nella segreteria dell'università di Roma.

Stefano Scusi, devo richiedere un certificato d'iscrizione° registration certificate
all'università.

Impiegato Per che cosa le serve° il certificato? **per** ... why do you need

Stefano Per rinviare di un anno il servizio militare.

5 **Impiegato** Deve presentare una domanda scritta su un foglio di carta
bollata.° government-stamped paper

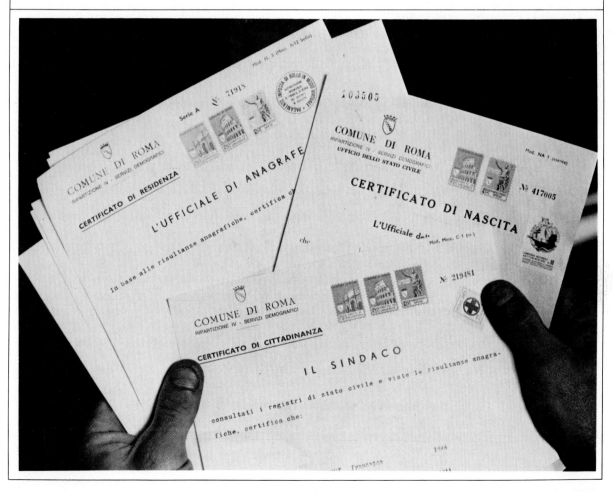

Stefano	Quando posso venire a ritirare il certificato?
Impiegato	Alla fine del mese.
Stefano	Ma, scusi, perché così tardi? Non capisco proprio.
10 **Impiegato**	In questo periodo abbiamo molto lavoro da svolgere e molte pratiche da finire.
Stefano	Capisco. Non c'è niente da fare, è la solita burocrazia. Arrivederci.

Domande

Generali

1. Che cosa deve richiedere Stefano? Perché?
2. Su che cosa deve presentare la domanda?
3. Quando può venire a ritirare il certificato?
4. Perché così tardi?
5. Perché non c'è niente da fare?

Personali

6. Quando va lei alla segreteria dell'università (della scuola)?
7. Che cosa deve richiedere lei in segreteria?
8. C'è molta burocrazia nella sua università (scuola)?
9. È obbligatorio il servizio militare in Italia? e negli Stati Uniti?
10. Secondo lei, devono fare il servizio militare anche le donne (*women*)? Perché?

Modificazioni

1. Scusi, devo **richiedere un certificato.**
   - tornare a casa
   - fare una telefonata (*to make a phone call*)
   - rispondere al telefono
   - comprare un giornale

2. Per che cosa le serve **il certificato?**
   - il foglio di carta
   - la carta bollata
   - questa rivista

3. Posso venire alla fine **del mese.**
   - dell'anno
   - della settimana
   - di luglio

NOTA CULTURALE: The **carta bollata**

COMUNE DI ARICCIA
PROVINCIA DI ROMA

CERTIFICATO DI RESIDENZA

L'Ufficiale d'Anagrafe

Visto l'art. 30 del regolamento d'esecuzione
della legge 24 dicembre 1954, n. 1228.

Visti gli atti esistenti in questo ufficio;

CERTIFICA

che ...l... Signor.... DE CECCO Antonio ....

nat.o... in Spoleto................. il. 18.2.1957

L'impiegato addetto

The Italian government uses indirect taxes to supplement its revenues from direct taxation. One of the most common means of indirect taxation is the sale of government-stamped paper (*carta bollata*) and government stamps (*marche da bollo*). Anyone who applies for a job or enrolls in a public school or university must present his/her application with at times as many as ten certificates indicating birth date, residence, marriage status, etc. Each of these certificates must be written on government-stamped paper or carry one or more government stamps. The cost of these two items increases from time to time, depending on the government's monetary and fiscal policy.

Vocabolario

Nomi

la **burocrazia** bureaucracy
la **domanda** petition, request
l'**impiegato** clerk
il **lavoro** work
il **periodo** period
la **pratica** paper work
la **segreteria** registrar's office
il **servizio** service

Verbi

capire to understand
finire to finish
potere to be able, can
  posso I can
presentare to submit
richiedere to request
rinviare to postpone
ritirare to pick up
servire to serve, to be of use
svolgere to do, to develop

Aggettivi

militare military
scritto, -a written

Altre parole ed espressioni

così so

alla fine del mese at the end of the month
non capisco proprio I just don't understand
non c'è niente da fare there is nothing that can be done
scusi excuse me (*formal*)
la solita burocrazia the same old bureaucracy

Pratica

A. Completare le frasi con parole appropriate usate nel dialogo a pagina 109. (*Complete the sentences with appropriate words used in the dialogue on page 109.*)

1. Devo richiedere ... certificato.
2. Ecco un foglio ... carta.
3. Quando posso ... a ... il certificato?
4. Devo tornare alla fine ... mese.
5. Non ... proprio.
6. Perché ... tardi?
7. ... molto lavoro ... svolgere.
8. Non c'è ... da fare.

B. Comporre un dialogo simile a quello di pagina 109, ma cambiare il luogo. Luciana è in Municipio per richiedere un certificato. Ha bisogno di un certificato di nascita per presentare una domanda d'impiego. (*Make up a dialogue similar to the one on page 109, but change the setting to City Hall. Luciana needs a birth certificate in order to apply for a job.*)

Pronuncia: the sound /p/

Italian /p/ is unaspirated (not accompanied by a puff of air), in contrast to English /p/.

A. Ascoltare e ripetere le seguenti parole dopo l'insegnante. (*Listen and repeat the following words after your instructor.*)

presentare	capire	appuntamento
perché	proprio	cappuccino
periodo	aperitivo	purtroppo
passaggio	sempre	
posso	comprare	
pratica	rispondere	

B. Leggere ad alta voce le seguenti frasi. Fare attenzione alla pronuncia della *p* e della *pp*. (*Read the following sentences aloud. Pay particular attention to the way you pronounce p or pp.*)

1. Prendo sempre un cappuccino.
2. Ho un appuntamento importante.
3. Mi puoi dare un passaggio?
4. Compriamo un aperitivo.

Ampliamento del vocabolario

I numeri da 31 a 100

31 = trentuno	36 = trentasei	41 = quarantuno	70 = settanta
32 = trentadue	37 = trentasette	48 = quarantotto	80 = ottanta
33 = trentatré	38 = trentotto	50 = cinquanta	90 = novanta
34 = trentaquattro	39 = trentanove	60 = sessanta	100 = cento
35 = trentacinque	40 = quaranta		

Notice that the numbers **trenta, quaranta**, etc. drop the final **-a** when combined with **uno** and **otto**.

A. Leggere ad alta voce le seguenti coppie di numeri. (*Read the following pairs of numbers aloud.*)

▶ 2/20   *due/venti*

1) 3/30	3) 5/50	5) 7/70	7) 9/90
2) 4/40	4) 6/60	6) 8/80	8) 10/100

B. Aggiungere uno a ciascuno dei seguenti numeri e dire il risultato. (*Add one to each of the following numbers and state the result.*)

▶ 37   *Trentasette più uno fa trentotto.*

1. 35	3. 61	5. 54	7. 91	9. 99	11. 83
2. 39	4. 70	6. 87	8. 65	10. 47	12. 50

C. Chiedere ad un altro studente (un'altra studentessa) di rispondere ai seguenti problemi aritmetici. (*Ask another student to answer the following arithmetic problems.*)

▶ $20 + 31 = ?$ *Quanto fa venti più trentuno?*

1) $55 + 40 = ?$	5) $40 \times 2 = ?$	9) $48 + 32 = ?$
2) $100 \div 2 = ?$	6) $64 \div 2 = ?$	10) $30 \times 3 = ?$
3) $30 + 60 = ?$	7) $80 - 28 = ?$	11) $88 - 24 = ?$
4) $90 - 60 = ?$	8) $100 - 35 = ?$	12) $60 \div 2 = ?$

D. Enrico e Piero discutono l'età di alcuni dei loro parenti ed amici. Piero dice che le persone indicate hanno cinque anni di più dell'età menzionata da Enrico. (*Enrico and Piero are discussing how old some of their relatives and friends are. Piero says that the individuals named are five years older than the age indicated by Enrico.*)

▶ Enrico: Tuo padre ha quarantadue anni.   Piero: *No, mio padre ha quarantasette anni.*

1. Mia madre ha 38 anni.
2. Tuo cugino Alfredo ha 25 anni.
3. Mio fratello Giorgio ha 15 anni.
4. Il dottor Benati ha 63 anni.
5. Tua zia Anna ha 33 anni.
6. Il nostro amico ha 21 anni.
7. Tua nonna ha 73 anni.
8. Il nostro professore ha 40 anni.

Struttura ed uso

I *The adjective* bello

1. The adjective **bello** has four forms when it follows a noun or is used after the verb **essere.**

   Quel cappello è **bello.**   That hat is beautiful.
   Questa camicia è **bella.**   This shirt is beautiful.
   A Milano ci sono molti negozi **belli.**   In Milan there are many beautiful stores.
   Vendono macchine **belle.**   They sell beautiful cars.

2. The adjective **bello** follows a pattern similar to **quello** when it precedes a noun. Here is a summary of the forms of **bello.**

m. sg.	m. pl.	f. sg.	f. pl.
bel bello } bell' }	bei begli	bella } bell' }	belle

Che **bel** museo!   What a beautiful museum!
Che **bella** signorina!   What a beautiful young lady!
Che **bei** quadri!   What beautiful paintings!

A. Dire ad un turista che i seguenti luoghi ed oggetti sono belli. (*Tell a tourist that the following places and objects are beautiful.*)

▶ questo ristorante   *Questo ristorante è bello.*

1. questo museo
2. questi quadri
3. questa via
4. queste chiese

5. questo teatro
6. questi negozi
7. queste macchine
8. questa stazione

B. Dire che le cose che Milena ha o fa sono belle. (*Say that the things that Milena has or does are beautiful.*)

▶ Compra sempre *vestiti.*   *Compra sempre bei vestiti.*

1. Ha un'*automobile* italiana.
2. Abita in un *appartamento* in Via Tasso.
3. Porta sempre *scarpe* italiane.
4. Ha una *borsa* marrone.
5. Lavora in un *albergo* del centro.
6. Va sempre a vedere *film* americani.
7. Legge spesso *libri* d'arte.
8. Qualche volta guarda un *programma* alla televisione.

II *The irregular verb* venire

venire to come	
vengo	veniamo
vieni	venite
viene	vengono

C. Un gruppo di studenti viene a Firenze da tutte le parti d'Italia. Dire da quale città viene ognuno. (*A group of students from all parts of Italy arrives in Florence. Tell what city each comes from.*)

▶ Marco ... Assisi   *Marco viene da Assisi.*

1. Maria ... Pisa
2. io ... Orvieto
3. Alberto ... Roma
4. noi ... Palermo

5. Anna e Bettina ... Milano
6. Paolo ... Bologna
7. loro ... Siena
8. voi ... Venezia

D. Domandare alle seguenti persone se vengono dai luoghi indicati. (*Ask the following people if they come from the places below.*)

▶ Paola e Andrea: banca   *Venite dalla banca?*

1. la signora Lorenzi: centro
2. Michele: stadio
3. i signori Colli: albergo
4. la sorella di Piero: stazione

5. il dottor Donati: ospedale
6. gli amici di Maria: università
7. Diana e Silvia: teatro
8. Gianni: fabbrica

III *Demonstrative pronouns* questo *and* quello

In the following Italian sentences, the words in boldface type are demonstrative pronouns. They agree in gender and number with the nouns they replace.

Desidero questo certificato e non **quello.**
Quella maglia è bella, ma **questa** è brutta.
Quegli alberghi sono nuovi, ma **questi** sono vecchi.
Preferisco questi pantaloni e non **quelli.**

I want this certificate and not *that one.*
That sweater is beautiful, but *this one* is ugly.
Those hotels are new, but *these* are old.
I prefer these pants and not *those.*

m. sg.	m. pl.	f. sg.	f. pl.
questo	questi	questa	queste
quello	quelli	quella	quelle

E. Cambiare le frasi, sostituendo alle parole in corsivo i pronomi dimostrativi corrispondenti. (*Restate the sentences, replacing the italicized words with the corresponding demonstrative pronouns.*)

▶ *Quei quadri* sono belli.   *Quelli sono belli.*
▶ *Queste scarpe* sono piccole.   *Queste sono piccole.*

1. *Questa commedia* è divertente.
2. Vorrei *quel giornale*, per favore.
3. Comprano *questi libri*.
4. *Quegli alberghi* sono grandi.
5. *Queste gonne* sono molto belle.
6. *Quelle lezioni* sono difficili.
7. *Quegli orologi* sono a buon mercato.
8. *Questa casa* è bianca.
9. *Quest'aranciata* è buona.
10. *Quell'ospedale* è moderno.

F. Ciascuna delle seguenti persone vuole comprare un capo di vestiario. Dire quello che ciascuno preferisce o non preferisce. Usare il pronome dimostrativo appropriato. (*Each of the following persons wants to buy an article of clothing. Tell what each prefers and does not prefer. Use the appropriate demonstrative pronoun.*)

▶ Lucia vuole comprare una gonna.   *Preferisce questa gonna, non quella.*

1. Giacomo vuole comprare un cappotto.
2. Piero vuole comprare una giacca.
3. Marisa vuole comprare una camicetta.
4. Laura vuole comprare un insieme.
5. Carlo vuole comprare una camicia.
6. Antonella vuole comprare un impermeabile.

G. Completare le seguenti frasi in maniera logica. Usare il pronome dimostrativo in ciascuna frase. (*Complete the following sentences logically. Use demonstrative pronouns in your statements.*)

▶ Questa penna è verde e ...   *Questa penna è verde e quella è rossa.*

1. Questi signori sono americani e ...
2. Questo cameriere è simpatico e ...
3. Quel bar è piccolo e ...
4. Quello studente studia poco e ...
5. Queste ragazze ascoltano la radio e ...
6. Quei ragazzi sono allegri e ...

Ripasso

A. Domande.

1. Quanti giorni ha luglio? e febbraio? e settembre?
2. A che pagina incomincia la Lezione 7ᵃ?
3. Quanti studenti ci sono nella classe di storia?
4. Quanti anni ha suo nonno?
5. Quante sedie ci sono in quest'aula?

B. Dare la forma appropriata dell'aggettivo *bello*. (*Supply the appropriate form of the adjective* bello.)

1. Maria e Teresa guardano un ... programma alla televisione.
2. Patrizia porta sempre ... vestiti.
3. Susanna e Marta sono due ... ragazze americane.
4. In quel museo ci sono molti ... quadri.
5. Ci sono ... orologi in quel negozio.
6. I miei cugini hanno una ... automobile.

C. Dire che le seguenti persone non vengono nel giorno o all'ora stabilita. (*Say that the following people are not coming on the established day or time.*)

▶ dottore / domani   *Il dottore non viene domani.*

1. genitori di Giuseppe / giovedì
2. sua zia / settimana prossima
3. voi / alle tre
4. Pino ed io / più tardi
5. Elena e tu / stasera
6. io / domani mattina
7. tu / alle nove

D. Dire che lei preferisce una cosa piuttosto che un'altra, come nel modello. Dare la forma appropriata del pronome dimostrativo *quello*. (*Say that you prefer one thing over the other, as in the model. Supply the appropriate form of the demonstrative pronoun* quello.)

▶ questa casa   *Preferisco questa casa e non quella.*

1. questi nomi
2. questo ristorante
3. questa città
4. questi giornali
5. quest'amico
6. questi cappelli
7. queste gonne
8. quest'impiegata

E. Esprimere in italiano. (*Express in Italian.*)
Rossana is talking on the phone with her friend Giulio, who lives in Genova.

Rossana: Are you coming to Modena at the end of the month?
  Giulio: I must postpone my trip. I have a lot of work to do.
Rossana: I just don't understand. You always have a lot to do.
  Giulio: I know. This class is very difficult.
Rossana: Well, there's nothing that can be done.

Vota!

LEZIONE 10ª

Oggi, domenica 21 giugno è giorno di elezioni. Dopo un mese di campagna elettorale tutti vanno a votare per eleggere i nuovi rappresentanti al parlamento italiano. Le elezioni anticipate di un anno° sono l'ultimo tentativo per risolvere una crisi politica senza via
5 d'uscita.° La gente le considera molto importanti. I rappresentanti di tutti i partiti manifestano pubblicamente un grande ottimismo. Molti di loro però non sono così sicuri internamente e stanno ad aspettare° con ansia il risultato finale delle elezioni.

anticipate ... called one year in advance

senza ... without a way out

stanno ... they are waiting (for)

Anche Enrico Palini va a votare. Appena diciottenne,° egli° vota per   just eighteen years old / = lui
10 la prima volta e partecipa direttamente alla vita politica italiana. La
continua crisi di governo lo preoccupa e lo sbalordisce allo stesso
tempo. Egli pensa di dare il proprio voto ad un grande partito popolare
e molti altri giovani pensano allo stesso modo. Per loro il voto non è
solo° manifestazione di idee politiche, ma anche un mezzo per cam-   only
15 biàre l'attuale indirizzo° di governo e sperare così in un futuro diverso.   present direction

Domande

Generali

1. Che giorno è oggi?
2. Come considera le elezioni la gente? Vanno molte persone a votare?
3. Che cosa manifestano pubblicamente i rappresentanti dei partiti?
4. Dove va Enrico Palini?
5. Quanti anni ha Enrico?
6. A chi pensa di dare il voto Enrico? Perché?

Personali

7. Quanti anni ha lei?
8. Quando va a votare lei? A quale partito pensa di dare il voto lei?
9. Partecipa lei a manifestazioni politiche? Perché?

NOTA CULTURALE: The Italian political system

Italy is a democratic republic based on a parliamentary system. The president has only nominal power. The government is actually run by the prime minister and his cabinet. The legislative branch is made up of a chamber of deputies and a senate. The three major parties are the Christian Democratic Party (*Democrazia Cristiana*), the Communist Party (*Partito Comunista Italiano*), and the Socialist Party (*Partito Socialista Italiano*).

Propaganda elettorale.

Vocabolario

Nomi

la **campagna**   campaign
la **crisi**   crisis
l'**elezione** *f.*   election
il **futuro**   future
la **gente**   people
il (la) **giovane**   young person
il **governo**   government
la **manifestazione**   display;
   demonstration
il **mezzo**   means
l'**ottimismo**   optimism
il **parlamento**   parliament
il **partito**   (political) party
il (la) **rappresentante**   representative
il **risultato**   result
il **tentativo**   attempt
la **vita**   life
il **voto**   vote

Verbi

cambiare   to change
considerare   to consider
eleggere   to elect
manifestare   to manifest, display
pensare   to think; **pensare di** +*inf.*
   to intend to
partecipare   to participate
preoccupare   to worry
risolvere   to solve
sbalordire   to amaze
sperare (in)   to hope (for)
votare   to vote

Aggettivi

continuo, -a   continuous
diverso, -a   different
elettorale   electoral
finale   final
popolare   popular
sicuro, -a   secure
stesso, -a   same

Altre parole ed espressioni

ad = a   (before a vowel sound)
direttamente   directly
dopo   after
internamente   internally
le   them
lo   him
molto   very
però   but
pubblicamente   publically
tutti   everybody, everyone

allo stesso tempo   at the same time
allo stesso modo   in the same way
con ansia   eagerly, anxiously
dare il proprio voto   to give (cast)
   his own vote
per la prima volta   for the first time

Modificazioni

1. Oggi è giorno di **elezioni.**
      festa
      vacanza
      scuola
      lavoro

2. Molti stanno **ad aspettare il risultato.**
      a leggere il giornale
      ad ascoltare i dischi
      a vedere la partita di calcio

3. La crisi di governo **lo preoccupa.**
      li sbalordisce
      la sorprende (*surprises her*)
      ci rallegra (*makes us happy*)

Pratica

A. Scegliere la risposta appropriata che completa ciascuna frase, secondo il brano (*passage*) di lettura a pagina 119.

1. Oggi, 21 giugno è ...
   a. giorno di scuola
   b. giorno di elezioni
   c. il primo giorno del mese

2. Tutti gli italiani vanno ...
   a. in città
   b. in chiesa
   c. a votare

3. La crisi politica ...
   a. è senza via di uscita
   b. non è importante
   c. è molto interessante

4. Anche Enrico ...
   a. va al parlamento
   b. va a votare
   c. va a casa

5. La continua crisi di governo ...
   a. lo cambia
   b. lo suggerisce
   c. lo preoccupa

6. Egli pensa di dare il voto ...
   a. ad un piccolo partito
   b. ad un grande partito popolare
   c. al suo amico Roberto

7. Molti altri giovani pensano ...
   a. allo stesso modo
   b. allo stesso tempo
   c. per la prima volta

8. I giovani italiani sperano ...
   a. in una nuova crisi di governo
   b. nella campagna elettorale
   c. in un futuro diverso

B. Lei è un (una) giornalista ed intervista una persona per strada. Chiedere il nome e l'indirizzo della persona, dove lavora, e per quale partito pensa di votare e perché. Scrivere le domande e le risposte dell'intervista.

Pronuncia: the sounds /ts/ and /dz/

The sound /ts/ is voiceless; the sound /dz/ is voiced. Both sounds are represented in writing by z or zz.

A. Ascoltare e ripetere le seguenti parole dopo l'insegnante.

/ts/	/dz/
zucchero	zero
zio	azzurro
calze	mezzo
elezione	mezzogiorno
piazza	
indirizzo	

B. Leggere ad alta voce le seguenti frasi. Fare attenzione alla pronuncia della *z* e della *zz*.

1. Lo zio vuole lo zucchero.
2. Le calze sono azzurre.
3. A mezzogiorno tutti vanno in piazza.

Ampliamento del vocabolario

Le stagioni dell'anno

| la primavera | l'estate (*f.*) | l'autunno | l'inverno |

Note the following expressions:

a primavera	*in spring*	in autunno	*in fall*
d'estate	*in summer*	d'inverno	*in winter*

A. Fare le seguenti domande ad un altro studente (un'altra studentessa).

1. Quale stagione dell'anno preferisci? Perché?
2. Qual è la prima stagione dell'anno?
3. Qual è l'ultima stagione?
4. In quale stagione dell'anno è il tuo compleanno (*birthday*)?
5. Il compleanno di tuo fratello è d'estate o d'inverno? a primavera o in autunno?

Che tempo fa?

Fa bel tempo. It's nice weather. **Nevica.** It's snowing.
Fa cattivo tempo. It's terrible weather. **Piove.** It's raining.
Fa freddo. It's cold. **È sereno.** It's clear.
Fa fresco. It's cool. **È nuvoloso.** It's cloudy.
Fa caldo. It's hot. **Tira vento.** It's windy.
                                                C'è il sole. It's sunny.

B. Rispondere alle seguenti domande.

1. Che tempo fa oggi? È sereno o nuvoloso?
2. Com'è il clima (*climate*) qui d'estate?
3. Com'è il clima qui d'inverno?
4. Tira molto vento oggi?
5. Che tempo fa qui a luglio?

Temperatura in Centigradi e in Fahrenheit

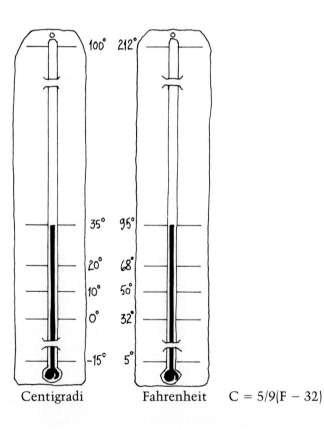

Centigradi   Fahrenheit $C = 5/9(F - 32)$

C. In Italia (come nel resto dell'Europa e nella maggior parte dei paesi del mondo), la temperatura è espressa in gradi centigradi (Celsio). Dare la temperatura in centigradi equivalente delle temperature in Fahrenheit indicate in basso (*below*).

▶ 50°F　　= *10°C*

1. 5°F　　　　　2. 32°F　　　　　3. 68°F　　　　　4. 95°F

D. Guardare la cartina del tempo e dare la temperatura massima e minima per le seguenti città.

▶ Bologna　　*La temperatura minima è di cinque gradi.*
　　　　　　La temperatura massima è di quattordici gradi.

1. Toronto　　　　　3. Verona　　　　　5. Mosca
2. Nuova York　　　4. Miami　　　　　6. Hong Kong

Temperature minime e massime di ieri in Italia... ...e all'estero

Italia	min	max	Estero	min	max
ALGHERO	+ 10	+ 19	AMSTERDAM: nuvoloso	+ 6	+ 12
ANCONA	+ 11	+ 16	ATENE: nuvoloso	+ 8	+ 16
BARI	+ 5	+ 17	BANGKOK: sereno	+ 27	+ 32
BOLOGNA	+ 5	+ 14	BEIRUT: nuvoloso	+ 10	+ 16
BOLZANO	+ 2	+ 19	BELGRADO: sereno, ventoso	+ 5	+ 18
CAGLIARI	+ 13	+ 18	BERLINO: sereno	+ 8	+ 15
CAMPOBASSO	+ 7	+ 17	BRUXELLES: nuvoloso	+ 6	+ 16
CATANIA	+ 4	+ 22	BUENOS AIRES: sereno	+ 19	+ 31
CATANZARO	+ 8	+ 17	CHICAGO: pioggia	+ 2	+ 7
CUNEO	+ 5	+ 13	HONG KONG: sereno	+ 21	+ 26
FIRENZE	+ 4	+ 19	HONOLULU: nuvoloso	+ 23	+ 28
GENOVA	+ 9	+ 16	JOHANNESBURG: sereno	+ 11	+ 19
L'AQUILA	+ 3	+ 18	KIEV: nuvoloso	+ 2	+ 4
MESSINA	+ 10	+ 19	LISBONA: pioggia	+ 9	+ 17
MILANO BRERA	+ 10,1	+ 16,8	LONDRA: pioggia	+ 8	+ 12
MILANO LINATE	+ 5	+ 17	LOS ANGELES: nuvoloso	+ 5	+ 17
NAPOLI	+ 6	+ 16	MADRID: sereno	+ 8	+ 15
PALERMO	+ 10	+ 19	CITTA DI MESSICO: sereno	+ 11	+ 31
PERUGIA	+ 7	+ 17	MIAMI: sereno	+ 21	+ 28
PESCARA	+ 5	+ 17	MOSCA: nuvoloso	+ 2	+ 4
PISA	+ 5	+ 17	NEW YORK: pioggia	+ 2	+ 15
POTENZA	+ 5	+ 18	OSLO: nuvoloso	+ 8	+ 14
REGGIO CALABRIA	+ 6	+ 20	PARIGI: sereno	+ 6	+ 14
ROMA EUR	+ 6	+ 18	RIO DE JANEIRO: nuvoloso	+ 21	+ 30
ROMA FIUMICINO	+ 5	+ 17	SAN FRANCISCO: nuvoloso	+ 8	+ 11
ROMA NORD	+ 2	+ 20	TEHERAN: nuvoloso	+ 15	+ 22
S. MARIA DI LEUCA	+ 9	+ 16	TEL AVIV: nuvoloso	+ 9	+ 16
TORINO	+ 6	+ 13	TOKIO: sereno	+ 6	+ 15
TRIESTE	+ 8	+ 15	TORONTO: neve	0	+ 1
VENEZIA	+ 9	+ 14	VANCOUVER: sereno	— 1	+ 9
VERONA	+ 5	+ 13	VIENNA: foschia	+ 5	+ 18

Struttura ed uso

I Direct-object pronouns

In the questions below, the words in boldface type are direct-object nouns or noun phrases. In the responses, the words in boldface type are direct-object pronouns that replace the nouns or noun phrases.

Enrico considera **le elezioni** importanti?	— Sì, **le** considera molto importanti.
La crisi sbalordisce **Enrico?**	— No, non **lo** sbalordisce.
Chi manifesta **un grande ottimismo?**	— Tutti gli Italiani **lo** manifestano.

Here is a chart of the direct-object pronouns **(pronomi di complemento diretto)** in Italian.

singular		plural	
mi (m')	me	**ci**	us
ti (t')	you (fam.)	**vi**	you (fam.)
lo (l')	him, it	**li**	them (m.), you (formal, m.)
la (l')	her, it, you (formal)	**le**	them (f.), you (formal, f.)

1. The direct-object pronouns **lo, la, li,** and **le** have more than one meaning each. Context usually makes the meaning clear.
2. The pronouns **mi, ti, lo,** and **la** usually drop the final vowel before a verb that begins with a vowel sound.

Giorgio **m'**invita a ballare.	Noi **l'**incontriamo alle sette. (**l' = lo**)
Chi **t'**aspetta?	**L'**abbellisco con un quadro. (**l' = la**)

3. Direct-object pronouns precede the conjugated verb form. They usually follow and are attached to infinitives, in which case the final **e** of the infinitive is dropped.

Studio le lezioni.	**Le** studio.
Non invito Marisa.	Non **l'**invito.
Viene per incontrare l'amica.	Viene per incontrar**la**.

A. Dire che sua sorella desidera questi oggetti.

V: Do negatively. ▶ Chi desidera il libro?   *Mia sorella lo desidera.*

1. Chi desidera i quadri?	4. Chi desidera la lettera?
2. Chi desidera le riviste?	5. Chi desidera il questionario?
3. Chi desidera i biglietti?	6. Chi desidera l'orologio?

B. Fare le seguenti domande ad altri studenti. Dovrebbero (*they should*) usare *mi* (*m'*), *ti* (*t'*), o *ci* nelle loro risposte secondo il modello riportato.

▶ Ti visita spesso il tuo amico?   *Sì, mi visita spesso.*

1. Ti chiama ogni giorno tua madre?
2. T'invita spesso al bar tuo cugino?
3. T'aspetta tuo zio alla stazione?

▶ M'aspetti dopo la lezione?   *Sì, t'aspetto dopo la lezione.*

1. Mi chiami stasera?
2. M'inviti a prendere un caffè?
3. M'ascolti con attenzione?

▶ Vi visitano spesso gli amici?   *No, non ci visitano spesso.*

1. Vi visitano spesso i nonni?
2. Vi chiamano spesso i cugini?
3. Vi invitano spesso le cugine?

C. Rispondere alle seguenti domande. Usare nelle risposte il pronome corrispondente al complemento diretto.

▶ Capisce la lezione di oggi?   *Sì, la capisco. (No, non la capisco.)*

1. Capisce il dialogo?
2. Capisce la chimica?
3. Prende il cancellino?
4. Compra le matite?
5. Legge le riviste?
6. Aspetta il suo amico dopo la lezione?
7. Aspetta le sue amiche dopo la lezione?
8. Sua madre la chiama per telefono ogni giorno?
9. Invita gli amici a pranzo (*to dinner*)?
10. Studia la storia italiana?
11. Il suo amico l'invita spesso a ballare?
12. Fa colazione al bar?

D. Dire se stasera lei pensa di svolgere le seguenti attività. Nelle risposte usare i pronomi corrispondenti ai complementi diretti.

▶ guardare la televisione   *Sì, penso di guardarla stasera.*
                            No, non penso di guardarla stasera.

1. leggere il giornale   4. finire i compiti
2. ascoltare la radio   5. comprare un televisore
3. scrivere le lettere   6. restituire i libri

II *The irregular verbs* dare *and* stare

The following **-are** verbs are irregular in the present tense: **dare** (*to give*) and **stare** (*to be*). You are already familiar with some of the forms.

dare	to give	stare	to be; to stay
do	diamo	sto	stiamo
dai	date	stai	state
dà	danno	sta	stanno

Stare in the sense of *to be* is used primarily with expressions of health.

Come stai?   How are you?
Sto bene, grazie.   I'm fine, thanks.

E. Riferire che le seguenti persone votano per il Partito Repubblicano.

▶ io   *Io do il voto al Partito Repubblicano.*

1. loro   4. i miei genitori   7. Anna
2. tu   5. noi   8. lo zio e la zia
3. voi   6. lui   9. tu e Giacomo

F. Dire quello che ciascuna persona dà e a chi lo dà.

▶ io / conto / Gianni   *Io do il conto a Gianni.*

1. noi / gettone / Pina
2. cameriere / tè freddo / Tina
3. loro / passaggio / amici
4. tu ed Enrico / quadro originale / Francesca
5. mia madre / limonata / mio fratello

G. Rispondere alle seguenti domande con risposte appropriate.

1. A chi dà il voto quando va a votare?
2. Perché dà i soldi al cameriere?
3. Cosa dà il professore agli studenti?
4. A chi dà un passaggio ogni giorno?
5. Che regalo dà alla sua amica per il suo compleanno?

H. Dire che le seguenti persone non stanno bene oggi.

▶ Carla   *Carla non sta bene oggi.*

1. lei	4. Pina ed Elena	7. Giorgio ed io
2. loro	5. noi	8. Roberto
3. io	6. voi	9. la signorina Dini

Ripasso

A. Fare le previsioni del tempo per una settimana.

▶ lunedì: *sereno, temperatura massima 30° C; e temperatura minima 15° C.*

B. Rispondere alle seguenti domande.

1. Come sta lei?
2. Quanti anni ha?
3. Che ora è?
4. Che giorno è oggi?
5. In che mese siamo?
6. Qual è la data di oggi?
7. Che tempo fa oggi?
8. A chi dà il suo numero di telefono?

C. Riscrivere le frasi, sostituendo alle parole in corsivo i pronomi appropriati del complemento diretto.

1. Elisa porta *la gonna rossa.*
2. Prendono *la motocicletta.*
3. Chiamiamo *il meccanico.*
4. Guardate spesso *la televisione?*
5. Patrizia parcheggia *la macchina.*
6. Suggeriscono di comprare *quel libro.*
7. Ascolta *i risultati delle elezioni.*
8. La crisi politica non preoccupa *gli studenti.*
9. Gli Italiani eleggono *i nuovi rappresentanti al parlamento.*
10. Il voto è un mezzo per cambiare *il governo.*

D. Abbinare in maniera appropriata le colonne A e B. La colonna B contiene un elemento di più.

A   B

1. Oggi è giorno ...   vento
2. Piove e fa ...   fa molto freddo
3. Anche Roberto va ...   da fare
4. Qui tira ...   a suo fratello
5. Non c'è niente ...   su un foglio di carta bollata
6. Andiamo in Italia alla ...   di elezioni
7. D'inverno ...   con il professore
8. Presenta una domanda ...   a votare
9. Silvia ha un appuntamento ...   e vengo
10. Enrico dà un passaggio ...   fine del mese
                                                       freddo

E. Esprimere in italiano.

Marcella: Are you going to vote next week?
Gina: Yes. And you?
Marcella: I'm not eighteen.
Gina: But you're always going to political demonstrations!
Marcella: Political campaigns are very interesting and I like politics.
Gina: Should I cast my vote for the representative of your party?
Marcella: If you hope for a better (*migliore*) future, you have to (*devi*) vote for our representative.

VIVIAMO COSÌ!

1

2

Ecco alcune scene della vita quotidiana degli Italiani. **1** I bar di piazza San Marco sono luoghi d'incontro dove i veneziani ed i turisti possono prendere qualcosa da bere e parlare con gli amici. Quasi ogni giorno gli Italiani frequentano uno dei molti bar della loro città. **2** Anche le piazze sono luoghi d'incontro. A piazza Navona, gli studenti romani s'incontrano dopo le lezioni e discutono di sport e di politica.

L'Italia è ricca di prodotti agricoli. **3** Sui colli intorno a Vinci, un paese della Toscana, ci sono molti vigneti ed oliveti. **4** Due contadini lavorano in un campo vicino a Castel Franco, una zona dell'Emilia. **5** Allo stesso tempo, in Italia ci sono molti porti di mare, centri di una notevole industria della pesca. In questa foto, una barca è pronta per la pesca.

3

4

5

Gli Italiani amano fare la spesa.   **6** I mercati all'aperto continuano ad essere sempre popolari perché offrono frutta fresca ed una grande varietà di verdure ed altri prodotti a buon mercato.   **7** Quasi tutte le città italiane hanno uno o più grandi magazzini, dove c'è una grande scelta di prodotti italiani e stranieri.

8

9

Ai giovani piace divertirsi e fare dello sport. **8** Lo sport preferito è sempre il calcio perché è eccitante e divertente. **9** Stare insieme ed ascoltare buona musica fanno parte di una piacevole serata in una discoteca di Roma.

LEZIONE 11ª

Kathy, studentessa americana in vacanza a Roma, desidera rivedere un amico, Jim Williams, studente dell'Università per Stranieri di Perugia. Una mattina esce dall'albergo dove alloggia e va alla biglietteria della stazione Termini.

Kathy   Scusi, vorrei un biglietto di andata e ritorno per Perugia.
Impiegato   Desidera viaggiare in prima o in seconda classe?
Kathy   In seconda classe. Quanto costa il biglietto?

131

Impiegato	Diecimila lire.	
5 **Kathy**	A che ora parte il treno?	
Impiegato	Alle sedici, dal secondo binario.	
Kathy	Quale treno devo prendere?	
Impiegato	Il direttissimo Roma-Ancona. Alla prima fermata, la sta- zione di Orte, lei scende e un treno locale la porta a	
10	Perugia in poco tempo.	
Kathy	Com'è complicato!	
Impiegato	Nessuna paura,° signorina. Il viaggio non è lungo e non avrà° nessun problema.	don't worry you won't have
Kathy	La ringrazio molto.° Lei è molto gentile.	thanks very much
15 **Impiegato**	Dovere mio.° Buon viaggio!	my pleasure

Domande

Generali

1. Chi è Kathy?
2. Che cosa desidera fare Kathy?
3. Dove va? Che cosa vuole?
4. Desidera viaggiare in prima o in seconda classe? Quanto costa il biglietto?
5. Quale treno deve prendere? A che ora parte il treno?

Personali

6. Le piace viaggiare in prima o in seconda classe?
7. Quanto costa un biglietto aereo di andata e ritorno per Roma dalla sua città? Quando parte per Roma lei?
8. Preferisce viaggiare in treno o in aereo? Perché?
9. Viaggia spesso lei? Dove va?

Vocabolario

Nomi

la **biglietteria** ticket office
il **binario** train track
il **direttissimo** *name of a fast train*
la **paura** fear
lo **straniero** foreigner
il **treno** train
il **viaggio** trip

Verbi

alloggiare to lodge
costare to cost
ringraziare to thank
rivedere to see again
scendere to get off, to descend
viaggiare to travel

NOTA CULTURALE: The Italian railroad system

Railroads in Italy are run by the government and are called *Ferrovie dello Stato.* There are many railroad lines, and virtually every city can be reached by train, which is the popular means of transportation in the country. Trains are clean, fast, dependable, not very expensive, and are conveniently connected with other European railways.

The names of the various kinds of trains that cross the peninsula are a source of confusion for most foreigners. The *accelerato,* in spite of its name, is the slowest train, and makes stops at almost every station, large or small. The *treno locale* may run within a large city or between two nearby cities. The *diretto* stops at a limited number of stations, but it is slower than the *direttissimo,* which stops only at important stations. The *rapido* is much faster than the *direttissimo* and makes limited, very brief stops. The *rapido* is more expensive than the others, but speed, comfort, and elegance make up for the additional cost. It has only first-class accommodations, while all the other trains have both first and second class.

Train schedules (like plane, theater, television, and radio schedules) are listed on a 24-hour clock basis. Hours after 12 noon are expressed as *le tredici* (13 o'clock), *le quattordici* (14 o'clock), etc. This system is used to prevent misunderstandings as to whether morning or afternoon hours are being referred to.

Aggettivi

complicato, -a complicated
diecimila ten thousand
locale local
lungo, -a long
nessun(o), nessuna not any, none
quanto, -a? how much?
secondo, -a second

Altre parole ed espressioni

alle sedici at four P.M. (16:00)
un biglietto di andata e ritorno
  round-trip ticket
buon viaggio! have a good trip!
com'è complicato! how
  complicated!
in poco tempo in a short time
in vacanza on vacation
la ringrazio molto (I) thank you
  very much

Modificazioni

1. Quanto costa **il biglietto?**
   il caffè
   il gelato
   questa rivista
   questo giornale

2. Costa **diecimila** lire.
   tremila
   quattromila
   seimila
   quindicimila

3. A che ora parte **il treno?**
   il direttissimo
   il rapido
   il treno locale

4. Il treno parte **alle diciotto.**
   alle venti
   alle ventuno
   alle ventitré

5. Com'è **complicato!**
   difficile
   bello
   simpatico

6. Ecco il **secondo** binario.
   terzo (*third*)
   quarto (*fourth*)
   quinto (*fifth*)

Pratica

A. Rileggere le prime sei righe (*lines*) del dialogo. Poi creare un nuovo dialogo basato sulla situazione seguente:

Giorgio, un giovane di Napoli che lavora a Milano, decide di andare a casa per un po' di giorni. Va alla stazione ferroviaria di Milano e compra un biglietto di andata e ritorno di prima classe per Napoli. Il biglietto costa 100,000 lire. L'impiegato della biglietteria informa Giorgio che il treno per Napoli è un direttissimo e parte dal terzo binario alle 14.

B. Dire a che ora partono i seguenti treni ed aerei secondo il sistema delle 24 ore. Per ogni ora dopo mezzogiorno, aggiungere un numero in più a 12.

▶ Il rapido per Roma parte   *Il rapido per Roma parte alle tredici.*
all'una del pomeriggio.

1. L'aereo per Londra parte alle due del pomeriggio.
2. Il treno per Pisa parte alle quattro del pomeriggio.
3. Il direttissimo per Venezia parte alle sei di sera.
4. L'accelerato per Assisi parte alle sette di sera.
5. Il diretto per Napoli parte alle nove di sera.

Pronuncia: the sounds /g/ and /ǧ/

The hard sound /g/, as in **gomma**, is spelled **g** before the letters **a, o,** and **u.** It is spelled **gh** before the letters **e** and **i.**

The soft sound /ǧ/, as in **gite**, is spelled **g** or **gg** and occurs only before the letters **e** and **i.**

A. Ascoltare e ripetere le seguenti parole dopo l'insegnante.

/g/	/g/	/ǧ/	/ǧ/
Garibaldi	lunghe	gennaio	eleggere
governo	laghi	gente	suggerire
gusto	alberghi	gentile	oggi
elegante	dialoghi	gite	viaggio
lungo		giornale	passaggio
leggo		giovane	parcheggio
		svolgere	

B. Leggere ad alta voce le seguenti frasi. Fare attenzione alla pronuncia delle lettere *g* e *gg*.

1. I dialoghi sono troppo lunghi.
2. Gli alberghi sono eleganti.
3. Leggo il giornale tutti i giorni.
4. Quest'impiegato è gentile.

Ampliamento del vocabolario

Viaggia spesso lei?

il treno

l'autobus

la macchina

la motocicletta

la nave

l'aereo

andare in vacanza	andare in macchina
andare al mare (*seashore*)	andare in aereo
andare in montagna (*mountains*)	andare in autobus
andare in campagna (*country*)	andare con la nave

A. Chiedere ad un altro studente (un'altra studentessa) le seguenti cose.

1. Dove vai in vacanza quest'estate?
2. Vai in macchina, in treno o in autobus? In aereo o con la nave?
3. Preferisci andare in treno o in aereo?

4. Preferisci andare al mare, in montagna o in campagna?
5. In quale stagione dell'anno preferisci viaggiare?
6. Preferisci viaggiare quando fa freddo o quando fa caldo?
7. Viaggi spesso? Viaggi da solo / sola (*alone*), con gli amici o con i tuoi genitori?

B. Fare le stesse domande dell'Esercizio A all'insegnante. Usare la forma *lei* dei verbi.

C. Scrivere un paragrafo di 10 frasi basato sull'illustrazione riportata. Includere le seguenti informazioni:

1. who is traveling
2. the time of day
3. the means of transportation
4. the season of the year
5. the purpose of the trip
6. the destination of the trip
7. the cost of the trip
8. the date or hour of return

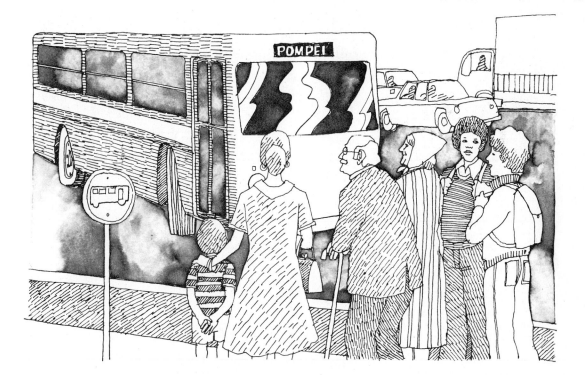

Struttura ed uso

I Review of descriptive adjectives

1. Lesson 5 presented the agreement of descriptive adjectives and their position in noun phrases. Here is a chart that reviews the endings of the adjectives in Italian.

	m.	f.	m. pl.	f. pl.
4 forms	-o	-a	-i	-e
2 forms	-e		-i	

Il cappotto **rosso** è di Lucia.	The red coat is Lucia's.
Di chi sono questi guanti **rossi?**	Whose are these red gloves?
Luisa porta una gonna **rossa.**	Lucia is wearing a red skirt.
Non mi piacciono le calze **rosse.**	I don't like red stockings.
Giacomo è un ragazzo **cortese.**	James is a kind boy.
La sorella di Carlo è **cortese.**	Carlo's sister is kind.
I genitori di Lea sono sempre **cortesi.**	Lea's parents are always kind.
Anna e Luciana sono molto **cortesi.**	Anna and Luciana are very kind.

2. Descriptive adjectives are generally placed after the noun.

Marta porta una maglia **gialla.**	Martha is wearing a yellow sweater.
Paolo è un ragazzo **noioso.**	Paul is a boring boy.

3. Here are more adjectives that you may use to describe people's personalities. They are listed as pairs of opposite meaning.

calmo calm		**nervoso** nervous
buffo funny		**noioso** boring
onesto honest		**disonesto** dishonest
sincero sincere	⟷	**falso** insincere
dinamico dynamic		**pigro** lazy
ambizioso ambitious		**modesto** modest
prudente careful		**audace** bold
timido shy		**sfacciato** impudent

A. Descrivere queste persone usando la forma corretta degli aggettivi indicati.

▶ Michele / sincero   *Michele è sincero.*

1. Laura / dinamico
2. quei ragazzi / noioso
3. queste studentesse / pigro
4. Marco e tu / timido
5. Davide ed io / ambizioso
6. voi / prudente
7. l'impiegata / sfacciato
8. i rappresentanti / buffo

B. Ad una festa, un suo amico descrive varie persone. Dire che lei non è d'accordo con quelle descrizioni, dando gli aggettivi di significato contrario.

▶ Gianfranco è noioso.   *No, Gianfranco è buffo.*

1. Luciana è nervosa.
2. Quei signori sono modesti.
3. Luca e Marco sono onesti.
4. Marcello è sfacciato.
5. Il signor Benedetti è prudente.
6. Quelle ragazze sono timide.
7. Questo studente è pigro.
8. Alberto è un amico sincero.

C. Descrivere se stesso(a) (*yourself*), usando per lo meno quattro aggettivi.

II *Plural of nouns and adjectives in* -co *and* -ca.

1. A masculine singular noun or adjective ending in **-co** and stressed on the next-to-last syllable forms its plural in **-chi.**

Questo **banco** è vecchio.	Questi **banchi** sono vecchi.
Questo **disco** è molto bello.	Questi **dischi** sono molto belli.
Mio cugino è **ricco.**	I miei cugini sono **ricchi.**
Quel ragazzo è **stanco.**	Quei ragazzi sono **stanchi.**
Questo palazzo è **antico.**	Questi palazzi sono **antichi.**

One exception is **amico,** whose plural is **amici.**

2. If the stress falls on any other syllable in the singular, the plural ends in **-ci.**

Il **medico** è qui.	I **medici** sono qui.
Quel **meccanico** lavora bene.	Quei **meccanici** lavorano bene.
Tuo fratello è **simpatico.**	I tuoi fratelli sono **simpatici.**
Suo nonno è **energico.**	I suoi nonni sono **energici.**

3. Feminine singular nouns and adjectives ending in **-ca** change to **-che** in the plural.

La **biblioteca** è grande.   Le **biblioteche** sono grandi.
La ragazza è **simpatica.**   Le ragazze sono **simpatiche.**

Summary of endings of nouns and adjectives in **-co** and **-ca:**

m. sg.	m. pl.	f. sg.	f. pl.
-co	$\begin{cases} \text{-chi} \\ \text{-ci} \end{cases}$	-ca	-che

D. Volgere al plurale.

▶ La giacca è bianca.   *Le giacche sono bianche.*

1. Il medico è stanco.
2. Il meccanico è energico.
3. La biblioteca è pubblica.
4. L'amico di Marco è simpatico.
5. L'amica di Luca è antipatica.
6. La ragazza è ricca.
7. Il quadro è magnifico.
8. La chiesa è antica.

E. Volgere al plurale.

▶ Questa pratica è difficile.   *Queste pratiche sono difficili.*

1. Questo giovane è l'amico di Arturo.
2. Questa maglia bianca costa duemila lire.
3. Questa ragazza è sempre stanca.
4. Questa via è pubblica.
5. Questo disco è di Stefano.

F. Completare le frasi seguenti con le forme appropriate dei nomi e degli aggettivi in basso. Usare ciascun nome ed aggettivo una sola volta.

ricca   biblioteca   simpatiche   amiche
ricchi   classici   stanco   meccanico

1. Le studentesse di questa classe sono ...
2. A Roma ci sono molti licei ...
3. Franco è sempre molto ...
4. Mio padre è ... in una fabbrica italiana.
5. La madre di Dora è ...
6. I nonni di Michele sono ...
7. Le ... di Gino sono belle.
8. La ... della nostra città è vecchia.

III Plural of nouns and adjectives in -go and -ga

1. Masculine nouns and adjectives ending in **-go** usually form their plural in **-ghi.**

Quell'**albergo** è nuovo.	Quegli **alberghi** sono nuovi.
Il **dialogo** è interessante.	I **dialoghi** sono interessanti.
Il **lago** (*lake*) è **largo.**	I **laghi** sono **larghi.**
Il **treno** è **lungo.**	I **treni** sono **lunghi.**

2. Masculine nouns ending in **-logo** that refer to titles or professions form their plural in **-logi.**

il radio**logo**	i radio**logi**
il bio**logo**	i bio**logi**
lo psico**logo**	gli psico**logi**

3. Feminine nouns and adjectives ending in **-ga** form their plural in **-ghe.**

La **bottega** (*shop*) è piccola.	Le **botteghe** sono piccole.
La strada è **lūnga.**	Le strade sono **lunghe.**

Summary of endings of nouns and adjectives in **-go** and **-ga:**

m. sg.	m. pl.	f. sg.	f. pl.
-go	{ -ghi -logi (*professions*)	-ga	-ghe

G. Volgere al plurale.

▶ La piazza è larga.   *Le piazze sono larghe.*

1. La via è larga.
2. Il treno è lungo.
3. La gonna è lunga.
4. Il lago è largo.

H. Volgere al plurale.

▶ Quel dialogo è facile.   *Quei dialoghi sono facili.*

1. Quell'astrologo è intelligente.
2. Quella bottega è piccola.
3. Quel lago è grande.
4. Quel radiologo è americano.
5. Quel biologo è francese.

I. Completare le frasi seguenti con i sostantivi o aggettivi appropriati riportati in basso. (Ci sono due parole di più.)

lungo	psicologo	alberghi	albergo
lunghi	biologi	laghi	lunga

1. Non capiamo il dialogo perché è molto ...
2. Quello ... è professore all'Università di Padova.
3. Mio zio alloggia sempre nello stesso ...
4. Quei ... lavorano molto.
5. Via Nazionale è una strada molto ...
6. I ... italiani sono magnifici.

IV Negative expressions   Have some students make up their own sentences for the expressions in this list.

Here is a list of some of the most commonly used negative expressions in Italian.

non ...	**affatto**	*not at all*	Non leggo affatto.
non ...	**mai**	*never*	Non studiano mai.
non ...	**niente** / **nulla**	*nothing*	Non capisci niente.
non ...	**nessuno**	*no one* / *not any*	Non vedete nessuno? / Non vedo nessun film.
non ...	**neanche** / **nemmeno** / **neppure**	*not even*	Non parla neanche con sua sorella.
non ...	**più**	*no more, no longer*	Non la chiamiamo più.
non ...	**ancora**	*not yet*	Non è ancora giorno.
non ...	**né ... né**	*neither ... nor*	Non andiamo né a Catania né a Palermo.

1. Negative expressions are usually made up of **non** + main verb + second negative word (or words). Note that in Italian, two negative words ("double negatives") do not make an affirmative, as they do in English.

Non capisco **niente**.	I don't understand anything.
Non vedo **nessuno**.	I don't see anyone.
Non prendo **mai** quel treno.	I never take that train.
Non studio **affatto**.	I don't study at all.

2. The negative pronoun **nessuno** (*no one*) is invariable.

   Non parlo con **nessuno.**

3. The negative adjective **nessuno** is used in the singular only. It has the
   same endings as the indefinite article **un** before a noun.

   Non ho **nessun** quaderno.   I don't have a single notebook (*any* notebooks).
   Non ho **nessuna** penna.   I don't have a single pen (*any* pens).

   J.   Dire che lei non fa mai le seguenti cose.

   ▶ leggere il giornale   *Non leggo mai il giornale.*

   1. studiare le lezioni   4. ascoltare la radio
   2. scrivere lettere   5. guardare la televisione
   3. vedere gli amici   6. ricevere telefonate

   K.   Dire che Carlo non ha nessuno degli oggetti indicati.

   ▶ quaderno   *Carlo non ha nessun quaderno.*

   1. rivista   3. calcolatrice   5. gomma
   2. calendario   4. foglio di carta   6. registratore

   L.   Lei non si sente bene (*don't feel well*) e non vuole vedere nessuno o
   non vuole fare niente. Rispondere alle seguenti domande nel negativo.

   ▶ Parla con gli amici?   *No, non parlo con nessuno.*
   ▶ Invita la sua amica?   *No, non invito nessuno.*

   1. Incontra Ugo in piazza Navona?   4. Chiama il fratello?
   2. Telefona a Tina Martelli?   5. Riceve i parenti?
   3. Aspetta Luigi ed Enrico?   6. Vede le sorelle?

   ▶ Fa qualcosa?   *No, non faccio niente.*
   ▶ Guarda la televisione?   *No, non guardo niente.*

   1. Ascolta alcuni dischi?
   2. Prende un cappuccino?
   3. Legge una rivista inglese?
   4. Scrive una lettera?
   5. Cerca libri interessanti?
   6. Segue le lezioni all'università?

M. Rispondere alle seguenti domande dicendo che lei non fa le seguenti cose. Usare le espressioni negative indicate.

▶ È ancora stanco? (non ... più)   *No, non sono più stanco.*

1. Telefona a suo padre? (non ... neanche)
2. Va al cinema o allo stadio? (non ... né ... né ...)
3. Studia molto la sera? (non ... affatto)
4. Vede i suoi amici sabato sera? (non ... nessuno)
5. Prende un caffè la mattina? (non ... nulla)
6. È sempre in ritardo lei? (non ... mai)
7. Ha un registratore? (non ... nessuno)
8. Compra qualche cosa oggi? (non ... niente)

Ripasso

A. Domandare se le seguenti persone hanno le caratteristiche indicate.

▶ Alfredo / onesto   *È onesto Alfredo?*
                        (o) Alfredo è onesto?

1. voi / nervoso
2. le signorine Leone / tedesco
3. l'avvocato Santini / ricco
4. la sorella di Nina / energico
5. i figli di Sergio / simpatico
6. le tue cugine / antipatico

B. Formare frasi logiche.

Quei medici		elegante
Quella biblioteca		bianco
Queste persone		stanco
I dialoghi	essere	simpatico
I biologi		psicologo
Queste botteghe		lungo
I laghi		ricco
		pubblico
		largo
		tedesco

C. Completare le seguenti frasi, usando aggettivi per esprimere la propria opinione.

1: Mia sorella è ...
2. Preferisco le persone ...
3. Non parlo mai alle persone ...
4. Penso che gli Italiani sono ...
5. Le persone nel governo sono ...

D. Contraddire le seguenti frasi, usando le espressioni negative.

▶ Telefono spesso a mia sorella.   *Non telefono mai a mia sorella.*

1. Mi piace il gelato.
2. Marco studia sempre la chimica.
3. La casa di Anna è molto bella.
4. C'è molta gente in quel negozio.
5. Gina parla il tedesco e lo spagnolo.
6. I miei amici vanno a Roma e a Pisa.
7. Paola prende il tè.
8. Quello studente capisce l'italiano.

E. Esprimere in italiano.

Paolo: When are you going on vacation?
Valeria: I'm leaving next week.
Paolo: Are you going to the mountains or to the seashore?
Valeria: This year my family and I are going near Lake Como.
Paolo: You're really lucky. The lakes of Lombardy are beautiful!
Valeria: And the hotels in that area are very elegant.
Paolo: Are you going by bus?
Valeria: No. We never take the bus. We are going by train.

LEZIONE 12ª

Con il viaggio a Perugia, Kathy non solo ha riveduto il suo amico, ma anche ha conosciuto a fondo° il capoluogo dell'Umbria. Situata su un'altura dominante la valle del fiume Tevere,° a circa 200 (duecento) km° nord-est di Roma, la città ha colpito Kathy a causa dei numerosi
5 monumenti e bellezze storiche.

Perugia, antico centro etrusco e famosa città romana, ha mantenuto intatta fino ad oggi buona parte della sua struttura originaria. Ricor-

got to know well

Tiber River

kilometers

diamo la cinta° delle mura° etrusche, l'arco etrusco, la chiesa di   enclosure/walls
Sant'Angelo e la Fonte Maggiore.°   name of large fountain
10   Dei periodi successivi è restato il settecentesco° Palazzo Gallenga   18th century
Stuart, sede oggi dell'Università Italiana per Stranieri. Quest'ultima,
insieme all'Università degli Studi, all'Accademia delle Belle Arti,° al   Fine arts
Liceo Musicale, al Museo Archeologico umbro° hanno contribuito a   Umbrian
fare di Perugia un attivo centro internazionale di studio e di turismo.

Domande

Generali

1. Dov'è Perugia? Dov'è situata la città?
2. Perché la città ha colpito Kathy?
3. Che cosa ha mantenuto fino ad oggi Perugia?
4. Quali monumenti sono da ricordare?
5. Dov'è la sede dell'Università Italiana per Stranieri?
6. Quali sono alcuni centri di studio di Perugia?

Personali

7. Lei abita in città o in campagna?
8. Come si chiama la città o il paese dove abita lei?
9. Le piace abitare in città?
10. C'è un fiume vicino alla sua città o al suo paese? Come si chiama?

Vocabolario

Nomi

l'**accademia** academy
l'**altura** height
l'**arco** arch
l'**arte** *f.* art
la **bellezza** beauty
il **capoluogo** capital
il **fiume** river
il **monumento** monument
il **nord-est** northeast
il **paese** town; country
la **parte** part
la **sede** seat
lo **studio** study
il **turismo** tourism
la **valle** valley

Verbi

colpire to strike, to impress
conoscere to know
contribuire to contribute
mantenere to keep, to maintain
restare to remain
ricordare to mention

Aggettivi

antico, -a   ancient
archeologico, -a   archeological
attivo, -a   active
dominante   dominating
etrusco, -a   Etruscan
famoso, -a   famous
intatto, -a   intact
internazionale   international
musicale   musical
numeroso, -a   numerous
originario, -a   original
situato, -a   located
storico, -a   historical
successivo, -a   following

Altre parole ed espressioni

a causa di   because of
circa   about
fino ad oggi   until today
a fondo   in depth
insieme a   together with
quest'ultima   the latter

NOTA CULTURALE: The Umbrian region of Italy

Umbria is one of the twenty regions into which Italy is divided. It is located in central Italy and its major cities are Perugia and Terni. For artistic, historical, and religious reasons, many smaller Umbrian towns, such as Orvieto, Spoleto, and Assisi, are just as famous as Perugia and Terni.

The Etruscans were an ancient people who lived many centuries ago in central Italy, between the Arno and the Tiber Rivers. Some of their important centers were Perugia, Orvieto, Arezzo, and Tarquinia. Their civilization was quite advanced, and many beautiful examples of Etruscan art can be seen today in some of their ancient tombs, as well as in Italian archeological museums.

Una tomba etrusca

Pratica

A. Descrivere in un paragrafo o due la propria città. Dire dov'è situata, se ci sono bei monumenti e bei palazzi, se è antica o moderna e se ha altre caratteristiche particolari.

B. Mentre è a Perugia, Kathy scrive una cartolina (*postcard*) alla sua amica Daniela. Completare la cartolina con parole prese dall'elenco (*list*) seguente.

tua	per	molto	sono
caldo	cara (*dear*)	mio	stai
andiamo	tue	sole	giugno

PERUGIA – Università Italiana per Stranieri
Arco Etrusco e Palazzo Gallenga
Etruscan Arch and Gallenga Palace
Arc Etrusque et Palais

15_____, 1977

_____Daniela,

Come_____? E come stanno _____ madre e le _____ sorelle? L'Italia è _____ bella. Adesso _____ a Perugia. C'è il _____ e fa _____. Oggi pomeriggio il _____ amico Jim ed io _____ a visitare l'Università Italiana _____ Stranieri.

Ciao,
Kathy

49942

Gent. Sig.na
Daniela Marini
Corso Trieste 32
00100 Roma

Ediz. N. PELLEGRINI · PERUGIA · Riproduzione vietata

DA FOTOCOLOR KODAK EKTACHROME

Pronuncia: the sounds /ʃ/ and /sk/

The sound /ʃ/ is represented in spelling as **sc** before **e** and **i.** The sound /sk/ is represented in spelling as **sc** before **a, o,** and **u,** and as **sch** before **e** and **i.**

A. Ascoltare e ripetere le seguenti parole dopo l'insegnante.

/ʃ/		/sk/		/sk/
scendere	prosciutto	scarpa	discutere	etrusche
scientifico	preferisce	scusi	preferisco	etruschi
conoscere	preferisci	etrusca	ascoltare	freschi
uscire	uscita	esco		fresche

B. Leggere ad alta voce le seguenti frasi. Fare attenzione alla pronuncia della combinazione delle lettere *sc* e *sch*.

1. Preferisci uscire presto?
2. Esce dal liceo scientifico.
3. Preferisco ascoltare la radio.
4. Discutiamo degli Etruschi.

Ampliamento del vocabolario

I punti cardinali

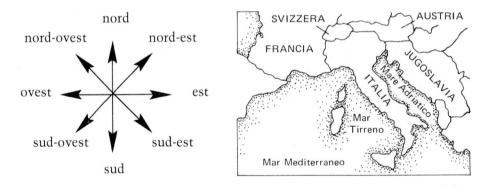

A. Leggere il seguente paragrafo, e rispondere alle domande.

L'Italia

Al nord l'Italia confina° còn i seguenti paesi: la Fran-   borders
cia, la Svizzera,° l'Austria e la Jugoslavia. Al sud c'è   Switzerland
il mare Mediterraneo, all'est il mare Adriatico e
all'ovest il mar Tirreno. In Italia distinguiamo° tre   we distinguish
zone:° il nord, o settentrione, il centro, ed il sud, o   areas
meridione. L'Italia meridionale è chiamata° anche il   is called
Mezzogiorno. Gli Italiani del sud sono chiamati anche
meridionali. I settentrionali sono gli Italiani del nord.

1. Con quali paesi confina al nord l'Italia?
2. Che cosa c'è al sud dell'Italia?
3. In quante zone distinguiamo l'Italia?
4. Che cos'è il Mezzogiorno d'Italia?
5. Come chiamiamo anche gli Italiani del sud?
6. Come chiamiamo anche gli Italiani del nord?

Struttura ed uso

I The present perfect tense with avere

The present perfect tense (**passato prossimo**) is used to describe past actions and events, particularly those that have occurred in the recent past. Compare the following Italian and English sentences.

—Che cosa **hai comprato** stamattina?   —What *did you buy* this morning?
—**Ho comprato** un cappotto.   —*I bought* a coat.

—A chi **hanno telefonato** ieri?   —Whom *did they telephone* yesterday?
—**Hanno telefonato** ai nonni.   —*They telephoned* their grandparents.

—Quando ti **ha chiamato** Anna?   —When *did* Anna *call* you?
—Mi **ha chiamato** ieri sera.   —She *called* me last night.

1. The present perfect of many verbs is formed with the present tense of the auxiliary verb **avere** and the past participle. These verbs are in most cases transitive, that is, they take a direct object.
2. The past participle is formed from the infinitive stem plus **-ato, -uto,** or **-ito.**

-are verbs → inf. stem + **-ato** → **comprato**
-ere verbs → inf. stem + **-uto** → **venduto**
-ire verbs → inf. stem + **-ito** → **finito**

Here is the present perfect tense of **comprare:**

---

ho comprato	abbiamo comprato
hai comprato	avete comprato
ha comprato	hanno comprato

---

3. The English equivalent is often expressed with the simple past instead of the compound past, depending on context.

Ho visitato Firenze. $\begin{cases} \textit{I have visited} \text{ Florence (recently, many times).} \\ \textit{I visited} \text{ Florence (last week, last year).} \end{cases}$

4. In negative sentences, **non** precedes the auxiliary verb. The second negative word, if any, follows the auxiliary verb.

Non ho dormito bene.   *I haven't slept (didn't sleep)* well.
Non ho mai visitato Roma.   *I never visited* Rome.

A. Kathy parte per Perugia questo pomeriggio. Dire quali dei suoi amici l'hanno chiamata ieri per augurarle (*wish her*) "buon viaggio."

▶ Giorgio   *Ieri Giorgio ha telefonato a Kathy.*

1. Michele	4. io	7. tu
2. Angela	5. Mario e Pino	8. lei
3. Pina e Susanna	6 noi	9. tu e Piero

B. Completare le seguenti frasi con il passato prossimo degli infiniti elencati (*listed*). Usare i verbi in -*are* da 1–6, i verbi in -*ere* da 7–10, e i verbi in -*ire* da 11–15.

-*are* verbs: cercare, aspettare, visitare, ascoltare, pensare, comprare
-*ere* verbs: vendere, perdere, ricevere, vedere
-*ire* verbs: capire, dormire, servire, spedire, finire

1. Kathy ... ... di rivedere un'amica.
2. Il professore ... ... il libro, ma non lo ha trovato.
3. Noi ... ... il treno per un'ora e mezzo.
4. Voi ... ... l'Università per Stranieri a Perugia.
5. Tu ... ... la radio stamattina.
6. Io ... ... un gettone per telefonare a Silvia.

7. Mia madre ... ... la sua borsa ieri pomeriggio.
8. Chi t' ... ... quella macchina?
9. Ieri sera io ... ... le mie amiche.
10. Roberto ... ... quel libro?

11. Antonella ... ... la lezione di matematica?
12. Gianni, ... la lettera a tua cugina?
13. Il cameriere non t' ... ... subito.
14. Quando ... ... il lavoro?
15. Noi ... ... bene in quell'albergo.

Optional   **C.** Cambiare il verbo al passato prossimo.

1. Gli Italiani votano.
2. La gente considera le elezioni molto importanti.
3. I rappresentanti di tutti i partiti manifestano un grande ottimismo.
4. Tutti aspettano il risultato finale delle elezioni.
5. Enrico Palini vota per la prima volta.
6. I giovani partecipano alla vita politica.
7. I risultati delle elezioni cambiano l'indirizzo di governo.

D. Dire se lei ha fatto o no le seguenti cose ieri.

▶ comprare il gelato   *Sì, ho comprato il gelato.*
                          No, non ho comprato il gelato.

1. studiare in biblioteca   6. guardare la televisione
2. chiamare i miei parenti   7. pulire la mia stanza
3. dormire dai miei genitori   8. incontrare la mia amica
4. finire di fare i compiti   9. spedire una lettera
5. ricevere una cartolina   10. vedere un bel film

II *The present perfect tense with* essere

The present perfect of a number of verbs is formed with the auxiliary verb **essere.** The past participle of these verbs agrees in gender and number with the subject.

Mario **è andato** a Siena.   Filippo e Fabrizio **sono andati** a Pisa.
Kathy **è andata** a Perugia.   Anna e Alessandra **sono andate** a Padova.

Here is the present perfect tense of **andare:**

sono andato/andata	siamo andati/andate
sei andato/andata	siete andati/andate
è andato/andata	sono andati/andate

1. Verbs conjugated with **essere** are intransitive; that is, they do not take a direct object. Many of them involve movement to and from a place (**andare, partire, entrare,** etc.).

Siamo partiti lunedì.   *We left* on Monday.
Paolo **è entrato** nel ristorante. Paolo *entered* the restaurant.

Here is a list of common verbs that form the present perfect with the
auxiliary **essere.**

andare: andato	*to go*	Siete andati in Italia?
arrivare: arrivato	*to arrive*	Il treno è arrivato alle otto.
diventare: diventato	*to become*	Mario è diventato cattivo.
entrare: entrato	*to enter*	Io sono entrato nel bar.
partire: partito	*to depart, to leave*	Siamo partiti alle nove.
restare: restato	*to stay, to remain*	La nonna è restata a casa.
ritornare: ritornato	*to return*	Chi è ritornato ora?
tornare: tornato	*to return*	Mia sorella è tornata ieri.
uscire: uscito	*to go out*	Con chi è uscita Linda?

2. A few verbs take **essere** when they are intransitive, and **avere** when
    they are transitive.

    Sono passati molti anni.   Many years *have passed.*
    Ho passato l'estate in campagna.   *I spent the summer* in the country.

E. Dire dove sono andate le seguenti persone l'estate scorsa.

▶ io / Roma   *Sono andato(a) a Roma.*

1. Luisa / in Sicilia
2. noi / in Francia
3. Franco e tu / in Germania
4. tu / a Palermo
5. Piero e Sandro / a Pisa
6. Maria ed io / in Svizzera
7. voi / a Venezia
8. lei / in Italia

F. Volgere le seguenti frasi al passato prossimo.

1. I miei genitori vanno negli Stati Uniti.
2. Partono con la nave da Genova.
3. Arrivano a Boston dopo dieci giorni.
4. Restano a Boston due settimane.
5. Ritornano in Italia dopo una magnifica vacanza.

G. Domande personali.

1. È entrato / entrata ieri in un bar? in un negozio?
2. È andato / andata in vacanza quest'estate? Dov'è andato / andata?
3. È uscito / uscita sabato sera? Dove è andato / andata? Al cinema o al ristorante? Con chi è uscito / uscita? A che ora è tornato / tornata a casa?
4. A che ora è arrivato / arrivata a scuola oggi? A che ora è arrivato / arrivata ieri?
5. È arrivato / arrivata a scuola in macchina? in autobus? in motocicletta? in bicicletta? a piedi (*on foot*)?

Ripasso

A. Gli eventi seguenti sono successi la settimana scorsa. Cambiare ciascun verbo al passato prossimo, usando l'ausiliare *avere* o *essere*.

1. Gianni e Pino vanno in vacanza ad Assisi.
2. Gianni incontra Pino alla stazione.
3. Pino compra due biglietti di andata e ritorno.
4. I due amici viaggiano in seconda classe.
5. Arrivano a Spoleto.
6. Un treno locale porta i due amici ad Assisi in poco tempo.
7. Ad Assisi visitano le antiche chiese della città.
8. Ritornano a Roma alle sedici del giorno seguente.

B. Formare frasi nel passato prossimo, usando le parole indicate.

1. i signori Dini / arrivare / alle dieci / di mattina
2. tu / ascoltare / dischi
3. noi / tornare / a casa / molto tardi
4. Giorgio / entrare / nel bar / per comprare / gettone
5. lei / ricevere / lettera da Tina
6. voi / restare / a casa / stasera?
7. io / non uscire / con / le mie amiche / ieri sera
8. loro / dormire / in albergo
9. Giampiero / non partire / per la Francia
10. mio fratello / diventare / molto importante

C. Susanna ha passato l'estate scorsa in Italia. Prima di partire ha preparato il seguente itinerario. Descrivere la sua gita, usando il passato prossimo di ciascuno dei verbi indicati.

2 luglio	partire da Nuova York in aereo
3 luglio	arrivare a Milano
3 luglio–10 luglio	restare una settimana a Milano
11 luglio	andare a Roma in treno
14 luglio	andare a Napoli in macchina
21 luglio	visitare la zia a Sorrento
1° agosto	ritornare a Nuova York

▶ Susanna è partita da Nuova York in aereo il due luglio. ...

D. Scrivere una storia descrivendo gli eventi che si svolgono nella seguente serie di disegni. Usare il passato prossimo.

E. Esprimere in italiano usando il passato prossimo. Per il vocabolario riferirsi al dialogo a pagina 82.

1. This morning my friend Paola and I went to Porta Portese.
2. We went from one booth to another.
3. Paola bought some original pictures to decorate her bedroom.
4. I found a red wool skirt and a blue velvet jacket.
5. Later we met our friends Enrico and Stefano in the Piazza Navona and we went to a bar.

ATTUALITÀ 3

VACANZA AL CAMPEGGIO

Daniele e Corrado hanno intenzione di trascorrere° una breve vacanza   to spend
all'aria aperta°.   open air

Daniele:	Perché non andiamo per un po' di giorni in albergo in montagna? Lì l'aria è buona e l'atmosfera è riposante°.

restful

Corrado: Io invece pensavo di andare ad un campeggio°.   campground

Daniele: Ad un campeggio? Ma io non ho l'attrezzatura°!   equipment

Corrado: Non c'è nessun problema. Io ho una grande tenda°, due   tent
sacchi a pelo° e tutta l'attrezzatura necessaria per stare una   sleeping bags
settimana in un campeggio.

Daniele: E dove andiamo?

Corrado: A Castel Fusano.

Daniele: Dov'è di preciso° questo campeggio?   precisely

Corrado: È in riva al mare, al sud di Ostia Antica.

Daniele: D'accordo. È un'idea magnifica!

La maggior parte degli Italiani ama trascorrere[1] le vacanze in Italia dove ci sono bellissimi posti di villeggiatura[2]. Secondo un recente sondaggio[3] dell'ISTAT (Istituto centrale di statistica), il sessanta per cento (60%) degli Italiani preferisce fare le vacanze al mare. Inoltre il novantacinque per cento (95%) degli Italiani va in vacanza da giugno a settembre, con punte massime[4] durante i mesi di luglio ed agosto.

1 to spend   2 resort areas   3 poll
4 peaks

Gli Italiani in vacanza

Il ponte

Nel passato il lavoratore italiano celebrava[1] durante l'anno di lavoro (oltre[2] la regolare vacanza annuale) molte feste[3] civili e religiose. Quando il giorno di festa era nel mezzo[4] della settimana, il lavoratore usava uno o due giorni lavorativi tra il giorno di festa ed il fine-settimana, facendo così una vacanza di tre o quattro giorni, il cosiddetto[5] "ponte"[6].

A lungo andare[7], questi numerosi periodi di vacanze hanno inciso[8] in maniera negativa sull'economia nazionale. Dopo la crisi energetica del 1973—74, il governo, con un provvedimento di legge[9], ha eliminato molte feste, come l'Epifania, l'anniversario della proclamazione della Repubblica, ed il giorno di San Giuseppe.

Così con meno giorni festivi disponibili[10], la possibilità di fare i ponti è notevolmente diminuita. Per il lavoratore italiano il ponte... era crollato[11]!

1 used to celebrate   2 in addition to   3 holidays   4 middle
5 so-called   6 bridge   7 in the long run   8 influenced
9 legislative measure   10 available   11 fell through

INFORMAZIONI E CURIOSITÀ

— In Italia ci sono venti regioni.
— Ogni regione è divisa in varie province.
— La Sicilia e la Sardegna sono due regioni d'Italia.
— La Lombardia è la regione più industrializzata d'Italia.
— Ogni regione ha funzione legislativa sull'artigianato[1], il turismo, i musei e le biblioteche.
— Il decentramento[2] regionale permette al cittadino di partecipare più da vicino[3] alla vita pubblica del paese.
— Il decentramento permette anche la diminuzione della burocrazia dello Stato italiano.
— Alcune regioni italiane sono a statuto speciale: Trentino-Alto Adige, Valle d'Aosta, Friuli-Venezia Giulia, Sicilia e Sardegna. Queste regioni hanno larghi poteri[4] autonomi.
— In Italia ci sono due stati indipendenti: la Città del Vaticano e la Repubblica di San Marino.
— In Valle d'Aosta le lingue parlate sono l'italiano ed il francese.
— Nel Trentino-Alto Adige si parlano[5] l'italiano ed il tedesco.
— In Calabria ed in Sicilia ci sono popolazioni di greci ed albanesi[6] che ancora mantengono[7] la loro cultura, lingua e tradizione.

1 craftsmanship   2 decentralization   3 more closely   4 powers   5 people speak   6 Albanians
7 maintain

Da quanto tempo sei a Roma?

LEZIONE 13ª

Marisa e sua cugina incontrano Franco in via Veneto.

Marisa	Franco, ti presento Giuliana, una mia cugina° di Bologna.
Franco	Molto lieto di conoscerla, signorina.
Giuliana	Oh, il piacere è mio.
Franco	Posso darti del tu?° Ti dispiace?°
5 **Giuliana**	No, affatto.
Franco	Bene, da quanto tempo sei a Roma?

cousin of mine

Posso ... May I use the *tu*-form with you? / Do you mind?

Giuliana	Da quindici giorni.	
Franco	Che cosa hai fatto di bello?	
Giuliana	Sono andata in giro per° la città, ho visitato alcune chiese	**Sono** ... I've gone around
10	ed ho visto magnifiche fontane.	
Franco	Quali sono le tue impressioni sulla città?	
Giuliana	È molto bella. Però ha così pochi giardini pubblici!	
Marisa	Hai ragione. Tra le capitali europee, Roma ha meno verde	
	di tutte.	
15 **Franco**	Per fortuna abbiamo ancora i grandi parchi delle antiche	
	famiglie romane. Altrimenti la città sarebbe° un enorme	would be
	insieme° di palazzi.	mass
Marisa	Che ne dite di° una gita ai Castelli Romani° uno di questi	**che** ... what would you say to / hilly
	giorni?	region outside Rome
20 **Giuliana**	È una splendida idea. Perché non andiamo domani?	
Franco	D'accordo. Per me va bene. A domani allora.	

Domande

Generali

1. Dove sono i tre giovani?
2. Da quanto tempo è a Roma Giuliana?
3. Che cosa ha fatto di bello?
4. Quali sono le sue impressioni sulla città?
5. Che cosa hanno intenzione di fare i giovani uno di questi giorni?

Personali

6. Abita in questa città da molti anni? da quanti anni?
7. Lei che cosa ha fatto di bello ieri?
8. Che cosa ha intenzione di fare lei stasera?

Modificazioni

1. Da quanto tempo sei **a Roma?**
   a Napoli
   in Italia
   in Francia

2. Che cosa hai fatto di **bello?**
   speciale
   nuovo
   straordinario

3. Ti presento **Giuliana.**
   mia moglie
   mio padre
   Gianni e Piero
   le mie amiche

4. Molto lieto di **conoscerla, signorina.**
   conoscerla, signora Marini
   conoscerla, signor Paolini
   conoscerli, signori
   conoscerle, signorine

NOTA CULTURALE: The parks in Rome

In Rome, as in some other Italian cities, there are few parks and public gardens. This is because in ancient cities buildings were built close together and streets were made narrow for better protection. Most of the parks and open spaces that exist today used to belong to wealthy noble families. For example, Villa Borghese, the most beautiful Roman park, used to belong to the famous Borghese family. At the beginning of this century, it was bought by King Victor Emmanuel III, and then given by him as a gift to the city.

Villa Borghese

Vocabolario

Nomi

la **capitale** capital
i **giardini pubblici** public garden(s)
l'**impressione** *f.* impression
il **palazzo** building
il **parco** park

Aggettivi

enorme enormous
europeo, -a European
pochi *pl.* few
romano, -a Roman

Verbi

dire to say, to tell

Altre parole ed espressioni

affatto not at all
altrimenti otherwise
meno less

andare in giro to go around
avere ragione to be right
che cosa hai fatto di bello? what have you done for excitement?
da quanto tempo sei a Roma? how long have you been in Rome?
molto lieto di conoscerla glad to meet you
per fortuna fortunately
per me va bene ok with me
ti presento Giuliana I'd like you to meet Giuliana

Pratica
    A. Lei è in un bar di Roma e beve un cappuccino. Ecco che arriva il suo amico Enrico con il cugino Claudio che è di Milano. Enrico la presenta a Claudio. Poi lei chiede a Claudio da quanto tempo è a Roma, che cosa ha visto e che cosa ha fatto. Rappresentare questa scena.

    B. Scrivere due paragrafi su una città interessante che lei ha visitato. Dire quando è partito(a) e quanti giorni è stato(a) in questa città. Poi descrivere quello che ha fatto durante ogni giorno della sua permanenza (*stay*).

Pronuncia: /kw/ = qu

The letter combination **qu** as in **quando** is always pronounced as in the English word *question*. It occurs before the vowels **a**, **e**, **i**, and **o**.

    A. Ascoltare e ripetere le seguenti parole dopo l'insegnante.

quaderno	**qu**egli	**qu**i	**qu**ota
quando	**qu**esto	**qu**indici	**qu**otazione
quanto	**qu**ello		
quali	**qu**estione		
quasi			

    B. Leggere ad alta voce le seguenti frasi. Fare attenzione alla pronuncia della combinazione delle lettere *qu*.

      1. Qui ci sono quindici quaderni.
      2. Quanto costa questo libro?
      3. Prende dell'acqua minerale?
      4. Quali libri hai comprato?

Ampliamento del vocabolario

Giardini e parchi

1. la panchina
2. il lago
3. la pianta
4. il bambino
5. la bambina
6. il cane
7. l'albero
8. l'aiuola
9. il fiore
10. il prato
11. l'uccello

A. Leggere il paragrafo seguente, e rispondere alle domande.

Il verde della mia città

I giardini pubblici della mia città sono molto belli. Ci sono aiuole con fiori di ogni colore, alberi e piante verdi. Ci sono anche panchine dove la gente si siede (*sit*) per leggere e riposare. Abbiamo anche un grande parco nella città. Durante l'estate ci sono sempre molti bambini che giocano (*play*) sui prati. Nel mezzo del parco c'è anche un piccolo lago.

1. Come sono i giardini pubblici della città?
2. Cosa c'è nei giardini pubblici?
3. Dove si siede la gente?
4. Dove giocano i bambini?
5. Che cosa c'è nel mezzo del parco?

Struttura ed uso

I Da *with expressions of time*

Compare the following Italian and English sentences. Notice the difference in the verb tenses used.

—Da quanto tempo **sei** a Roma?   —How long *have you been* in Rome?
—**Sono** a Roma da quindici giorni.   —*I've been* in Rome for two weeks.

—Da quanto tempo **lavora** qui?   —How long *have you been working* here?
—**Lavoro** qui da un mese.   —*I've been working* here for a month.

The present tense is used with **da** + *expression of time* to indicate how long something has been going on up to the present moment.

> **A.** Chiedere ad un altro studente (un'altra studentessa) da quanto tempo svolge le seguenti attività.

> ▶ guardare la televisione (un'ora)   S¹: *Da quanto tempo guardi la televisione?*
> S²: *Da un'ora.*

  1. ascoltare la radio (mezz'ora)
  2. scrivere lettere (un'ora)
  3. lavorare qui (due anni)
  4. aspettare l'autobus (dieci minuti)
  5. parlare italiano (tre mesi)
  6. essere in Svizzera (due settimane)
  7. guidare l'automobile (tre anni)
  8. leggere il giornale (venti minuti)

II *The irregular verbs* bere *and* dire

Here is a chart showing the present tense of the irregular verbs **bere** and **dire**.

	bere to drink		**dire** to say	
present	bevo	beviamo	dico	diciamo
	bevi	bevete	dici	dite
	beve	bevono	dice	dicono

B. Dire cosa bevono le seguenti persone al bar Roma.

▶ Giorgio / aranciata   *Giorgio beve un'aranciata.*

    1. Luigi / spremuta di limone   4. noi / acqua minerale
    2. Marco e Antonella / caffè   5. voi / un cappuccino
    3. io / un bicchiere di latte   6. loro / un aperitivo

C. Riferire che cosa dicono le seguenti persone su quello che faranno
(*will do*).

▶ Enrico (andare in campagna)   *Dice che va in campagna.*

    1. Franco (andare al mare)
    2. io (andare in montagna)
    3. noi (studiare la lezione)
    4. tu (scrivere una lettera)
    5. voi (visitare alcune chiese)
    6. loro (prendere il treno per Napoli)

III Irregular past participles

Many Italian verbs, particularly **-ere** verbs, have irregular past participles. They do not follow the patterns **-ato, -uto,** and **-ito** of regular **-are, -ere,** and **-ire** verbs.

Here is a list of common verbs with irregular past participles. A more complete list is given in Appendix G. Asterisks indicate that the present perfect tense is formed with **essere.**

aprire: aperto	*to open*	Chi ha aperto la porta?
bere: bevuto	*to drink*	Ho bevuto una limonata.
chiedere: chiesto	*to ask (for)*	Hai chiesto qualche cosa a Maria?
chiudere: chiuso	*to close*	I ragazzi hanno chiuso la finestra.
dire: detto	*to say, to tell*	Che cosa hai detto?
discutere: discusso	*to discuss*	Hanno discusso di politica.
essere: stato*	*to be*	Ieri è stata una bella giornata di sole.
fare: fatto	*to do, to make*	Non avete fatto niente oggi.
leggere: letto	*to read*	Signorina, ha letto bene.
mettere: messo	*to place, to put*	Non ho messo il libro sul banco.
morire: morto*	*to die*	Mio zio è morto ieri.
nascere: nato*	*to be born*	Quando è nato tuo fratello?
offrire: offerto	*to offer*	Il signore ha offerto un caffè.
perdere: perso	*to lose*	Mario ha perso i guanti.
prendere: preso	*to take*	Chi ha preso la mia penna?
rimanere: rimasto*	*to stay, to remain*	Voi siete rimasti a Palermo?
rispondere: risposto	*to answer*	Non ho risposto bene alla domanda.
scendere: sceso*	*to get off, to descend*	Noi siamo scesi alla terza fermata.
scrivere: scritto	*to write*	Hai scritto una bella lettera.
soffrire: sofferto	*to suffer*	Mio cugino ha sofferto molto.
spendere: speso	*to spend*	I miei genitori hanno speso poco.
vedere: visto	*to see*	Abbiamo visto molta gente.
venire: venuto*	*to come*	Sono venuto a prendere il libro.

Note: **Perdere** and **vedere** have regular past participles as well as irregular ones. **Perduto** and **veduto** can be used interchangeably with **perso** and **visto.**

D. Riferire che alcuni studenti hanno visitato Ravenna la settimana scorsa, e là hanno visto alcune belle chiese e hanno fatto molte foto.

▶ Luciana   *Ha visto (veduto) una bella chiesa, e ha fatto molte foto.*

1. Franco	4. tu	7. voi
2. Maria e Franco	5. io	8. Giorgio ed io
3. noi	6. Susanna	

E. Ogni volta che Gianni vuole fare qualcosa, Teresa, sua sorella, dice di averla già fatta. Fare la parte di Teresa.

▶ Gianni: Apro le finestre?   Teresa: *Io ho già aperto le finestre.*

1. Chiudo la porta?	5. Metto la macchina nel garage?
2. Chiedo i soldi alla mamma?	6. Prendo il latte?
3. Rispondo allo zio?	7. Scrivo le cartoline?
4. Offro il caffè a Silvana?	

F. Cambiare le seguenti frasi al passato prossimo.

▶ Scrivo a mia sorella.   *Ho scritto a mia sorella.*

1. Tu vendi la macchina.
2. Adriana finisce i compiti.
3. Leggiamo il giornale.
4. Apri le finestre.
5. Vedo i miei amici.
6. Loro bevono il caffè.
7. Michele prende le lettere.
8. Voi comprate il quadro.
9. Marta chiude la porta.
10. Carla mette la macchina nel garage.
11. Giulio dice di andare da lui.
12. Prendo il treno delle sette.

G. Completare le seguenti frasi logicamente con il passato prossimo dei verbi elencati in basso. Usare ciascun verbo una volta sola.

mettere   offrire   soffrire
nascere   perdere   scrivere
morire   rispondere prendere

1. Il bambino ... ... il 2 ottobre; ha un anno.
2. Ieri io ... ... molto dal dentista.
3. Mia sorella ... ... la borsa a Porta Portese.
4. Tu ... ... a Giorgio una cartolina o una lettera?
5. Mio nonno ... ... la settimana scorsa.
6. Stefano, dove ... ... i miei dischi?
7. Il signor Biotti m' ... ... un'aranciata.
8. Perché non ... ... a quello studente?
9. Questa mattina io ... ... un gelato al bar *Gli Sportivi.*

IV *Possessive pronouns*

The possessive pronouns are identical in form to the possessive adjectives (see p. 88).

Ho trovato *la sua penna.* →	Ho trovato **la sua.**	I found *yours.*
Ecco *i miei biglietti.* →	Ecco **i miei.**	Here are *mine.*
I loro dischi sono magnifici. →	**I loro** sono magnifici.	*Theirs* are magnificent.

Here is a chart showing the forms of the possessive pronouns.

	m. sg.	m. pl.	f. sg.	f. pl.
mine	il mio	i miei	la mia	le mie
yours (*fam.*)	il tuo	i tuoi	la tua	le tue
his, hers, yours (*formal*) }	il suo	i suoi	la sua	le sue
ours	il nostro	i nostri	la nostra	le nostre
yours (*fam.*)	il vostro	i vostri	la vostra	le vostre
theirs, yours (*formal*) }	il loro	i loro	la loro	le loro

1. When a possessive pronoun follows forms of the verb **essere,** the definite article may be omitted except in the case of **loro.**

Questa macchina è **mia.**   *But:*
Quella maglia è **sua.**   Questi giornali sono **i loro.**

2. In interrogative sentences, the definite article is rarely omitted.

Ecco la tua cravatta, ma dov'è **la mia?**
Di questi due libri, qual è **il tuo?**

H. Carla e alcuni suoi amici vanno a fare una gita in Sicilia. Carla vuole essere sicura che ciascuno abbia la propria roba (*belongings*). Usare le parole indicate per completare le frasi di Carla.

▶ Io ho la mia gonna, e Maria ...   *Maria ha la sua.*

1. Io ho le mie scarpe, e Gianna ...
2. Io ho le mie maglie, e voi ...
3. Io ho i miei pantaloni, e Federico e Filippo ...
4. Io ho la mia giacca, e Luciana ...
5. Io ho il mio impermeabile, e tu ...
6. Io ho il mio cappotto, e Maria ...

I. Anna fa una serie di domande ad Elena. Fare la parte di Elena che risponde ad Anna. Usare la forma appropriata del pronome possessivo.

▶ Il mio quaderno è sul banco.   *Il mio è sulla cattedra.*
   Dov'è il tuo? (sulla cattedra)

1. I miei libri costano duemila lire. Quanto costano i tuoi? (tremila)
2. La mia macchina è nel garage. Dov'è la tua? (dal meccanico)
3. La mia gonna è rossa. Di che colore è la tua? (verde)
4. Il mio treno parte alle dieci. A che ora parte il tuo? (alle cinque)
5. Le mie scarpe sono nuove. Come sono le tue? (vecchie)

J. Dire che il primo oggetto in ciascuna coppia appartiene a lei e il secondo appartiene a Paolo. Usare la forma appropriata del pronome possessivo.

▶ il quaderno blu e il quaderno verde   *Il quaderno blu è mio; il quaderno verde è suo.*

1. il libro d'italiano e il libro d'inglese
2. la matita gialla e la matita rossa
3. questo giornale e quel giornale
4. la motocicletta rossa e la motocicletta nera
5. questi quadri e quei quadri
6. queste riviste e quelle riviste

Ripasso

A. Dire da quanto tempo le seguenti persone sono a Firenze.

▶ Mauro / tre giorni   *Mauro è a Firenze da tre giorni.*

1. i suoi parenti / due settimane   3. Emilio / un giorno
2. quello studente / un anno   4. le loro amiche / cinque giorni

B. Domenica scorsa lei ed i suoi amici hanno fatto varie cose. Dire che cosa hanno fatto.

▶ fare una gita   *Abbiamo fatto una gita.*

1. spendere molti soldi
2. mangiare in un ristorante
3. scrivere cartoline agli amici
4. incontrare alcune ragazze
5. bere molto caffè
6. discutere di ecologia
7. comprare i panini al prosciutto
8. prendere la barca (*boat*)
9. andare a fare una gita
10. rimanere in barca per due ore
11. vedere luoghi interessanti
12. perdere il treno delle 21
13. prendere il treno delle 23,40
14. non scendere alla stazione della nostra città
15. arrivare a casa molto tardi

C. Dare la forma corretta dei pronomi possessivi.

1. Ho la mia borsa e tu hai ...
2. Luisa ha la sua gonna e Marta ha ...
3. Gianfranco e Pino hanno la loro macchina e noi abbiamo ...
4. Noi abbiamo i nostri libri e loro hanno ...
5. Laura ha le sue scarpe e voi avete ...

D. Esprimere in italiano.

Stefano: Giorgio, I'd like to introduce my friend Antonella to you.
Giorgio: Very glad to meet you, Antonella.
Antonella: Hi, Giorgio.
Giorgio: Hi. I'm late. Sorry! How long have you been waiting?
Antonella: Only a quarter of an hour. ... This morning we went around the city.
Giorgio: Did you see the gardens?
Antonella: Yes, we stayed there for two hours and then we went to a café. I wrote some cards and we drank iced tea. I also read a newspaper.
Giorgio: I'm late because I lost my keys (*chiavi*).
Stefano: But you came anyway. You're always so unlucky.

Una gita

LEZIONE 14ª

Sono le dieci del mattino e Franco si sveglia all'improvviso. Immediatamente si ricorda dell'appuntamento, della gita ai Castelli e si rende conto che è tardi, che ha dormito più del solito. Subito si alza dal letto, si lava e si veste in fretta e furia. Poi, senza neanche mangiare, esce da casa e si reca verso il luogo fissato per l'appuntamento. Con sé ha un opuscolo turistico sui Castelli da mostrare alle sue amiche.

Franco incomincia a leggere l'opuscolo.

I Castelli Romani

Non molto lontano da Roma si innalzano i Colli Albani. Alle loro pendici ci sono quattordici cittadine pittoresche, i Castelli Romani, ricercata zona turistica e di villeggiatura. Alcuni centri famosi sono Frascati, Marino, Velletri e Castelgandolfo, ancora oggi residenza estiva del Papa.

Il nome Castelli deriva dal fatto che nei secoli scorsi i papi e le famiglie patrizie romane possedevano° in questi luoghi bellissime ville. La grande fertilità della zona ha poi permesso un'intensa coltivazione della vite e dell'olivo. Con il tempo i Castelli sono diventati famosi anche per la produzione del vino.

D'estate specialmente, quando a Roma il caldo afoso diventa insopportabile molta gente esce dalla città e si avvia verso° questi luoghi verdi e silenziosi. E quando si parla° dei Castelli, le prime cose che vengono alla mente° sono una tranquilla osteria di paese, un delizioso panino al prosciutto ed una fresca bottiglia di vino bianco.

used to own

starts off
one speaks
come to mind

Finalmente Franco arriva al luogo dell'appuntamento. Gli amici si salutano e si mettono in viaggio.

Domande

Generali
1. Che ore sono quando Franco si sveglia?
2. Di che cosa si ricorda?
3. Che cosa fa dopo che si alza?
4. Dove si reca poi?
5. Che cosa ha con sé?

Personali
6. A che ora si sveglia lei la mattina? A che ora si alza lei?
7. Mangia lei dopo che si alza?
8. Dove si reca lei ogni giorno?
9. Generalmente lei fa le cose in fretta e furia o lentamente (*slowly*)?

Vocabolario

Nomi

la **bottiglia**   bottle
la **cittadina**   town
il **colle**   hill
la **coltivazione**   cultivation
il **fatto**   fact
la **fertilità**   fertility
il **letto**   bed
l'**olivo**   olive tree
l'**opuscolo**   brochure
l'**osteria di paese**   small country inn
il **Papa**   pope
le **pendici**   slopes
la **residenza**   residence
il **secolo**   century
la **villa**   elegant house, usually with garden
la **villeggiatura**   vacation
il **vino**   wine
la **vite**   vine

Aggettivi

afoso, -a   muggy
bellissimo, -a   very beautiful
delizioso, -a   delicious
estivo, -a   summer
fissato, -a   fixed, agreed on
insopportabile   unbearable
intenso, -a   intense
patrizio, -a   patrician

pittoresco, -a   picturesque
ricercato, -a   popular
scorso, -a   past
silenzioso, -a   silent
tranquillo, -a   tranquil, peaceful
turistico, -a   tourist

Verbi

alzarsi   to get up
derivare   to derive
innalzarsi   to rise
lavarsi   to wash oneself
mangiare   to eat
mettersi in   to set out
permettere   to allow
recarsi   to go
rendersi conto (di)   to realize
salutarsi   to greet one another
svegliarsi   to wake up
vestirsi   to get dressed

Altre parole ed espressioni

immediatamente   immediately
verso   toward

all'improvviso   suddenly
in fretta e furia   in great haste
più del solito   more than usual

Pratica

A. Lei va a fare una gita con gli amici. Scrivere uno o due paragrafi e dire:

1. a che ora si sveglia
2. quello che fa prima di incontrarsi con gli amici
3. dove e a che ora lei ed i suoi amici s'incontrano
4. dove si recano e perché
5. il mezzo di trasporto che usano
6. che cosa sperano di vedere
7. dove vanno a mangiare

B. Scegliere la risposta appropriata per ciascuna frase, secondo il brano di lettura a pagina 172.

1. I Colli Albani si innalzano ...
   a. molto lontano da Roma
   b. non molto lontano da Roma
   c. non molto vicino a Roma

2. Ci sono quattordici cittadine ...
   a. alle loro ville
   b. alle loro zone
   c. alle loro pendici

3. La residenza estiva del Papa è ...
   a. Castelgandolfo
   b. Frascati
   c. Velletri

4. I Castelli sono famosi per la produzione ...
   a. del latte
   b. del caffè
   c. del vino

5. Nei Castelli c'è un'intensa coltivazione ...
   a. del tè
   b. della vite e dell'olivo
   c. dei fiori

6. I romani vanno ai Castelli ...
   a. d'inverno
   b. d'estate
   c. ogni giorno

7. I Castelli sono luoghi ...
   a. verdi e silenziosi
   b. brutti
   c. del Papa

8. Quando si parla dei Castelli viene alla mente ...
   a. una tranquilla osteria di paese
   b. il caldo insopportabile
   c. un'intensa coltivazione

Pronuncia: the sound /ʎ/

The sound /ʎ/, spelled **gli,** is somewhat like the *lli* in *million*. This sound may present problems of interference for English readers who tend to pronounce it like the combination *gli* in *glitter*.

A. Ascoltare e ripetere le seguenti parole dopo l'insegnante.

gli	biglietto
figli	foglio
agli	maglia
degli	luglio
egli	figlia

B. Leggere ad alta voce le seguenti frasi. Fare attenzione alla pronuncia delle lettere *gli*.

1. Voglio una bottiglia di vino.
2. Egli compra una maglia.
3. Prendo due biglietti.

Ampliamento del vocabolario

L'agricoltura

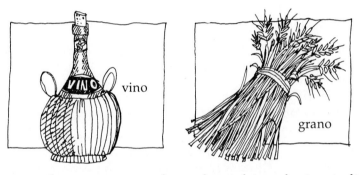

Leggere il seguente paragrafo su alcuni dei prodotti agricoli più importanti d'Italia. Poi rispondere alle frasi vero / falso (*true / false*) basate sul paragrafo.

L'agricoltura in Italia

Paese prevalentemente industriale, l'Italia ha anche una buona produzione agricola.° I contadini° coltivano principalmente la vite, il grano e l'olivo. I prodotti° agricoli italiani più importanti sono il vino e l'olio di oliva. I vini più ricercati vengono dalla Toscana e dal Piemonte, mentre l'olio di oliva si produce° nel centro e nel meridione d'Italia.

agricultural / farmers

products

is produced

1. L'Italia è un paese prevalentemente agricolo.
2. I contadini coltivano principalmente la vite, il grano e l'olivo.
3. I prodotti agricoli italiani più importanti sono il vino e il caffè.
4. I vini più ricercati vengono dalla Toscana e dal Piemonte.
5. L'olio di oliva si produce nel settentrione.

Struttura ed uso

I *Reflexive structures*

Compare the sentences below. Note that in Column A, the pronouns in boldface type represent persons or things that are *different from* the subject. In Column B, the pronouns in boldface type represent persons or things that are *the same as* the subject.

A	B
Io **la** guardo. (la = Elena)	Io **mi** guardo.
I look at her.	*I look at myself.*
Tu **la** lavi. (la = la macchina)	Tu **ti** lavi.
You wash it.	*You wash (yourself).*
Giorgio **lo** sveglia. (lo = Franco)	Franco **si** sveglia.
Giorgio wakes him up.	*Franco wakes (himself) up.*

1. Verbs conjugated with the reflexive pronouns **mi, ti, si, ci, vi,** and **si** are called reflexive verbs, because the action of the verb is reflected back to the subject.
2. Reflexive verbs are more common in Italian than in English. Some Italian reflexives express ideas that are not normally expressed with reflexive structures in English; for example:

Luigi **si diverte.**	Luigi *has a good time* (amuses himself).
Giovanni **si siede.**	Giovanni *sits down* (seats himself).
Io **mi alzo** alle otto.	I *get up* (raise myself) at eight o'clock.

3. In the present tense, the reflexive pronoun comes before the verb. It usually follows (and in writing is attached to) the infinitive minus the final *e*.

lavarsi to get washed				**vestirsi** to get dressed			
io	**mi lavo**	noi	**ci laviamo**	io	**mi vesto**	noi	**ci vestiamo**
tu	**ti lavi**	voi	**vi lavate**	tu	**ti vesti**	voi	**vi vestite**
lui / lei	**si lava**	loro	**si lavano**	lui / lei	**si veste**	loro	**si vestono**
	Ora vado a **lavarmi.**				Ora vado a **vestirmi.**		
	Ora vai a **lavarti?**				Ora vai a **vestirti?**		
	etc.				etc.		

4. In the present perfect tense, reflexive verbs always take the auxiliary
essere, and therefore the past participle agrees with the subject.

Paola **si è svegliata** alle sei.   Paola woke up at six.
I ragazzi non **si sono lavati.**   The boys didn't wash.
Luisa, **ti sei lavata** stamattina?   Luisa, did you get washed this morning?

Here is a list of some common reflexive verbs in Italian. Note that the
English equivalents are often expressed without a reflexive structure.

addormentarsi	*to fall asleep*	Mi addormento presto.
alzarsi	*to get up*	Mario si alza sempre tardi.
chiamarsi	*to be called, to be named*	Mi chiamo Giuseppe.
divertirsi	*to have a good time,* *to enjoy oneself*	Ti diverti con gli amici?
lavarsi	*to wash (oneself)*	Mi lavo le mani.
mettersi	*to put on (clothing)*	Ti metti il cappello?
mettersi (**a** + *inf.*)	*to begin to, to start to*	Mi metto a studiare.
prepararsi (**per**)	*to get ready*	Luisa si prepara per uscire.
recarsi	*to go*	Si reca dal medico.
ricordarsi	*to remember*	Non mi ricordo l'indirizzo.
sentirsi	*to feel*	Valeria non si sente bene.
svegliarsi	*to wake up*	Mi sveglio sempre alle sei.
vestirsi	*to get dressed*	Ci vestiamo in fretta.

5. Some Italian verbs have both a non-reflexive and a reflexive use,
depending on context.

I ragazzi **le alzano** (le = mani).   I ragazzi **si alzano.**
  The boys raise them.   The boys get up.

A. Lei ha un fratello gemello (*twin*) di nome Luigi. Dire che lui fa
esattamente le stesse cose che fa lei.

► Io mi sveglio alle sei.   *Anche lui si sveglia alle sei.*

1. Io mi alzo alle sette.   5. Io mi reco all'università.
2. Io mi lavo ogni mattina.   6. Io mi metto a studiare.
3. Io mi vesto in fretta.   7. Io mi diverto in campagna.
4. Io mi preparo per partire.   8. Io mi addormento.

B. È domenica pomeriggio e tutti sono a casa. Dire che cosa si mette a fare ciascuna delle persone indicate.

▶ Daniela / studiare   *Daniela si mette a studiare.*
▶ io / ascoltare la radio   *Io mi metto ad ascoltare la radio.*

1. Piero / leggere il giornale
2. noi / guardare la televisione
3. tu / scrivere una lettera
4. loro / dormire
5. Franca e Luciana / lavorare
6. Giampaolo / parlare delle elezioni
7. io / giocare con i bambini
8. voi / discutere di politica

C. Ripetere con i soggetti suggeriti.

▶ Io mi lavo spesso. (lui)   *Lui si lava spesso.*

1. Le ragazze si svegliano all'improvviso.   (la ragazza)
2. Tu ti addormenti in classe.   (io)
3. Paolo si diverte molto in campagna.   (i suoi genitori)
4. Noi ci prepariamo per partire.   (voi)
5. Loro si alzano alle sette.   (tu)
6. Io non mi ricordo il tuo numero di telefono.   (loro)
7. Voi vi recate all'università.   (tu)
8. Mia madre si mette a lavorare.   (i miei fratelli)
9. Noi ci vestiamo in fretta e furia.   (loro)
10. Io non mi chiamo Luigi.   (tu)

D. Chiedere ad un altro studente (un'altra studentessa) se fa le seguenti cose.

▶ svegliarsi presto la mattina   S¹: *Ti svegli presto la mattina?*
                                   S²: *Sì, mi sveglio presto la mattina.*
                                       No, non mi sveglio presto la
                                       mattina.

1. addormentarsi presto la sera
2. alzarsi tardi la domenica
3. recarsi all'università tutti i giorni
4. mettersi a lavorare subito
5. prepararsi adesso per uscire
6. mettersi il cappotto o l'impermeabile
7. divertirsi sempre al mare
8. ricordarsi il mio cognome
9. sentirsi bene

E. Cambiare le seguenti frasi al passato prossimo. Ricordare che il participio passato deve concordare (*agree*) con il soggetto nel genere e nel numero.

1. Franco si sveglia all'improvviso.
2. Patrizia si veste in fretta e furia.
3. Gli studenti si mettono a studiare.
4. Io mi diverto in campagna.
5. Paolo e Luigi non si sentono bene.
6. Tu ti alzi alle dieci.
7. Claudia ed io ci prepariamo per partire.
8. Valerio e tu vi recate in città.

II *Reflexives with reciprocal meaning*

Plural reflexive forms may convey a reciprocal meaning (*with each other, to one another,* etc.).

Si vedono ogni sabato.	*They see each other* every Saturday.
Noi ci scriviamo ogni giorno.	*We write to each other* every day.

Here are a few reflexive verbs often used with reciprocal meaning.

aiutarsi	*to help each other*	Le ragazze si sono aiutate.
incontrarsi	*to meet (each other)*	Dove vi siete incontrati?
salutarsi	*to greet each other*	Gli amici si salutano.
scriversi	*to write to each other*	Perché si scrivono così spesso?
vedersi	*to see each other*	Noi ci vediamo ogni settimana.

F. Cambiare usando il pronome *loro.*

▶ Noi ci incontriamo a Firenze.   *Loro si incontrano a Firenze.*

1. Noi ci scriviamo spesso.
2. Noi ci vediamo domani mattina.
3. Noi ci aiutiamo volentieri.
4. Noi ci siamo scritti ogni giorno.
5. Noi ci siamo incontrati allo stadio.
6. Noi ci siamo visti alla stazione.

G. Formare frasi nel presente con le parole indicate.

▶ noi / incontrarsi / nel pomeriggio   *Noi ci incontriamo nel pomeriggio.*

1. loro / scriversi / spesso
2. noi / salutarsi / ogni mattina
3. voi / incontrarsi / al bar
4. gli amici / salutarsi / al ristorante
5. Franco e Mirella / vedersi / spesso
6. Alberto ed io / incontrarsi / a Milano
7. Stefania e tu / aiutarsi / sempre
8. Tina e Vera / vedersi / ogni settimana

H. Cambiare ciascuna frase dell'Esercizio G al passato prossimo. Ricordarsi di usare l'ausiliare *essere* e di fare concordare il participio passato con il soggetto.

III *Reflexive structures with parts of the body and articles of clothing*

In reflexive structures, the definite article is used with parts of the body and articles of clothing, since the possessor is clearly understood.

Mi lavo.	I wash (myself).
Mi lavo le mani.	I wash my hands.
Mi metto la camicia.	I put on my shirt.

Note that when the subject of the sentence is plural, the part of the body or article of clothing is in the singular if each individual in the group has only *one* of that particular item:

I ragazzi si mettono **il cappotto.**   The boys put on *their coats.*

I. Dire che le seguenti persone si lavano le mani.

▶ Lucio   *Lucio si lava le mani.*

1. io
2. voi
3. Michele e suo fratello
4. tu
5. noi
6. Monica e Luciana
7. Elena
8. mia sorella

J. Dire che le persone indicate nell'Esercizio I non si sono lavate le mani.

▶ Lucio   *Lucio non si è lavato le mani.*

K. Dire quale capo di vestiario si mette ciascuna persona.

▶ io / i guanti   *Io mi metto i guanti*

1. loro / i pantaloni
2. Giorgio / la giacca
3. Marta e Paolo / la maglia
4. mia sorella / l'impermeabile
5. tu / il vestito blu
6. voi / le scarpe nuove
7. noi / il cappotto
8. le signorine / la gonna lunga

L. Esprimere in italiano.

1. I put on my hat.
2. She puts on her coat.
3. We put on our shoes.
4. Did you put on your shirt?
5. Did they put on their socks?
6. Did he put on his jacket?

IV *The irregular verb* uscire

uscire to go out		
present	esco	usciamo
	esci	uscite
	esce	escono
present perfect	io sono uscito / uscita, *etc.*	

M. Dire a che ora esce ogni persona.

▶ Giancarlo / alle dieci   *Giancarlo esce alle dieci.*

1. Luisa / a mezzogiorno
2. noi / alle tre e mezzo
3. Maria e tu / alle quattro
4. voi / alle cinque meno cinque
5. i miei genitori / spesso alle sei
6. io / alle due del pomeriggio

N. Rispondere alle seguenti domande.

1. A che ora esce di casa la mattina?
2. A che ora esce dalla lezione d'italiano?
3. Esce ogni sera? ogni venerdì? ogni sabato?
4. Esce con gli amici o con un'amica?

Ripasso

A. Domande personali.

1. Lei si alza alle sei o alle sette la mattina?
2. Si mette la giacca o l'impermeabile quando piove?
3. Si lava i capelli (*hair*) due o tre volte alla settimana?
4. Dove si reca il sabato, al mare o in campagna?
5. A che ora si è messo a studiare ieri sera?
6. Come si sente oggi, molto bene o così così?
7. Come si chiama suo padre?
8. Si diverte lei quando guarda la televisione?

B. Chiedere alle seguenti persone se si ricordano di fare le seguenti cose.

▶ Claudio: di telefonare a Marco alle cinque   *Ti ricordi di telefonare*
a Marco alle cinque?

1. Riccardo e Pino: di dare l'indirizzo di Sandra a Michele
2. il professore d'italiano: di dare il mio numero di telefono a Claudio
3. Giuliano: di dire il nome del professore d'inglese a tuo padre
4. i signori Verdi: di chiamare l'avvocato stasera
5. Camilla e Francesca: di portare la macchina dal meccanico domani

C. Scegliere uno dei verbi indicati e dare la forma corretta per completare le seguenti frasi logicamente.

mettersi	vedersi	incontrarsi
divertirsi	ricordarsi	addormentarsi

1. Pierluigi ed io abbiamo un appuntamento. ... alle due in piazza Navona.
2. Mariella e tu siete buoni amici. ... una volta alla settimana.
3. I bambini sono al parco. ... molto a giocare con il cane.
4. Devo telefonare a Luisa, ma non ... il suo numero di telefono.
5. Quando sono stanco ... presto.
6. Quando non deve studiare, Marisa ... a guardare la televisione.

D. Scrivere due frasi per ciascuno dei seguenti disegni. Usare il passato prossimo.

E. Esprimere in italiano.

1. That young man's name is Peter.
2. Peter and his cousin Sandro are getting ready for a trip.
3. They are going to Tivoli on their bicycles.
4. It is cool and windy, and Peter puts on a wind breaker (*giacca a vento*).
5. Sandro and Peter always have a good time when they take a trip on their bicycles.

Fine-settimana sulla neve

LEZIONE 15ª

Franco invita il suo amico Mario ad andare a sciare.

Franco Mario, vorresti venire a passare un fine-settimana sulla neve?

Mario Va bene, ma devo comprare un nuovo paio di sci.

Franco Io li ho visti in svendita in un negozio di via Salaria. Perché non vai a comprarli là?

5 **Mario** Certo, hai ragione. Con i prezzi di oggi risparmiare è sempre utile. Hai già deciso dove andremo a sciare?

Franco A Campo Imperatore, negli Abruzzi.
  Mario Dove dormiremo?
Franco Mia nonna abita in un paese lì vicino. Forse avremo la pos-
10   sibilità di stare a casa sua.°   at her house
  Mario Davvero?
Franco Sì. Le telefonerò appena tornerò a casa.
  Mario Andremo con l'autobus?
Franco No, useremo la mia macchina, così staremo più comodi.
15 **Mario** Magnifico! Sarà proprio una bella gita.
Franco Ti chiamo domani sera, così stabiliremo insieme l'ora della
            partenza.
  Mario D'accordo, ciao.

Vocabolario

Nomi

il **fine-settimana** weekend
la **neve** snow
il **paio** pair
la **possibilità** opportunity
il **prezzo** price
la **partenza** departure
lo **sci** ski
la **svendita** sale

Aggettivi

comodo, -a comfortable
utile useful

Verbi

decidere (deciso) to decide
invitare to invite
passare to spend
risparmiare to save
sciare to ski
stabilire to establish

Altre parole ed espressioni

appena as soon as
davvero really
insieme together
là there

in svendita on sale
lì vicino near there

NOTA CULTURALE: Lo sci in Italia

In Italia lo sci è oggi lo sport invernale praticato da moltissimi giovani. D'inverno, intere famiglie approfittano[1] del fine-settimana e di periodi di vacanza per trascorrere[2] allegramente un po' di tempo sulla neve.

In Italia ci sono stati da sempre centri di sci molto belli e rinomati.[3] Sulle Alpi, fama internazionale hanno Madonna di Campiglio, Sestriere e Cortina d'Ampezzo, che nel 1956 fu la sede della 7ª Olimpiade invernale. I successi sportivi di atleti italiani alle Olimpiadi ed in gare[4] internazionali hanno portato lo sci all'attenzione della gente e di recente lo sci è diventato uno sport di massa. Nuovi centri di sci sono stati aperti sulle Alpi e sugli Appennini. Uno dei più frequentati dell'Italia centrale è Campo Imperatore, situato alle pendici[5] del Gran Sasso, la vetta[6] più alta degli Appennini.

Anche le scuole incoraggiano[7] gli studenti verso lo sci. Durante l'inverno, vacanze settimanali sulla neve sono organizzate per gli studenti di ogni età. In speciali centri sportivi e sotto la guida[8] di maestri di sci,[9] questi giovani vengono in contatto con la neve ed imparano a sciare.

1 take advantage   2 to spend   3 renowned   4 competitions
5 slopes   6 peak   7 encourage   8 guidance   9 ski instructors

Domande

Generali
1. Che cosa dice Franco a Mario?
2. Che cosa deve comprare Mario? Dove li ha visti Franco?
3. Dove andranno a sciare i due amici?
4. Dove avranno la possibilità di stare Franco e Mario?
5. Andranno a Campo Imperatore in autobus o con la macchina?
6. Quando stabiliranno insieme l'ora della partenza?

Personali
7. Vorrebbe passare un fine-settimana sulla neve? Dove? Perché?
8. Si mette il cappello quando va a sciare?
9. Andrà a sciare questo fine-settimana? Con chi? Se non andrà a sciare, cosa farà?

Modificazioni

1. Compri un paio di **sci?**
   - pattini
   - scarpe
   - pantaloni

2. Sì, **li ho visti** in svendita.
   - l'ho visto
   - le ho viste
   - l'ho vista

3. Dove **andremo a sciare?**
   - alloggeremo
   - compreremo la giacca
   - pattineremo
   - nuoteremo

4. Ti chiamo **domani.**
   - stasera
   - nel pomeriggio
   - verso le cinque
   - dopodomani

5. Vorresti **venire** con noi?
   - andare a sciare
   - mangiare
   - restare

Pratica

A. Comporre un dialogo basato sulle seguenti informazioni.

È una giornata afosa del mese di luglio a Roma. La temperatura è di 32 gradi centigradi. Silvia vuole andare alla spiaggia di Ostia, e telefona alla sua amica Elena per chiederle se vuole andare con lei. La macchina di Silvia è dal meccanico, e quindi decidono di andare al mare con la metropolitana (*subway*). Partiranno alle 11,30 e arriveranno a Ostia alle 12,00. Torneranno a casa la sera alle 8,00.

B. Lei e un amico (un'amica) pensano di andare a pattinare questo fine-settimana. Lei gli / le chiede quali dei seguenti capi di vestiario si mette.

la maglia	la giacca	il cappotto
la camicia	l'impermeabile	i guanti

► Ti metti la maglia?   *Sì, mi metto la maglia.*
                          No, non mi metto la maglia.

Ampliamento del vocabolario

Lo sport

sciare   pattinare   nuotare   andare in barca

giocare a tennis   giocare a pallacanestro   giocare a pallone   andare a cavallo

Rispondere alle seguenti domande.

1. Fai dello sport (*do you practice sports*)?
2. In quale stagione vai a sciare?
3. Preferisci giocare a pallacanestro o andare a cavallo?
4. Vai a nuotare al lago o in piscina (*swimming pool*)?
5. Giochi spesso a pallone?
6. Con chi giochi a tennis?

Pronuncia: the sound /ŋ/

The sound /ŋ/ in Italian, spelled **gn,** sounds very much like the sound *ny* as in *canyon.*

A. Ascoltare e ripetere le seguenti parole dopo l'insegnante.

signore	campagna	cognome	spagnolo
signorina	lasagna	disegno	Spagna
signora	bagno	sogno	lavagna

B. Leggere ad alta voce le seguenti frasi. Fare attenzione alla pronuncia delle lettere *gn.*

1. Il signor Cristini va in campagna.
2. La signora ha fatto un bel sogno.
3. Maria è spagnola.

Struttura ed uso

I The future tense

Compare the future tense forms in the Italian and English sentences below. In Italian, the future tense consists of a single verb form; in English, it consists of the auxiliary *shall* or *will* and the basic verb.

Comprerò un nuovo paio di sci.	*I'll buy* a new pair of skis.
Stabiliremo l'ora della partenza.	*We'll establish* the hour of departure.
Partiranno abbastanza presto.	*They'll leave* quite early.

Here are the future-tense forms of a regular **-are, -ere,** and **-ire** verb. Note that the endings are identical for all three verbs, and that the stem consists of the infinitive minus the final **-e.** In **-are** verbs, the **-a** of the infinitive ending changes to **e.**

	comprare	discutere	partire
io	comprer**ò**	discuter**ò**	partir**ò**
tu	comprer**ai**	discuter**ai**	partir**ai**
lui / lei	comprer**à**	discuter**à**	partir**à**
noi	comprer**emo**	discuter**emo**	partir**emo**
voi	comprer**ete**	discuter**ete**	partir**ete**
loro	comprer**anno**	discuter**anno**	partir**anno**

1. Note: Verbs ending in **-care** and **-gare** add an **h** to the future tense stem.

   cercare: cercher-   **pagare: pagher-**

   Io **cercherò** il libro.   Io **pagherò** il conto.
   Noi **cercheremo** il giornale.   Noi **pagheremo** la rivista.

2. Reflexive verbs follow the same pattern as regular verbs in the future.

   Mi alzerò alle otto.   **Ci vestiremo** fra poco.

3. Remember that in Italian, when the action is about to take place or will take place in the *near* future, the present tense is often used.

   Ti **chiamo** domani sera.   *I'll call* you tomorrow night.

   A. Chiedere ad un altro studente (un'altra studentessa) se vuole fare le seguenti cose durante le prossime vacanze, e di rispondere nell'affermativo o nel negativo.

   ▶ partire per l'Italia   S[1]: *Partirai per l'Italia?*
                              S[2]: *Sì, partirò per l'Italia.*
                              No, non partirò per l'Italia.

   1. studiare le lezioni
   2. guardare la televisione
   3. scrivere molte lettere
   4. uscire con gli amici
   5. leggere molti libri
   6. discutere di politica
   7. spendere molti soldi
   8. recarsi all'università
   9. divertirsi molto
   10. alzarsi tardi

   B. Queste persone hanno perso varie cose, ma non hanno il tempo per cercarle oggi. Dire che le cercheranno domani.

   ▶ Io ho perso i guanti, ...   *ma li cercherò domani.*

   1. Tu hai perso l'orologio, ...
   2. Lui ha perso il certificato, ...
   3. Noi abbiamo perso le penne, ...
   4. Voi avete perso gli sci, ...
   5. Loro hanno perso i libri, ...
   6. Io ho perso l'indirizzo di Marco, ...

C. Dire ad un amico quello che faranno le seguenti persone sabato prossimo. Usare il futuro.

▶ la signora Benelli / tornare dalla Francia   *La signora Benelli tornerà dalla Francia.*

1. Tina ed io / incontrare Mario a Roma
2. i signori Martinelli / vendere la casa
3. Paolo e Gino / telefonare a Carla
4. io / scrivere una lettera a Gianni
5. tu / prendere il treno per Torino
6. mia sorella ed io / partire per l'Europa
7. il signor Monti / aprire un nuovo ristorante
8. Piero e tu / recarsi in campagna

II Verbs with irregular future stems

The following verbs have irregular future stems. A more complete list is given in Appendix H.

infinitive	future stem	future tense
andare	**andr-**	andrò, etc.
avere	**avr-**	avrò, etc.
bere	**berr-**	berrò, etc.
cadere	**cadr-**	cadrò, etc.
dare	**dar-**	darò, etc.
essere	**sar-**	sarò, etc.
fare	**far-**	farò, etc.
vedere	**vedr-**	vedrò, etc.
venire	**verr-**	verrò, etc.

D. Dire che le persone indicate faranno quello che farà Sandro.

▶ Sandro andrà in campagna. (io)   *Io andrò in campagna.*

1. Sandro andrà al mare. (voi)
2. Sandro andrà in montagna. (noi)
3. Sandro andrà a cavallo. (tu)
4. Sandro andrà a pattinare. (loro)
5. Sandro andrà a giocare a tennis. (Maria)
6. Sandro andrà a nuotare. (i suoi amici)

E. Le seguenti persone non sono ancora qui, saranno qui più tardi. Completare ciascuna frase, usando la forma appropriata del verbo *essere*.

▶ Gino non è ancora qui, ...   *ma sarà qui più tardi.*

1. Michele e Riccardo non sono ancora qui, ...
2. Mio fratello non è ancora qui, ...
3. Mia sorella non è ancora qui, ...
4. Le mie amiche non sono ancora qui, ...

F. Dire se lei farà le seguenti cose.

▶ andare a Roma   *Sì, andrò a Roma. (o) No, non andrò a Roma.*

1. vedere un film di Fellini
2. venire all'università
3. fare una gita in montagna
4. bere un caffè con gli amici
5. dare i soldi a un amico
6. andare a sciare sulle Alpi

G. Completare le seguenti frasi, usando il futuro dei verbi indicati fra parentesi.

▶ (dare) Domani noi ... i dischi   *Domani noi daremo i dischi ai*
   ai nostri amici.   *nostri amici.*

1. (dare) Che cosa ti ... tua zia per il compleanno?
2. (andare) I miei genitori ... a Palermo domenica prossima.
3. (andare) Dove ... tu questo fine-settimana?
4. (venire) Chi ... all'università con noi venerdì?
5. (venire) A che ora ... lei a casa domani sera?
6. (vedere) I signori Conti ... il dramma di Pirandello giovedì.
7. (vedere) Che cosa ... voi al Teatro Eliseo questa sera?
8. (avere) Gianna ... la possibilità di sciare l'inverno prossimo.
9. (avere) Io ... venticinque anni a febbraio.
10. (essere) Quante persone ci ... allo stadio domenica?
11. (dare) Io ... i miei sci a Luigi.
12. (fare) Domani noi ... una gita.
13. (fare) Quando ... colazione i signori Testa?

III *The future tense after* quando, appena, *and* se

The future tense is used after **quando, appena,** and **se** when the action of
the main verb takes place in the future.

Quando **andremo** a Roma, **alloggeremo** all'Albergo Sole.	When *we go* to Rome, *we'll stay* at the Albergo Sole.
La **chiamerò** appena **arriverò** a casa.	*I'll call her* as soon as *I arrive home.*
Se tu **porterai** i tuoi sci, io **porterò** i miei.	If *you take* your skis, *I'll take* mine.

H. Alcuni amici pensano di passare le vacanze di Pasqua (*Easter*) in
Italia. Dire quale città visiteranno appena arriveranno in Italia.

▶ Lucia: Palermo   *Appena arriverà, visiterà Palermo.*

1. Carlo: Brindisi
2. Silvia: Torino
3. Federico e Pietro: Messina
4. voi: Trieste
5. io: Pisa
6. noi: Milano

I. Dire a Paolo che se lui farà le seguenti cose, le farà anche lei.

▶ partire domani   *Se partirai domani, partirò anch'io.*

1. alzarsi presto
2. seguire le lezioni d'italiano
3. spedire il questionario
4. richiedere il certificato
5. rinviare il servizio militare
6. prendere il treno

J. Cambiare al futuro.

▶ Quando vado a Roma, alloggio   *Quando andrò a Roma, alloggerò*
   in quell'albergo.   *in quell'albergo.*

1. Quando ho tempo, scrivo a Gabriella.
2. Quando mando una cartolina allo zio, mi ringrazia.
3. Quando esco con gli amici, mi diverto.
4. Quando viene il cameriere, paghiamo il conto.
5. Quando sono a casa, ascoltano la radio.
6. Quando finiamo le vacanze, torniamo a scuola.

K. Dire che lei farà le seguenti cose *se, appena* o *quando* succederanno
altre cose. Completare le frasi a piacere (*as you wish*).

▶ Telefonerò a Giorgio quando ...   *Telefonerò a Giorgio quando avrò*
                                                         tempo.

1. Vedrò Anna se ...
2. Andrò in vacanza se ...
3. Farò una gita appena ...
4. Parlerò con un dottore se ...

5. Porterò la macchina dal meccanico quando ...
6. Uscirò con gli amici appena ...
7. Berrò un cappuccino se ...
8. Comprerò gli sci nuovi quando ...

IV *The future of conjecture or probability*

The future tense is sometimes used to express conjecture or probability
in the present.

—Che ora è?   —What time is it?
—**Saranno** le otto.   —*It's probably (It must be)* eight o'clock.

—Chi è alla porta?   —Who's at the door?
—**Sarà** Maria.   —*It's probably (It must be)* Maria.

L. Maria e Luigi fanno una festa ed aspettano gli invitati. Ogni volta che
qualcuno bussa (*knocks*) alla porta cercano di indovinare (*to guess*)
chi sarà.

▶ Giorgio   *Sarà Giorgio.*
▶ Giorgio e Anna   *Saranno Giorgio e Anna.*

1. il signor Biavati   4. l'ingegner Cristini
2. le signorine Roselli   5. la professoressa Boni
3. Paolo e sua sorella   6. i nostri cugini

M. Rispondere alle seguenti domande con la seconda alternativa,
usando il futuro del verbo per esprimere congettura o probabilità.

▶ Che giorno è? Sabato o domenica?   *Sarà domenica.*
▶ Quante maglie ha Paolo? Due o tre? *Avrà tre maglie.*

1. Di che colore è la sua macchina? Blu o bianca?
2. Chi è al telefono? Luisa o Piero?
3. Dove sono i bambini? A scuola o a casa?
4. Che tempo fa? Fa caldo o fa freddo?
5. Quanti anni ha Roberto? Quindici o sedici?
6. Chi è quella ragazza? Gina o Rosella?
7. Che ora è? L'una o le due?
8. Come viene a scuola Enrico? In autobus o a piedi?

N. Rispondere alle seguenti domande con una risposta logica. Usare il futuro del verbo per esprimere congettura o probabilità.

1. Che tempo fa domani?
2. Che ora è?
3. Chi è alla porta?
4. Di chi è questa penna?
5. Dov'è suo fratello?

Ripasso

A. Cambiare al futuro.

▶ Franco vende i suoi sci.   *Franco venderà i suoi sci.*
▶ Io mi metto la camicia.   *Io mi metterò la camicia.*

1. Enrico si mette la giacca.
2. Maria discute con Patrizia.
3. Voi scrivete una cartolina.
4. Noi visitiamo la città.
5. Kathy, parli con tua sorella?
6. Piero, spendi molti soldi?
7. Mi alzo alle sette.
8. Tu ti diverti.
9. Lui si veste in fretta.
10. Mi preparo per partire.

B. Dire che lei farà le seguenti cose se (quando, appena) avrà tempo.

▶ andare in banca   *Andrò in banca se avrò tempo.*

1. leggere il giornale
2. giocare a tennis
3. fare colazione
4. telefonare a mia sorella
5. lavarsi i capelli
6. prendere un aperitivo
7. vedere mia cugina
8. cercare il suo indirizzo

C. Dire cinque cose che lei pensa di fare o di essere fra (in) 10 anni. Usare il futuro.

▶ *Sarò ricco, abiterò a Roma, ecc.*

D. Esprimere in italiano il dialogo fra Susanna e Roberto.

Susanna: Who could (that) be on the phone?
Roberto: It's probably Pietro...Did he meet his friends in Pisa?
Susanna: Yes, he met them. They'll probably all come with him tomorrow.
Roberto: When will they arrive?
Susanna: They'll probably arrive at midnight.

Lo sciopero a singhiozzo

LEZIONE 16ª

Il padre di Marisa telefona all'ufficio prenotazioni dell'aeroporto.

Sig. Martinelli   Pronto, scusi, vorrei fare una prenotazione per il volo
Roma-Torino di domani.
Impiegato   Mi dispiace, signore, è impossibile. Le linee aeree nazionali sono ferme per una giornata di sciopero a par-
5   tire dalla mezzanotte.°

° ... starting at
midnight

Sig. Martinelli   È un vero contrattempo! Proverò con il treno allora.
Buon giorno.

Il signor Martinelli fa quindi un altro numero telefonico. Gli risponde
un impiegato della stazione.

10 **Impiegato**   Pronto?

Sig. Martinelli   Mi scusi, mi può dire a che ora parte domattina il
primo treno per Torino?

Impiegato   C'è un rapido alle sei. Devo avvisarla però che è
previsto uno sciopero a singhiozzo da parte del° per-   sciopero ... work
15   sonale ferroviario.   stoppage by the

Sig. Martinelli   Che cosa significa?

Impiegato   Che il treno partirà regolarmente, ma circa ogni tre
ore farà una sosta di un'ora prima di continuare° il   prima ... before
viaggio.   continuing

20 **Sig. Martinelli**   E allora che posso fare?

Impiegato   Se vuole, le faccio la prenotazione lo stesso, ma non
le consiglio di farla. Il viaggio è lungo, e tra soste e
ritardi Dio solo lo sa° quando arriverà a Torino.   Dio ... God only knows

Sig. Martinelli   Ho capito. Credo proprio che dovrò rinviare il viag-
25   gio. Pazienza!

Impiegato   Mi dispiace, signore. Buon giorno.

Domande

Generali

1. A chi telefona il padre di Marisa?
2. Che cosa vuole fare?
3. Quando vuole partire? Perché non può partire?
4. Che cosa fa quindi il signor Martinelli?
5. Chi gli risponde al telefono?
6. A che ora parte il primo treno per Torino?
7. Che significa che è previsto uno sciopero a singhiozzo?
8. Che cosa decide di fare il signor Martinelli?

Personali

9. Ha mai (*ever*) viaggiato in aereo? Quando e dove è andato(a)?
10. Ha mai viaggiato in treno? Quando e dove è andato(a)?
11. Ha mai rinviato un viaggio? Quando? Perché?

Vocabolario

Nomi

l' **aeroporto**   airport
il **contrattempo**   inconvenience
la **linea**   line
la **pazienza**   patience
il **personale**   personnel
la **prenotazione**   reservation
il **ritardo**   delay
lo **sciopero**   strike
la **sosta**   stop
l'**ufficio prenotazioni**   reservation
   office
il **volo** flight

Verbi

avvisare   to inform
consigliare   to advise
prevedere (previsto)   to expect
provare   to try
significare   to mean

Aggettivi

aereo, -a   air
ferroviario, -a   railroad
fermo, -a   closed, shut down
impossibile   impossible
nazionale   national
telefonico, -a   telephone
vero, -a   real, true

Altre parole ed espressioni

domattina   tomorrow morning
quindi   then
regolarmente   regularly, as usual
tra   between

che posso fare?   what can I do?
lo stesso   just the same
mi dispiace   I'm sorry
pazienza!   (I must have) patience!

Modificazioni

1. Vorrei fare una prenotazione per **domani.**
   dopodomani
   domattina
   giovedì sera
   la settimana prossima

2. Proverò con il **treno** allora.
   l'autobus
   la nave
   l'aereo

3. Ogni **tre** ore farà una sosta.
   cinque
   sette
   due

4. È previsto uno sciopero a partire **dalla mezzanotte.**
   dalle due
   da domani
   da giovedì prossimo

NOTA CULTURALE: La nazionalizzazione dell'industria in Italia

Già dall'inizio di questo secolo, alcune industrie italiane erano controllate dallo stato. Dopo la seconda guerra mondiale[1], c'è stato un sempre maggiore intervento dello stato nei vari settori industriali d'Italia.

Oggi lo stato ha completa giurisdizione sugli enti[2] che gestiscono[3] servizi pubblici essenziali come le ferrovie[4], le poste e i telegrafi, i telefoni e l'elettricità. Inoltre[5], tramite il possesso della maggioranza[6] delle azioni[7] dell'IRI (Istituto per la ricostruzione industriale) e dell'ENI (Ente nazionale idrocarburi[8]), lo stato italiano controlla tutti i settori economici della nazione. L'IRI è un ente finanziario di diritto pubblico[9] con sede[10] a Roma. Esso ha il controllo sulle banche nazionali, i trasporti aerei gestiti[11] dal gruppo Alitalia, la RAI-TV (le stazioni radiotelevisive nazionali), e le imprese[12] metallurgiche, meccaniche e autostradali. L'ENI è un ente economico che si dedica principalmente all'attività di ricerca[13] e di estrazione[14] degli idrocarburi, e alla produzione e distribuzione nazionale e internazionale dei prodotti petroliferi. È anche compito[15] dell'ENI la costruzione di raffinerie di petrolio in paesi stranieri.

La nazionalizzazione dell'industria italiana è un fattore positivo perché unifica i servizi pubblici e garantisce[16] una certa stabilità economica e sociale nel paese. D'altro canto[17], spesso la burocrazia statale non è molto efficiente ed opera con lentezza[18] e senza criteri di risparmio[19].

1 Second World War   2 agencies   3 manage   4 railroads
5 in addition   6 through the ownership of the majority
7 holdings   8 hydrocarbons   9 public directorship   10 seat
11 managed   12 companies   13 research   14 extraction
15 task   16 guarantees   17 on the other hand   18 slowly
19 saving

Pratica

A. Comporre un dialogo basato sulle informazioni seguenti.

Il dottor Brancati deve fare un viaggio d'affari (*business trip*) a Parigi. La sua segretaria telefona alle linee aeree per fargli la prenotazione per il pomeriggio seguente. L'impiegato dell'ufficio prenotazioni dice alla segretaria che l'aeroporto è chiuso a causa dello sciopero. Non ci saranno voli fino al venerdì prossimo. La segretaria riferisce questo al dottor Brancati, il quale decide di rinviare il viaggio.

B. Scrivere un articolo su di uno sciopero a singhiozzo che ha avuto luogo (*took place*) ieri nella sua città. Dire chi ha fatto lo sciopero, perché, quanto tempo è durato e i contrattempi che ha causato.

Pronuncia: diphthongs and triphthongs

A diphthong is a phonetic group formed by a semivowel plus a vowel. Unstressed **i** and **u** become semivowels when either one combines with **a, o,** or **e**. A diphthong constitutes one syllable.

gra·**zie**   **buo**·no

Stressed **i** and **u** in combination with **a, o,** or **e** do not constitute a diphthong, and consequently do not form one syllable.

pa·**u**·ra   z**i**·o   pe·r**i**·o·do

A triphthong is a group of three vowels in one syllable. It is composed of two semivowels and one vowel.

m**iei**   t**uoi**

A. Ascoltare e ripetere le seguenti parole dopo l'insegnante.

diphthong	*triphthong*
grazie	miei
buono	tuoi
vuole	suoi

B. Leggere ad alta voce le seguenti frasi. Fare attenzione alla pronuncia dei gruppi di vocali.

1. Puoi fare la prenotazione per domani?
2. Vuoi i miei guanti?
3. No, grazie. Vorrei i suoi.

Ampliamento del vocabolario

Un viaggio all'estero

1. la valigia   3. i bagagli   5. il doganiere   7. il tabellone   9. il carrello
2. il passaporto   4. il passeggero   6. il carabiniere   8. il facchino

A. Domande sull'illustrazione.

1. Cosa esamina il doganiere?
2. Cosa c'è nella valigia?
3. Cosa trasporta il facchino?
4. A che ora parte l'aereo per Londra? per Bonn? per New York?
5. Quante valigie ci sono nell'illustrazione? Quanti carabinieri? Quante persone?

B. Leggere il brano seguente, e rispondere alle domande.

Giancarlo desidera andare in vacanza negli Stati Uniti, ma non ha il passaporto. Con la sua carta d'identità° ha potuto finora° viaggiare facilmente nell'Europa Occidentale. Per visitare l'America però gli serve il passaporto e Giancarlo va a richiederlo alla questura.° Una settimana più tardi l'ambasciata° americana gli da il visto° da turista. Il giorno dopo Giancarlo telefona ad un'agenzia di viaggi° e fa la prenotazione per il mese seguente su un volo Roma–New York.

identity card/until now

police headquarters
embassy/visa

travel agency

1. Dove desidera andare Giancarlo?
2. Ha il passaporto Giancarlo?
3. Con quale documento ha viaggiato nei paesi dell'Europa Occidentale?
4. Dove va per avere il passaporto?
5. Dove va per avere il visto?
6. A chi telefona Giancarlo? Perché?

Struttura ed uso

I Review of direct-object pronouns; agreement of past participles with preceding direct objects

Here is a chart of the direct-object pronouns as presented in *Lezione 10*[a].

singular		plural	
mi (m')	me	**ci**	us
ti (t')	you (*fam.*)	**vi**	you (*fam.*)
lo (l')	him, it	**li**	them, you (*formal, m.*)
la (l')	her, it, you (*formal*)	**le**	them, you (*formal, f.*)

1. The past participle of a verb conjugated with **avere** agrees in gender and number with the preceding direct-object pronouns **lo (l')**, **la (l')**, **li**, or **le**.

Hai invitato *il tuo amico?* Sì, l'ho **invitato.**
Hai visto *la signora?*   Sì, l'ho **vista.**
Hai comprato *gli sci?*   Sì, **li** ho **comprati.**
Hai letto *queste riviste?* Sì, **le** ho **lette.**

2. Agreement is optional with the preceding direct-object pronouns **mi, ti, ci,** and **vi.**

Maria, ti ha $\left\{ \begin{array}{l} \textbf{invitato} \\ \textbf{invitata} \end{array} \right\}$ Filippo? Sì, mi ha $\left\{ \begin{array}{l} \textbf{invitato.} \\ \textbf{invitata.} \end{array} \right.$

Ragazzi, vi ha $\left\{ \begin{array}{l} \textbf{chiamato} \\ \textbf{chiamati} \end{array} \right\}$ la zia? Sì, ci ha $\left\{ \begin{array}{l} \textbf{chiamato.} \\ \textbf{chiamati.} \end{array} \right.$

 A. Prima di partire per Campo Imperatore, Franco chiede a Mario se ha messo alcune cose in valigia. Mario risponde di sì. Fare la parte di Mario e rispondere alle domande di Franco. Fare la concordanza (*agreement*) dov'è necessaria.

  ▶ Franco: Hai preso la maglia? Mario: *Sì, l'ho presa.*
  ▶ Franco: E i guanti? Mario: *Sì, li ho presi.*

   1. E le scarpe?   4. E il cappello?   7. E i biglietti?
   2. E la giacca?   5. E l'impermeabile? 8. E i pantaloni?
   3. E le camicie? 6. E il cappotto?

 B. Questa mattina Franco non ha avuto il tempo di fare tutto quello che doveva (*was supposed*) fare, ma il suo amico Mario l'ha aiutato. Dire che cosa ha fatto Mario.

  ▶ Franco ha comprato gli sci? *No, Mario li ha comprati.*

   1. Franco ha presentato la domanda d'impiego?
   2. Franco ha ritirato il certificato al comune?
   3. Franco ha letto le previsioni del tempo?
   4. Franco ha preparato i panini al prosciutto?
   5. Franco ha fatto una telefonata ai genitori?
   6. Franco ha ringraziato lo zio?

C. Ieri Teresa ha fatto un elenco delle cose che doveva fare oggi. Quando sua madre le chiede se le ha fatte, lei dice di sì.

▶ Hai spedito il questionario?   *Sì, l'ho spedito.*

1. Hai chiamato il nonno?
2. Hai comprato la gonna rossa?
3. Hai letto il giornale?
4. Hai trovato quel quadro?
5. Hai visto Maria?
6. Hai pagato il meccanico?
7. Hai finito i compiti?
8. Hai scritto le cartoline?
9. Hai studiato la storia?
10. Hai fatto l'appuntamento con il medico?

D. Fare le seguenti domande ad un altro studente (un'altra studentessa).

1. Ti ha chiamato (Mario)?
2. Ci ha visto la zia?
3. Vi ha sentito la mamma?
4. Mi hai ascoltato con attenzione?
5. Ti ha incontrato (Maria)?

II Indirect-object pronouns

Indirect-object pronouns usually replace indirect-object noun phrases introduced by the prepositions **a** or **per**. They usually indicate *to whom* or *for whom* something is being done.

Telefoni **al signor Martinelli?**	Sì, **gli** telefono.	Yes, I call (will call) *him.*
Rispondi **alla professoressa?**	No, non **le** rispondo.	No, I don't answer *her.*
Prepari il caffè **per noi?**	Sì, **vi** preparo il caffè.	Yes, I prepare (am preparing) it for *you.*

Here is a chart of the indirect-object pronouns in Italian.

singular		plural	
mi (m')	to me, for me	**ci**	to us, for us
ti (t')	to you, for you (*fam.*)	**vi**	to you, for you (*fam.*)
gli	to him, for him		
le	{ to her, for her { to you, for you (*formal*)	**loro**	{ to them, for them { to you, for you (*formal*)

1. The indirect-object pronouns **mi, ti, ci,** and **vi** are identical in form to the corresponding direct-object pronouns.

2. **Mi** and **ti** usually drop the vowel **i** before a verb that begins with a vowel sound. **Ci** and **vi** may drop the vowel **i** only before a verb that begins with an **i.**

   T'offre un cappuccino.
   C'insegna l'italiano.

3. Like the direct-object pronouns, indirect-object pronouns generally come just before a conjugated verb form. They usually follow and are attached to a dependent infinitive, in which case the final **e** of the infinitive is dropped.

Luigi non **le** scrive.	Luigi doesn't write (to) her.
Giorgio **mi** risponde.	Giorgio answers me.
Sua madre non **gli** dice niente.	His mother doesn't say anything to him.
Esco per telefonar**gli.**	I go out to telephone him.

4. The pronoun **loro** always follows the verb. It is not attached to a dependent infinitive.

Parlo **loro** della gita.	I speak *to them* about the trip.
Signori Martinelli, telefono **loro** in albergo?	Mr. and Mrs. Martinelli, shall I call *you* at the hotel?
Signorine, posso offrire **loro** un aperitivo?	Young ladies, may I offer *you* an aperitif?

5. Today in Italy, the pronoun **gli** is being used more and more to replace **loro** as the indirect-object pronoun meaning *to (for) them, to (for) you.* **Gli** is attached to a dependent infinitive. For example, the sentences in #4 can also be given as:

   Gli parlo della gita.
   Signori Martinelli, **gli** telefono in albergo?
   Signorine, posso offrir**gli** un aperitivo?

6. In the present perfect tense, the past participle does not agree with preceding indirect-object pronouns, as it does in the case of direct-object pronouns.

   Hai telefonato a Mariella?   Sì, **le** ho telefonat**o**.

7. The following common verbs require indirect-object pronouns to indicate *to whom* or *for whom* something is done, said, etc. You know most of these verbs already.

chiedere	*to ask for*	Gli chiederò informazioni sul viaggio.
consigliare	*to advise*	Non le consiglio questo libro.
dare	*to give*	M'ha dato un regalo per il compleanno.
dire	*to say, to tell*	Ci ha detto come si chiama.
domandare	*to ask (for)*	Gli domandiamo l'indirizzo.
insegnare	*to teach*	Chi vi ha insegnato l'italiano?
mandare	*to send*	Ieri gli abbiamo mandato una lettera.
mostrare	*to show*	Le ha mostrato il suo nuovo orologio.
offrire	*to offer*	Che cosa t'ha offerto Marilena?
prestare	*to lend*	Luigi m'ha prestato duemila lire.
rispondere	*to answer, to respond*	Non le ha ancora risposto?
scrivere	*to write*	Gianna non mi scrive mai.
spedire	*to send*	Perché non gli hai spedito la cartolina?
spiegare	*to explain*	Gli ho spiegato la lezione.
telefonare	*to telephone*	Le telefonerò domani, signora.

E. Il padre di Marisa cerca informazioni sugli Stati Uniti. Si mette in contatto con le seguenti persone che recentemente hanno visitato l'America e chiede loro informazioni.

▶ l'impiegato di un'agenzia   *Gli chiede informazioni.*
   di viaggi

1. la zia   5. noi
2. la signora Benedetti   6. voi
3. il professore d'inglese   7. due amici di Marisa
4. il figlio di un suo amico   8. sua madre

F. Lei è molto generoso con la sua amica Lisa. Esprimere la sua generosità usando le parole indicate.

▶ mandare / i fiori ogni giorno   *Le mando i fiori ogni giorno.*

1. scrivere lettere   6. insegnare a guidare la macchina
2. offrire sempre il caffè   7. dare un passaggio tutti i giorni
3. prestare i soldi   8. telefonare ogni sera
4. fare sempre attenzione   9. spiegare le lezioni
5. dire molte belle cose   10. spedire cartoline

G. Dire che Lisa fa le stesse cose per lei, usando le parole nell'Esercizio F.

▶ *Mi manda i fiori ogni giorno.*

H. Chiedere ad un altro studente (un'altra studentessa) se scrive spesso alle persone indicate.

▶ a tuo cugino   S¹: *Scrivi spesso a tuo cugino?*
                   S²: *Sì, gli scrivo spesso. No, non gli scrivo spesso.*

1. ai tuoi nonni.	5. alle tue cugine
2. a tuo zio Enrico	6. al tuo dottore
3. alle tue amiche	7. a tuo padre
4. al tuo professore d'italiano	8. al presidente

I. Completare le seguenti frasi con un appropriato pronome di complemento indiretto.

1. Paolo ed io andiamo al Museo delle Belle Arti. Paolo ... mostrerà alcuni quadri originali.
2. Antonella va a sciare a Campo Imperatore. La sua amica Elena ... presta un nuovo paio di sci che ha comprato in svendita.
3. Il mio amico Carlo non ha molti soldi. Questa mattina io ... ho dato cinquemila lire.
4. Mio fratello vuole diventare dentista. Mio padre invece ... consiglia di diventare avvocato.
5. Quando la signora Dini telefonerà ai suoi genitori, chiederà ... l'indirizzo dello zio Carlo.
6. Il nostro professore d'italiano è di Firenze, e ... insegna bene l'italiano.
7. Domenica è il compleanno di Stefano. Pensiamo di spedir ... un regalo.

J. Lei ha buoni rapporti con un suo amico (una sua amica). Dire che cosa fa o non fa per lui (lei), usando l'appropriato pronome di complemento diretto o indiretto.

▶ vedere spesso   *Lo (la) vedo spesso.*
▶ telefonare ogni giorno   *Gli (le) telefono ogni giorno.*

1. comprare un regalo	5. fare molti favori
2. incontrare ogni sera	6. portare sempre al cinema
3. prestare i miei dischi	7. insegnare a sciare
4. mandare cartoline	8. invitare spesso a mangiare con me

III *Expressions with* fare

Fare is used in many common idiomatic expressions, for example:

fare attenzione (a)	*to pay attention*	Non fai mai attenzione.
fare una passeggiata	*to take a walk*	Perché non facciamo una passeggiata?
fare il numero	*to dial a number*	Ho fatto il numero di Piero.
fare un piacere	*to do a favor*	Mi fai un piacere?
fare una domanda	*to ask a question*	Fa una domanda al professore.
fare le spese	*to go shopping*	Abbiamo finito di fare le spese.
fare/farsi la doccia	*to take a shower*	Maria si fa la doccia ogni mattina.
fare/farsi il bagno	*to take a bath*	Suo fratello si fa il bagno ogni settimana.
fare male	*to hurt*	Mi fa male lo stomaco.
farsi male	*to get hurt*	Il bambino si è fatto male.
fare una visita	*to pay a visit*	Fanno una visita ai nonni.
fare le valigie	*to pack the suitcases*	Non abbiamo fatto le valigie.

K. Dire che cosa faranno le seguenti persone.

▶ Piero / una passeggiata   *Piero farà una passeggiata.*

1. noi / fare una visita alla zia
2. tu / fare le spese
3. io / fare un piacere ad Anna
4. tu e Francesca / fare una gita

5. il bambino / fare colazione
6. gli studenti / fare le valigie
7. voi / fare il bagno
8. Mirella / fare il numero di Gregorio

L. Rispondere alle seguenti domande personali.

1. Cosa ha fatto ieri sera? Ha fatto una passeggiata? Con chi? Dove?
2. Che tempo fa oggi? Fa bel tempo o cattivo tempo? Fa freddo o fa caldo?
3. A che ora fa colazione la mattina? Fa colazione prima di recarsi a scuola?
4. Fa il bagno la mattina o la sera? Fa la doccia la mattina o la sera?
5. Quando fa i compiti? la mattina, il pomeriggio o la sera?
6. Chi fa le spese a casa sua?
7. Fa lei un piacere agli amici?

IV *Plural of nouns in* -cia *and* -gia

Nouns ending in **-cia** and **-gia** which are stressed on the next-to-last syllable generally form the plural in **-ce** and **-ge**.

la fac**cia**   le fac**ce**   la spiag**gia**   le spiag**ge**

If the stress falls on the **i** of the ending **-cia** and **-gia,** the plural ending is **-cie** and **-gie**.

la farma**cia** (*drugstore*)   le farma**cie**   la bu**gia** (*lie*)   le bu**gie**

Ripasso

A. Completare le seguenti frasi, indicando che Silvia ha già fatto quello che vuole fare Piero. Fare attenzione alla concordanza tra i pronomi di complemento diretto e il verbo al passato.

▶ Piero vuole vedere Paola.   *Silvia l'ha già vista.*

1. Piero vuole aprire le finestre.
2. Piero vuole invitare i suoi amici.
3. Piero vuole vedere il film francese.
4. Piero vuole chiamare Luigi.
5. Piero vuole comprare quella macchina.
6. Piero vuole visitare quei paesi.
7. Piero vuole spedire le cartoline.
8. Piero vuole aiutare la sorella.
9. Piero vuole ascoltare dischi.

B. Completare logicamente le seguenti frasi con l'appropriato complemento diretto o indiretto.

▶ Gianna non ... scrive mai.   *Gianna non mi scrive mai.*

1. Quando andiamo al bar, Maria ... invita a prendere un caffè.
2. Telefoni spesso ai tuoi amici? Sì, telefono ... ogni giorno.
3. Domenica prossima è il compleanno di Marta. ... chiameremo allora.
4. Nostra madre ... scrive spesso.
5. Chiedete informazioni all'impiegata? No, non ... chiediamo niente.
6. Non ho soldi. Giorgio ... dà 1.000 lire.
7. Senti, Paolo, chi ... ha mostrato quei quadri?
8. Signora, ... posso offrire un caffè?
9. Al museo ho visto Carlo, ma lui non ... ha visto.
10. Mamma, dove sono i dischi? ... hai trovati?

C. Sostituire i verbi in corsivo con quelli indicati fra parentesi, cambiando i complementi diretti a quelli indiretti corrispondenti.

▶ Luigi non lo *chiama* mai. (scrivere)   *Luigi non gli scrive mai.*

1. Gli studenti lo *ascoltano.*   (rispondere)
2. Sergio ci *chiama* domani.   (telefonare)
3. Sua madre lo *guarda.*   (parlare)
4. I loro figli li *capiscono.*   (obbedire)
5. Carolina mi *ha visto.*   (rispondere)
6. I signori Blasini le *aspettano.*   (fare una telefonata)
7. La signora Montesi vi *riceve* domani.   (chiede informazioni)
8. Signorina, la *vedo* più tardi!   (suggerire di venire)

D. Esprimere il dialogo in italiano.

Carla: Maria told me that Gino has taken a trip to France.
Mirella: Yes. I gave him a gift for Tina.
Carla: When did he leave?
Mirella: He packed his suitcases on Tuesday and left on Wednesday.
Carla: Did he phone you from Paris?
Mirella: Yes, and he told me he'll visit Franco, too.
Carla: Can you do me a favor? Will you go shopping for me while I send Franco a card? I'll tell him that Gino will see him soon

ATTUALITÀ 4

I parchi nazionali italiani

In Italia ci sono quattro parchi nazionali istituiti per tutelare[1] la flora e la fauna che si trovano in queste zone. Negli ambienti incontaminati[2] dei parchi nazionali crescono fiori e piante rare, e gli animali vivono e si muovono nel loro habitat naturale. Specialmente durante i mesi estivi, molte persone visitano questi parchi, che sono forniti di alberghi, rifugi[3] e campeggi bene attrezzati[4].

Due di questi parchi sono al nord, sulle Alpi. Vicino alla Valle d'Aosta, e precisamente sulle Alpi Graie, è situato il Parco Nazionale del Gran Paradiso. In questa vasta e bellissima zona vivono lo stambecco[5], il camoscio[6] e l'aquila reale[7]. Più verso l'est, in territori appartenenti alle province di Sondrio, Bolzano e Trento c'è il Parco Nazionale dello Stelvio. Oltre alla flora e fauna alpine, in questo parco, ci sono anche tipiche formazioni geologiche.

Un esempio della stupenda flora dei parchi alpini è la stella alpina[8]. Questo fiore, che oggi si può trovare solo in luoghi inaccessibili, è molto ricercato dai turisti. Ma, per evitare che non vada in via di estinzione, la stella alpina è oggi protetta da severi regolamenti.

Nel centro dell'Italia, sugli Appennini, c'è il Parco Nazionale d'Abruzzo. Questo parco, come d'altronde[9] quello del Gran Paradiso, era nei secoli scorsi un'antica Riserva reale di Caccia[10]. Mentre gli altri parchi nazionali non sono sempre accessibili durante l'anno, quello d'Abruzzo ha persino[11] la caratteristica di essere abitato dall'uomo, e può essere visitato in quasi tutte le

Parco Nazionale del Gran Paradiso

Parco Nazionale dello Stelvio

Parco Nazionale d'Abruzzo

Parco Nazionale del Circeo

stagioni dell'anno. Fra gli animali che vivono in questo parco, ricordiamo l'orso bruno marsicano[12], il camoscio d'Abruzzo, il lupo[13] appenninico e l'aquila reale.

Nel promontorio del Circeo, sulla costa tirrenica fra Latina e Gaeta, c'è il Parco Nazionale del Circeo. Anche questo parco, istituito a tutela delle bellezze naturali archeologiche e paleontologiche della zona, è una grande attrazione turistica specialmente durante il periodo estivo.

1 to protect   2 unpolluted   3 shelters   4 equipped   5 ibex
6 chamois   7 royal eagle   8 edelweiss   9 on the other hand
10 Royal Hunting Reservation   11 even
12 brown bear from Marsica   13 wolf

211

Una escursione in montagna

La catena[1] delle Alpi e quella degli Appennini danno modo[2] a molti giovani italiani di praticare l'alpinismo e lo sci. Un'attività moderna e simpatica è quella di passare con gli amici un fine-settimana sulle montagne a scoprire[3] luoghi nuovi.

1 range 2 afford the opportunity
3 discover

IN MONTAGNA

Giovanna e suo fratello Pietro vanno a fare una gita in montagna. Nel rifugio dove alloggiano incontrano Giampaolo e Francesco, due giovani alpinisti°.

mountain climbers

Giovanna:	Vi preparate a fare una scalata°?

climb

Giampaolo: Sì. Ci prepariamo per domani mattina.

Pietro: Quanto tempo ci vuole° per raggiungere la vetta°?

does it take / summit

Francesco: Più o meno tre ore.

Pietro: Dove avete imparato a fare l'alpinismo°?

mountain climbing

Giampaolo: Da bambini siamo venuti spesso in montagna.

Giovanna: E questo è tutto?

Francesco: No. Da molti anni siamo anche membri del Club alpino della nostra città.

Pietro: Vi addestrate° nel club?

train

Giampaolo: Nel club impariamo nuove tecniche, ci familiarizziamo con l'attrezzatura° e ci scambiamo consigli°. L'addestramento°

equipment / advice / training

212

vero e proprio lo facciamo in montagna. Il club organizza
delle gite ogni mese.

Giovanna: Vi accompagnano le guide° durante l'addestramento?   guides

Francesco: Certo. C'è sempre bisogno di gente esperta e pratica della
montagna. Le guide del nostro club sono veramente
brave.

Pietro: Avete bisogno di un'attrezzatura speciale?

Giampaolo: Sì. Inoltre sono necessari vestiti pratici, caldi e funzionali, ed
un buon paio di scarponi°.   heavy boots

Giovanna: Il vostro mi sembra uno sport interessante.

Francesco: Sì. Ma richiede anche molta preparazione, serietà, e
dedicazione.

INFORMAZIONI E CURIOSITÀ

In Italia è molto diffuso il totocalcio, un gioco[1] settimanale di pronostici[2] basato
sulle partite di calcio. Il totocalcio consiste di una schedina[3] che elenca[4] gli incontri
di calcio della settimana. Per vincere, è necessario indovinare[5] tutti i risultati delle
tredici partite. I simboli da usare sono 1 per indicare la vittoria della squadra che
gioca in casa; 2 per indicare la vittoria della squadra ospite[6]; ed X, per indicare il
pareggio[7].

Il montepremi[8], che viene diviso tra i vincitori, rappresenta solo il 45% della
somma pagata dalla gente che gioca le schedine. Il 55% va allo Stato italiano
come tassa[9], ed al CONI (Comitato olimpico nazionale italiano), che è l'ente
responsabile di tutta l'attività sportiva italiana.

Per molta gente, giocare al totocalcio è un'attività molto importante. Per circa
nove mesi dell'anno, da settembre a giugno, la schedina è giocata
puntualmente ogni settimana. Vincere al totocalcio, è la speranza[10] che non
muore mai. "Fare un tredici"[11] è la soluzione immediata di tutti i problemi
economici della vita di ogni giorno.

Il gioco delle bocce è molto diffuso in Italia. È uno sport che praticavano anche
gli antichi Egizi ed i Greci. Nel gioco delle bocce si usano varie sfere di legno[12] o
di metallo (bocce), ed una sfera più piccola (boccino). In molte città e paesi il
gioco delle bocce è molto sviluppato, specialmente fra gli anziani.

1 game   2 forecast   3 form   4 lists   5 to guess right   6 guest   7 tie   8 prize   9 taxes   10 hope
11 to get a perfect score   12 wood

L'ingorgo

LEZIONE 17ᵃ

Marisa e sua madre hanno finito di fare le spese nei negozi del centro.
Al ritorno, si trovano sull'autobus bloccato dal traffico automobilistico.

Madre	Conducente, mi scusi, perché l'autobus è fermo°?	at a standstill
Conducente	Ma signora, non vede che ci sono automobili dapper-tutto?	
Madre	Non c'è modo di° uscire da quest'ingorgo?	**non** ... isn't there a way to
5 **Conducente**	No. Deve avere pazienza ed aspettare. Se vuole, posso farla scendere° qui.	let you get off

Madre   No, grazie. Siamo ancora lontane da casa.

Marisa   Ma adesso che fanno? Perché si mettono tutti a suonare il clacson?

10 **Conducente**   È che dopo un'ora di attesa tutti perdono la pazienza. Suonare all'impazzata° è l'ultima cosa da fare prima di lasciare la macchina per strada e continuare a piedi.   like crazy

Madre   E dire che° non siamo neanche all'ora di punta. Il traffico di Roma è diventato proprio impossibile.   e ... to think that

15 **Marisa**   Mamma, ascolta, scendiamo e andiamo a piedi, o prendiamo la metropolitana.

Madre   No, sono un po' stanca e mi fa male la testa.° Preferisco aspettare qui pazientemente.   mi ... I have a headache

Marisa   Come vuoi, tanto° ormai abbiamo finito di fare le spese   anyway
20   e non abbiamo fretta.

Domande

Generali

1. Che cosa hanno finito di fare in centro Marisa e sua madre?
2. Dove si trovano al ritorno?
3. Sono vicine a casa Marisa e sua madre?
4. C'è traffico solo all'ora di punta a Roma?
5. Che cosa vuole fare Marisa? Perché?
6. Che cosa preferisce fare la madre? Perché?

Personali

7. Si trova spesso nel traffico all'ora di punta?
8. Cosa fa lei durante un ingorgo? Ha pazienza? Suona il clacson?
9. Le fa male la testa di solito? Quando?
10. Viaggia spesso con la mamma o con altri parenti? Con chi?

Vocabolario

Nomi

l'**attesa** waiting
il **clacson** horn
il **conducente** conductor
l'**ingorgo** traffic jam
la **metropolitana** subway
la **strada** street
la **testa** head
il **traffico** traffic

Verbi

continuare to continue
lasciare to leave (something)
suonare to blow (horn)
trovarsi to find oneself, to be

Aggettivi

automobilistico, -a car
bloccato, -a blocked
fermo, -a at a standstill

Altre parole ed espressioni

dappertutto everywhere
ormai now by now
pazientemente patiently

andare a piedi to go on foot
avere pazienza to be patient
l'ora di punta rush hour
suonare il clacson to blow (honk)
  the horn

Modificazioni

1. Non c'è modo di **uscire?**
     scendere
     continuare
     entrare

2. Posso farla **scendere.**
     uscire
     telefonare
     aspettare
     partire
     rispondere

3. Sono un po' **stanca.**
     triste
     nervosa (*nervous*)
     timida (*shy*)
     arrabbiata (*angry*)

4. Ho finito di **fare le spese.**
     fare la colazione
     fare il bagno
     fare le valigie
     fare i compiti

NOTA CULTURALE: I mezzi di trasporto nelle città italiane

Nel passato la bicicletta era il mezzo di trasporto più comune e meno costoso. Specialmente nella pianura padana,[1] in molte città di provincia e nelle campagne, la bicicletta era il mezzo indispensabile per andare a lavorare. Il regista cinematografico Vittorio De Sica presentò[2] brillantemente nel film "Ladri di biciclette" (1948) l'importanza della bicicletta nella vita italiana del dopoguerra.[3]

Oggi la bicicletta è usata più che altro per divertimento. Prima la motocicletta e poi l'automobile l'hanno sostituita come mezzo di trasporto di ogni giorno. Nelle città, i mezzi pubblici di trasporto come gli autobus, i filobus[4] ed i tram[5] hanno oggi un peso[6] notevole nell'assicurare il movimento della gente da una parte all'altra della città.

Con lo sviluppo della motorizzazione è arrivato però l'ingorgo automobilistico. Le strade strette[7] ed irregolari del centro delle città, gli antichi palazzi addossati[8] l'uno sull'altro e l'eccessivo numero di mezzi pubblici e privati hanno contribuito ad un continuo ingorgo che dura[9] per moltissime ore della giornata. Per risolvere questa situazione, le amministrazioni comunali[10] hanno cercato varie soluzioni. A Roma, Milano e Torino la costruzione della metropolitana ha dato un po' di respiro[11] al traffico cittadino.

Recentemente alcune amministrazioni locali hanno addirittura chiuso al traffico il centro, creando così le isole pedonali.[12] Ma nonostante tutti questi tentativi,[13] il traffico automobilistico non è diminuito di molto. Gli Italiani amano andare a fare le spese ai negozi del centro della città, dove c'è più varietà ed abbondanza di merce[14] e dove c'è più gente da vedere ed incontrare.

1 Po Valley   2 showed   3 post-war period   4 trolley bus
5 streetcar   6 weight   7 narrow   8 huddled   9 lasts
10 municipal   11 breath   12 pedestrian areas   13 attempts
14 merchandise

Pratica

A. Marisa ha appena ottenuto (*obtained*) la patente di guida, e i suoi genitori le permettono di usare la macchina di famiglia per andare a fare le spese nel centro di Roma con la sua amica Elena. È l'ora di punta, c'è molto traffico, i clacson suonano, e subito tutto è fermo. Comporre un dialogo appropriato fra Marisa e Elena.

B. Scrivere un riassunto (*summary*) in forma narrativa descrivendo che cosa è successo a Marisa e a sua madre il giorno in cui sono rimaste nell'autobus fermo in un ingorgo. Lei può incominciare il suo riassunto così:

Ieri pomeriggio Marisa e sua madre sono andate in centro per fare le spese. Al ritorno, ...

Ampliamento del vocabolario

Il corpo umano

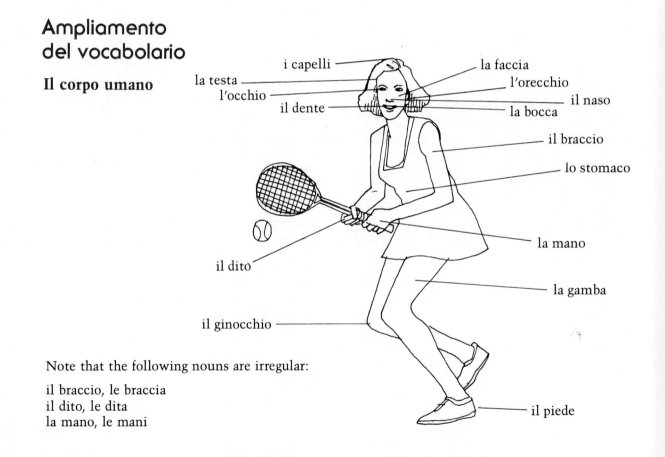

i capelli — la faccia
la testa — l'orecchio
l'occhio — il naso
il dente — la bocca

il braccio
lo stomaco
la mano
la gamba

il dito
il ginocchio
il piede

Note that the following nouns are irregular:

il braccio, le braccia
il dito, le dita
la mano, le mani

A. Completare le seguenti frasi con un sostantivo appropriato che si riferisce a una parte del corpo. La lettera iniziale di ogni sostantivo è stata suggerita.

1. I miei c... sono biondi (*blond*).
2. I miei o... sono castani (*brown*).
3. Ho le g... lunghe.
4. Mi fa male la t...
5. Ho le scarpe nuove e mi fanno male i p...
6. Ho le m... fredde.
7. Mi sono fatta male al g...
8. Quando gioco uso il b... destro (*right*).
9. Io alzo la m... sinistra (*left*).

B. Rispondere alle seguenti domande.

1. Di che colore sono i suoi capelli?
2. Di che colore sono i capelli di (Roberto)?
3. Di che colore sono i suoi occhi?
4. Di che colore sono gli occhi di (Luisa)?
5. Scrive con la mano destra o con la mano sinistra?

C. Descrivere uno dei propri amici o parenti, o uno dei personaggi (*characters*) di questo libro di testo. Dire se la persona è alta o bassa, giovane o vecchia, magra o grassa. Inoltre (*also*) menzionare il colore dei capelli e degli occhi, e qualche caratteristica personale della persona. Per incominciare, riferirsi all'elenco di aggettivi nelle Lezioni *5ª* e *11ª*.

Struttura ed uso

I Tu-, noi-, *and* voi-*commands of regular verbs*

1. The **tu-**, **noi-**, and **voi-**commands of regular verbs are the same as the **tu-**, **noi-**, and **voi-**forms of the present tense *except* that the final **i** of the **tu-**form of **-are** verbs changes to **a.**
2. Subject pronouns are omitted in commands.

Compare the **tu-**, **noi-**, and **voi-**commands of a regular **-are**, **-ere**, and **-ire** verb with the **tu-**, **noi-**, and **voi-**forms of the present tense.

infinitive	present tense	affirmative command	English equivalent
guardare	(tu) guardi	**guarda!**	look!
	(noi) guardiamo	**guardiamo!**	let's look!
	(voi) guardate	**guardate!**	look!
scendere	(tu) scendi	**scendi!**	get off!
	(noi) scendiamo	**scendiamo!**	let's get off!
	(voi) scendete	**scendete!**	get off!
finire	(tu) finisci	**finisci!**	finish!
	(noi) finiamo	**finiamo!**	let's finish!
	(voi) finite	**finite!**	finish!

3. Negative commands are formed by using **non** before the command form, *except* for the **tu-**command, which is formed with **non** + the infinitive.

	affirmative command	negative command	English equivalent
(noi)	guardiamo!	**non guardiamo!**	let's not look!
(voi)	scendete!	**non scendete!**	don't get off!
But: (tu)	guarda!	**non guardare!**	don't look!
	scendi!	**non scendere!**	don't get off!
	finisci!	**non finire!**	don't finish!

A. Dire agli amici seguenti di fare queste attività.

▶ Gianna: telefonare / nonno   *Gianna, telefona al nonno!*

1. Francesca: invitare Paolo
2. Anna e Giorgio: scrivere la cartolina a Filippo
3. Luigi: prendere una spremuta d'arancia
4. Paolo: spedire il regalo a Luisa
5. Franca: studiare la lezione
6. Giorgio ed Enrico: venire qui
7. Marta: scendere immediatamente
8. Luisa, Tina e Caterina: continuare a studiare
9. Giuseppe: pagare il conto

B. La madre chiede a Maria di fare diverse cose, ma poi ogni volta cambia idea. Dare l'imperativo negativo espresso dalla madre di Maria.

▶ Maria, telefona alla zia!   *No, non telefonare alla zia!*

1. Maria, invita la tua amica!
2. Maria, guarda la televisione!
3. Maria, ascolta i dischi!
4. Maria, finisci i compiti!
5. Maria, bevi il caffè!
6. Maria, leggi il giornale!
7. Maria, aspetta pazientemente!
8. Maria, cerca il certificato!

C. Lei e un gruppo di amici programmano (*are planning*) delle attività per il prossimo fine-settimana. Lei suggerisce di fare le seguenti cose. Usare la forma *noi* dell'imperativo.

▶ visitare i monumenti di Roma   *Visitiamo i monumenti di Roma!*

1. vedere un film italiano
2. scrivere le cartoline
3. spendere molti soldi
4. mangiare in un ristorante
5. studiare insieme
6. giocare a pallone
7. fare dello sport
8. andare in barca
9. fare le spese insieme
10. organizzare una festa

D. Alcuni dei suoi amici non vogliono fare le cose suggerite da lei nell'Esercizio C. Indicare le loro risposte usando la forma *noi* dell'imperativo negativo.

▶ visitare i monumenti di Roma   *Non visitiamo i monumenti di Roma!*

II Tu- *and* voi-*commands of some irregular verbs*

Here are the **tu-** and **voi-**commands of **avere, essere, andare, fare, stare,** and **dare.**

	avere	essere	andare	fare	stare	dare
(tu)	abbi	sii	va'	fa'	sta'	da'
(voi)	abbiate	siate	andate	fate	state	date

1. The negative **tu-**commands of these verbs is formed with **non** + the infinitive, as for regular verbs.

   Roberto, sii buono!   Roberto, **non essere** cattivo!

2. Note: The **noi-**form of the above verbs is the same as the present tense.

   E. Cambiare alla forma *tu* dell'imperativo.

   ▶ fare i compiti   *Fa' i compiti!*

   1. essere qui alle dieci
   2. andare al cinema
   3. fare le spese
   4. stare in casa la domenica
   5. dare il biglietto al conducente
   6. avere pazienza
   7. fare le valigie
   8. dare il foglio al professore
   9. andare a casa subito
   10. stare calma

   F. Cambiare le frasi dell'Esercizio E alla forma *voi* dell'imperativo.

   ▶ fare i compiti   *Fate i compiti!*

   G. Dare dei consigli (*advice*) alle seguenti persone, usando la forma appropriata dell'imperativo.

   ▶ Carlo ha sete.   *Bevi un'aranciata!*
       Prendi una coca cola!

   1. Maria ha molti compiti da fare.
   2. Giorgio, Carlo ed io abbiamo caldo.
   3. I miei fratelli vanno a mangiare al ristorante.
   4. Gino ed io vogliamo giocare a pallone.
   5. Franco vuole guardare un programma in televisione.
   6. Carla e Franco non vogliono finire il lavoro.

III *The irregular verbs* dovere, potere, *and* volere

You are already familiar with most of the present-tense forms of the irregular verbs **dovere, potere,** and **volere.** These verbs are also irregular in the future.

	dovere must, to have to	**potere** to be able, can	**volere** to want
present	devo	posso	voglio
	devi	puoi	vuoi
	deve	può	vuole
	dobbiamo	possiamo	vogliamo
	dovete	potete	volete
	devono	possono	vogliono
future	io dovrò, etc.	io potrò, etc.	io vorrò, etc.

1. **Dovere, potere,** and **volere,** often called modal verbs, are usually followed by a dependent infinitive.

    Devo fare una prenotazione.   *I must (have to) make* a reservation.
    Puoi aspettare un momento?   *Can you wait* a moment?
    Vuole mangiare a mezzogiorno.   *He wants to eat* at noon.

2. In the present perfect they may be conjugated with either **avere** or **essere** depending on the infinitive that follows.

    Ho dovuto studiare.   **Sono dovuto** andare a casa.
    Ho potuto fare il viaggio.   **È potuto** partire con noi.
    Ho voluto fare le spese.   **Sono voluti** uscire insieme.

> H. Dire cosa devono fare oggi le seguenti persone. Usare la forma appropriata di *dovere.*
>
> ▶ noi: lavorare   *Dobbiamo lavorare.*
>
> 1. io: comprare una macchina   5. noi: abbellire la nostra stanza
> 2. tu: fare una gita   6. lei: trovare la borsa
> 3. lui: andare al museo   7. voi: andare in centro
> 4. i ragazzi: dormire   8. loro: fare il bagno

I. Dire cosa vogliono fare le seguenti persone dopo il liceo. Usare la forma appropriata di *volere.*

▶ Piero: andare all'università   *Piero vuole andare all'università.*

1. Liliana: incominciare a lavorare
2. noi: viaggiare
3. tu: fare una vacanza all'estero
4. Franco: divertirsi tutta l'estate
5. voi: studiare architettura
6. Maria e sua sorella: visitare la Francia
7. Mario e Dino: lavorare in fabbrica
8. io: fare il giornalista

J. Dire che le seguenti persone non possono fare certe attività.

▶ Paolo vuole uscire, ... *ma non può.*
▶ Noi vogliamo mangiare, ... *ma non possiamo.*

1. Io voglio fare una passeggiata, ...
2. Tu vuoi comprare un paio di sci, ...
3. Lui vuole scendere dal treno, ...
4. Le mie sorelle vogliono fare colazione, ...
5. Mia cugina vuole andare a Venezia, ...
6. Voi volete fare le spese, ...

K. Completare i seguenti gruppi di frasi con la forma appropriata del passato prossimo di *dovere, potere,* o *volere.*

1. La settimana scorsa i miei amici ... (volere) andare in Francia. ... (dovere) prendere il volo delle sette. Non ... (potere) partire prima.
2. Ieri sera io ... (volere) telefonare a Luisa ... (dovere) comprare un gettone, ma non ... (potere) parlare subito con lei.
3. Il mese scorso noi ... (volere) fare una gita. ... (dovere) fare la prenotazione due settimane prima.
4. La settimana scorsa Luigi ... (volere) vedere quel dramma di Pirandello. ... (dovere) comprare il biglietto due giorni prima. Non ... (potere) invitare Luciana.

IV *Object pronouns with infinitives depending on modal verbs*

Object pronouns can come either before the modal verb or they may be attached to a dependent infinitive.

La devo avvisare.   Devo avvisar**la.**
Gli devo telefonare.   Devo telefonar**gli.**

Loro, however, always follows the infinitive.

Posso telefonare **loro.**
Dobbiamo mandare **loro** le informazioni.

L. Cambiare le frasi usando i pronomi di complemento diretto o indiretto.

▶ Volete ascoltare *il disco di Mina?*   *Volete ascoltarlo?*
                                         Lo volete ascoltare?

1. Devo comprare *la carta bollata.*
2. Vogliamo rispondere *a Giuseppe.*
3. Puoi preparare *il cappuccino.*
4. Posso scrivere *a Sergio.*
5. Devono aspettare *la mamma.*
6. Vuole fare *la prenotazione.*
7. Potete mettere *le riviste* sul banco.
8. Dobbiamo informare *gli studenti.*

M. Domandare ad un amico (un'amica).

▶ dovere fare le spese   S¹: *Devi fare le spese?*
                          S²: *Sì, devo farle.*
                              No, non devo farle.

1. dovere studiare più tardi
2. volere andare al centro domani
3. potere aspettarmi dopo la lezione
4. dovere fare la prenotazione per il viaggio
5. potere telefonare ai nostri amici alle nove
6. dovere dare un passaggio a tuo fratello
7. potere prestarmi la macchina
8. volere vedere quella commedia di Pirandello

Ripasso

A. Usare la forma appropriata dell'imperativo.

tu-commands: aspettare il prossimo treno
                   lasciare la macchina per strada
noi-commands: discutere il nuovo programma economico
                   rimandare il viaggio a Roma
                   tornare a casa
voi-commands: finire di fare le spese
                   rispondere alle domande
                   scrivere una cartolina ai nonni
                   suonare il clacson

B. Cambiare al negativo le forme dell'imperativo dell'Esercizio A.

C. Le seguenti persone generalmente non fanno certe cose. Dire loro di farle. Usare le forme *tu* o *voi* dell'imperativo.

▶ Teresa non va in centro.   *Va' in centro!*
▶ Giorgio e Anna non fanno colazione.   *Fate colazione!*

1. Franca non va al teatro.
2. Luigia non fa attenzione in classe.
3. Tina non dà un regalo a Marisa.
4. Enrico e Roberto non fanno le valigie.
5. I ragazzi non sono allegri.
6. Pierluigi non ha pazienza.
7. Silvio non è cortese.
8. Mio fratello e mia sorella non vanno dalla nonna.
9. Giulia non dà un passaggio alla sorella.

D. Lei ed un suo amico (una sua amica) camminano lungo la strada nella foto a pagina 217. Suggerire di fare varie cose, usando le forme *tu* e *noi* dell'imperativo. Elencare almeno 8 suggerimenti o comandi.

▶ *Guarda com'è bello quel vestito!* (o) *Compriamo quel cappello!*

E. Esprimere in italiano.

   Luisa: Look at the traffic! It's impossible!
   Gloria: Let's get off at the next stop and (let's) phone Tonio!
   Luisa: Can you tell him to meet us at Mario's?
   Gloria: OK. I have to be at the store at 4 o'clock and I can't walk too far because I hurt my knee.
   Luisa: Be patient! We'll be there in a few minutes.
   Gloria: Don't walk (*camminare*) too fast when we get off!

Il telegiornale

LEZIONE 18^a

Sono le otto e mezzo di sera. I signori Cristini sono seduti in salotto davanti al televisore ed ascoltano le ultime notizie.

ANNUNCIATORE
Buona sera!
Roma—Il Consiglio dei ministri ha deciso il nuovo prezzo della benzina in relazione all'ultimo aumento del petrolio. Da domani la benzina costerà 100 lire di più al litro.

5 **Bruxelles**—I ministri finanziari° della Comunità economica europea   financial ministers
hanno discusso il nuovo programma economico. Un'attenzione parti-
colare hanno ricevuto il Mezzogiorno d'Italia e le zone depresse della
Francia, Scozia ed Irlanda.

Milano—Grande confusione, ma nessuna vittima in piazza
10 Sant'Andrea. Mentre i rappresentanti dei metalmeccanici° e degli im-   metal workers
prenditori° discutevano il nuovo contratto di lavoro, una bomba è   contractors
esplosa nelle vicinanze. Molti vetri infranti° ed una gran paura, ma,   shattered glass
per fortuna, nessuna vittima. Le trattative° continuano.   negotiations

Città del Vaticano—Il viaggio del Papa in Africa è stato rimandato per
15 motivi di salute. Il Santo Padre voleva partire lo stesso, ma i medici
gli hanno consigliato di rinviare il viaggio di qualche mese.

Firenze—Le maggiori case di moda hanno presentato le ultime creazioni per la nuova stagione primavera-estate. La sfilata dei modelli ha
avuto un enorme successo davanti ad un gran numero di esperti italiani
20 e stranieri.

Previsioni del tempo—Il servizio meteorologico dell'aeronautica°   weather bureau
prevede per le prossime ventiquattro ore cielo sereno in tutta l'Italia.
Mari calmi. Temperatura mite.

Notizie sportive—La squadra nazionale di calcio prosegue la prepara-
25 zione in vista° dell'incontro di sabato con l'Inghilterra allo stadio "San   in view
Siro" di Milano.

Signori e signore, buona sera.

Domande

Generali
1. Dove sono seduti i signori Cristini? Che cosa ascoltano?
2. Che cosa ha deciso il Consiglio dei ministri?
3. Che cosa hanno discusso i ministri finanziari della Comunità europea?
4. Che cosa è esplosa mentre si discuteva il nuovo contratto di lavoro?
5. Che cosa voleva fare il Santo Padre? Che è successo?
6. Che cosa hanno presentato le maggiori case di moda?
7. Con chi si incontrerà sabato la squadra nazionale di calcio?

Personali

8. Guarda il telegiornale ogni sera lei?
9. Quanto costa la benzina nel nostro paese?
10. Lei s'interessa della moda? Quale moda la interessa di più? quella d'estate? di primavera?
11. Che tempo fa dove abita lei?
12. Qual è la sua squadra preferita? di quale sport?

Vocabolario

Nomi

l'**annunciatore** news reporter
l'**aumento** increase
la **bomba** bomb
il **cielo** sky
la **confusione** confusion
il **contratto** contract
la **creazione** creation
l'**esperto** expert
l'**Inghilterra** England
l'**incontro** match
il **litro** liter
la **moda** fashion
la **notizia** news
il **petrolio** oil
la **preparazione** preparation
la **salute** health
la **Scozia** Scotland
la **squadra** team
il **successo** success
il **telegiornale** TV newscast
la **vittima** victim

Aggettivi

calmo, -a calm
depresso, -a depressed
economico, -a economic
maggiore major
mite mild
sportivo, -a sport

Altre parole ed espressioni

Comunità economica europea
  European Economic Community
il Consiglio dei ministri the
  Council of Ministers
davanti a in front of
nelle vicinanze nearby
la sfilata dei modelli fashion show

Verbi

esplodere (esploso) to explode
prevedere (previsto) to forecast
proseguire to continue
rimandare to postpone
sedere to sit

Modificazioni   1. Siamo in piazza **Sant'Andrea.**
                            San Giovanni
                            Santo Stefano
                            Santa Maria
                            Sant'Anna

                         2. C'era **un gran numero di gente.**
                            una gran confusione
                            un grand'ospedale
                            un grande stadio
                            una grande famiglia

                         3. Mentre discutevano, **è esplosa una bomba.**
                            è arrivato il professore
                            ha telefonato suo padre
                            ho chiuso la porta
                            abbiamo letto il giornale

                         4. Volevo partire, ma **sono stato male.**
                            sono arrivato tardi
                            ho perso il treno
                            c'è stato uno sciopero
                            mi sono svegliato tardi

Pratica   **A.** Lei è un (una) giornalista della tv. Preparare un breve telegiornale di cinque o sei avvenimenti (*news events*) che hanno avuto luogo nella sua città e presentarlo alla classe.

                         B. Lei è ancora un (una) giornalista della tv, ma questa volta si concentra solo su un piccolo segmento delle notizie. Questo è il suo compito speciale. Riferire qualcosa che succede a scuola o una specifica questione politica, un evento sportivo, una sfilata di moda o qualcosa che può interessare il consumatore.

NOTA CULTURALE: La moda italiana

Lo sviluppo[1] della moda italiana come industria risale[2] agli inizi degli anni cinquanta, quando sarti[3] e disegnatori famosi cominciarono a presentare annualmente[4] le loro creazioni al pubblico. Firenze è stata da sempre il centro di queste manifestazioni di moda, ma negli ultimi anni ad essa si sono affiancate[5] con notevole successo le città di Roma, Milano, e Torino.

Per gli Italiani, vestire bene è molto importante. Essi fanno molta attenzione al disegno del loro abbigliamento[6], alla qualità della stoffa[7] e degli accessori, ed all'abbinamento[8] dei colori. Il loro buon gusto[9] viene soddisfatto[10] facilmente dalle creazioni della moda italiana che hanno successo non solo in Italia ma anche all'estero.

La moda italiana è molto ricercata[11] nel mondo internazionale. Gucci, Pucci, Missoni, Valentino, Brioni, Ferragamo sono alcuni dei rappresentanti della moda italiana famosi in tutto il mondo. Dovuto al costante aumento dell'esportazione, l'industria della moda contribuisce in maniera rilevante[12] alla bilancia commerciale[13] italiana. Fra le esportazioni più numerose, ci sono camicie, scarpe, borse e articoli in pelle. Inoltre è da ricordare che il successo dell'Alta Moda italiana nel mercato nazionale e internazionale ha contribuito in Italia allo sviluppo di nuovi settori commerciali come la biancheria[14] e la cosmetica.

1 development   2 goes back   3 tailors   4 yearly
5 have lined up   6 clothing   7 fabric   8 coordination
9 good taste   10 is satisfied   11 sought after   12 considerable
13 balance of trade   14 linens and underclothes

Ampliamento del vocabolario

Paesi e città

Paesi

Spagna	Irlanda
Francia	Grecia
Inghilterra	Jugoslavia
Germania	Portogallo
Svizzera	Olanda
Austria	Danimarca
Belgio	Lussemburgo

Città

Parigi	Bruxelles
Londra	Atene
Madrid	Lisbona
Bonn	Amsterdam
Ginevra	Copenaghen
Vienna	Dublino
Lussemburgo	Belgrado

Note: the definite article is usually used with the names of countries.

L'Italia è un paese interessante.   *Italy* is an interesting country.
La capitale **del Portogallo** è Lisbona.   The capital of *Portugal* is Lisbon.

Exception: the definite article is not used after the preposition **in** + singular country. Compare:

Vado **in** Francia.   Carlo abita **negli** Stati Uniti.

A. Domande

1. Quali sono le nazioni che confinano con (*border on*) l'Italia?
2. Qual è la capitale della Francia? dell'Inghilterra? della Spagna? della Danimarca?
3. Quali sono tre nazioni lontane dall'Italia e quali sono le loro capitali?
4. Quali nazioni ha visitato lei in Europa?

B. Leggere il seguente brano sul Mercato comune europeo. Poi rispondere alle domande.

Il Mercato comune europeo

Con il trattato[1] di Roma del 1957, sei paesi europei, l'Italia, la Francia, la Germania, il Belgio, l'Olanda e il Lussemburgo, hanno formato il Mercato comune europeo. Oggi il numero dei membri è di dieci paesi. Vi fanno parte[2] anche l'Inghilterra, l'Irlanda, la Danimarca e la Grecia. Nel futuro probabilmente altre nazioni europee si uniranno a questa comunità. Lo scopo[3] di questa organizzazione era di formare un mercato comune fra i membri con l'eliminazione di barriere doganali[4], con il libero movimento dei lavoratori[5] e del capitale, e con la creazione di una comune direttiva[6] agricola. Oggi la comunità ha acquistato un significato più ampio[7] e viene considerata come il primo passo verso la futura unione politica dell'Europa.

1 treaty   2 belong   3 goal   4 custom duties   5 workers   6 policy   7 wider

1. Quali paesi hanno formato il Mercato comune europeo?
2. Quando lo hanno formato?
3. Quali altri paesi fanno parte del Mercato oggi?
4. Potranno unirsi altre nazioni europee a questa comunità?
5. Qual era lo scopo di questa organizzazione?
6. Come viene considerata oggi la Comunità europea?

Struttura ed uso

I *The imperfect tense*

The imperfect tense is a past tense which in Italian consists of one word. In English, the imperfect is often expressed with the constructions *was/were ...ing, used to* + verb, or *would* + verb.

Frequentavo l'università.   *I was going* to the university.
Andava a scuola ogni giorno.   *He/She used to (would) go* to school every day.

The imperfect tense (**l'imperfetto**) is used to describe *ongoing, continuous actions* in the past and *habitual, recurring actions* in the past.

Mentre **mangiava, ascoltava** la radio.   *While he was eating, he was listening* to the radio.
Leggeva il libro con attenzione.   *He was reading* the book carefully.

Mi **chiamava** ogni sera alle sei.   *He/She used to (would) call* me every evening at six.
Andava ogni estate in Italia.   *He/She used to (would) go* every summer to Italy.

It is also used to describe persons or things as they were in the past, and in expressions of time and weather.

Era una bella ragazza.   *She was* a beautiful girl.
Erano le tre precise.   *It was* three o'clock sharp.
Faceva bel tempo.   *The weather was* nice.

Note the forms of the imperfect tense of a regular **-are, -ere,** and **-ire** verb. The endings are identical for all three conjugations, and they are attached to the infinitive minus the final **-re.**

	comprare	**prendere**	**partire**
io	compra**vo**	prende**vo**	parti**vo**
tu	compra**vi**	prende**vi**	parti**vi**
lui/lei	compra**va**	prende**va**	parti**va**
noi	compra**vamo**	prende**vamo**	parti**vamo**
voi	compra**vate**	prende**vate**	parti**vate**
loro	compra**vano**	prende**vano**	parti**vano**

The verb **essere** is irregular in the imperfect.

essere	
ero	eravamo
eri	eravate
era	erano

The following verbs have irregular imperfect stems:

	stem	imperfect tense
fare	**face-**	facevo, etc.
bere	**beve-**	bevevo, etc.
dire	**dice-**	dicevo, etc.

A. Alcuni amici parlano di dove abitavano prima di venire all'università.

▶ Marco (Pisa)   *Marco abitava a Pisa.*

1. Silvia (Napoli)
2. Giacomo e Stefano (Bologna)
3. io (Palermo)
4. tu (Messina)
5. noi (Bari)
6. Mirella e sua sorella (Brindisi)
7. voi (Firenze)
8. Luciana (Venezia)

B. Chiedere ad un compagno (una compagna) di scuola se faceva le seguenti cose quando era bambino(a).

▶ fare molte gite   S¹: *Facevi molte gite?*
S²: *Sì, facevo molte gite.*
No, non facevo molte gite.

1. giocare a tennis
2. andare in campagna
3. scrivere ai nonni
4. leggere libri italiani
5. prendere il caffè
6. guidare la macchina
7. viaggiare spesso
8. studiare il francese
9. parlare italiano
10. guardare il telegiornale

C. Dire quali parti le seguenti persone facevano ieri in un dramma presentato a scuola.

▶ Maria (professoressa)   *Maria era professoressa.*

1. Piero (dottore)
2. Mario e Lucio (meccanici)
3. tu (studente)
4. io (ingegnere)
5. voi (avvocati)
6. noi (biologi)
7. Luisa (dentista)
8. Michele (conducente di treno)
9. tu e Marisa (impiegate)
10. Anita e Carla (professoresse)

D. Indicare (*indicate*) cosa faceva Luigi mentre Lisa faceva altre cose.

▶ studiare / ascoltare la radio   *Luigi studiava mentre Lisa ascoltava la radio.*

1. nuotare / giocare a tennis
2. guardare la televisione / scrivere una lettera
3. mangiare un panino / bere un tè freddo
4. fare i compiti / leggere il giornale
5. telefonare / chiedere informazioni
6. dormire / guidare la macchina

E. Completare le frasi con l'imperfetto.

1. Quando ero piccolo(a), ...
2. Mentre cantavo ieri, ...
3. Molto spesso, i miei amici ...
4. Quando mio zio andava a lavorare, ...
5. Scrivevano una lettera mentre ...
6. Mentre ero in Italia, ...

II The imperfect versus the present perfect

The sentences below all describe past events. Compare the sentences on the left, which use the imperfect, with the sentences on the right, which use the present perfect.

Imperfect	*Present Perfect*
Ogni sera **guardavo** la televisione.	Ieri sera **ho guardato** il telegiornale.
Ogni settimana **andavamo** al cinema.	Sabato scorso **siamo andati** al teatro.
Parlava di politica con suo padre.	Stamattina **ha parlato** con Giorgio.

1. The imperfect describes habitual, recurring actions in the past, whereas the present perfect describes unique, specific actions in the past. Expressions like **ogni giorno, di solito** (*usually*), **ogni settimana** often signal recurring actions. Expressions like **un giorno** (*one day*), **ieri, stamattina** often signal specific actions.

2. When both tenses occur in the same sentence, the imperfect describes an event in progress when another event happened. The event that happened is expressed in the present perfect.

Sono arrivati mentre io **leggevo** il giornale.   They arrived while *I was reading* the paper.
Dormivano quando **ho telefonato.**   They *were sleeping* when I called.

F. Dire se i suoi nonni facevano o avevano le seguenti cose.

▶   abitare in una grande casa?   *Sì, abitavano in una grande casa.*
                                    No, non abitavano in una grande casa.

1. guidare la macchina?   5. avere molti soldi?
2. guardare la televisione?   6. andare in montagna?
3. telefonare agli amici ogni giorno? 7. fare lunghi viaggi?
4. parlare inglese?   8. giocare a tennis?

G. Completare ciascuna frase con l'imperfetto di *andare.*

▶   Ogni giovedì, Franco ... al cinema.   *Ogni giovedì, Franco andava al cinema.*

1. Spesso Marco ... a nuotare.
2. Di solito Matilde ... a ballare.
3. Ogni sabato Luisa ... al negozio.
4. Spesso Michele ... a casa dei suoi amici.
5. Ogni settimana noi ... a studiare da Roberto.

H. Completare ciascuna frase con il passato di *andare.*

▶   Giovedì Franco ... al cinema.   *Giovedì Franco è andato al cinema.*

1. Un giorno Stefano ... a pattinare.
2. Stamattina Elena ... da Carlo.
3. La settimana scorsa Valerio ... a Roma.
4. Il tre settembre Isabella ... a Pisa.
5. Venerdì Giacomo ... al museo con Giorgio.

I. Franco dice che cosa faceva di solito e che cosa ha fatto ieri. Fare la parte di Franco.

▶ mangiare: a casa / al ristorante   *Di solito, mangiavo a casa.*
                                       Ieri ho mangiato al ristorante.

1. giocare: a tennis / a pallone
2. andare: in piscina / al lago
3. uscire: con Maria / con Teresa
4. prendere: il treno / l'aereo
5. viaggiare: con gli amici / da solo
6. finire: alle cinque / alle sette
7. fare: colazione a casa / colazione al bar
8. scrivere: a mia nonna / a mio zio

J. Stefano ha trascorso (*spent*) una buona parte del pomeriggio in Piazza della Repubblica. La sera racconta (*tells*) ai suoi amici quello che ha visto. Incominciare ciascuna frase con *Ho visto* e mettere il secondo verbo nell'imperfetto.

▶ due ragazze che passeggiano   *Ho visto due ragazze che*
                                 passeggiavano.

1. un bambino che mangia un gelato
2. delle signorine che bevono il caffè
3. alcune signore che entrano in un negozio di scarpe
4. alcuni giovani che discutono di politica
5. due bambine che giocano
6. molti turisti che escono dalla chiesa
7. un ragazzo che legge una rivista

K. Dire quanti anni avevano le seguenti persone quando sono partite dall'Italia.

▶ Giovanna (diciotto anni)   *Quando è partita, Giovanna aveva di-*
                              ciotto anni.

1. Paolo (venti)	5. mio zio (trenta)
2. Gianna e Luisa (diciannove)	6. mia nonna (cinquanta)
3. Filippo (tre)	7. mio fratello (ventotto)
4. i nostri cugini (diciassette)	8. i nostri genitori (quaranta)

L. Domande personali.

1. Quanti anni aveva quando è andato / andata a scuola la prima volta? a nuotare? in macchina? in aereo? in treno?
2. Che tempo faceva ieri quando è andato / andata al cinema? alla partita di calcio? al mare?
3. Quando era piccolo / piccola, quali programmi della televisione guardava? quali lingue parlava? quale scuola frequentava? quali città visitava spesso?
4. Quando era più giovane, giocava a tennis? andava in barca? dormiva molto?
5. Quando era bambino / bambina aveva una bicicletta?
6. Voleva essere ingegnere? dottore? dentista? meccanico? professore / professoressa?

III *The adjectives* grande *and* santo

Grande and **santo** have more than one form when they *precede* the noun.

È un **gran** paese. / È un **grande** paese.	It's a great country. (It's a large country.)
È una **gran** fortuna. / È una **grande** fortuna.	It's a great fortune. (What luck!)
Che **grande** spettacolo!	It's a great show! (What a show!)
È un **grand'**amico. / È un **grande** amico.	He's a great friend.

Piazza **San** Marco è a Venezia.	Piazza San Marco is in Venice.
Abito in via **santo** Stefano.	I live on Santo Stefano Street.
È la chiesa di **sant'**Angelo.	It's Sant'Angelo Church. (It's the Church of Sant'Angelo.)
È la chiesa di **sant'**Anna.	It's Sant'Anna Church. (It's the Church of Sant'Anna.)

1. **Grande** may become **gran** before masculine and feminine nouns beginning with a consonant other than **z**, or **s** + consonant. It may become **grand'** before a masculine noun beginning with a vowel.
2. **Santo** becomes **san** before a masculine noun beginning with a consonant other than **z** or **s** + consonant. It becomes **sant'** before any noun beginning with a vowel.
3. Both **grande** and **santo** follow the pattern of regular adjectives in the plural.

Ecco due **grandi** parchi. È la chiesa dei **Santi** Pietro e Paolo.

4. For emphasis **grande** and **santo** may follow the nouns they modify. In these cases, they have the usual forms of other descriptive adjectives.

m. s. il paese **grande**   *f. s.* la case **grande**
m. pl. i paesi **grandi**   *f. pl.* le case **grandi**

M. Lei mostra agli amici alcune diapositive (*slides*) di una gita che ha fatto di recente. Usare la forma appropriata di *grande.*

▶ museo   *Ecco un gran museo.*

1. parco   4. stadio   7. montagna
2. università   5. banca   8. albergo
3. ospedale   6. biblioteca   9. aeroporto

N. Continuando con le stesse diapositive dell'Esercizio M, usare la forma appropriata di *santo.*

▶ Gennaro   *Ecco la chiesa di San Gennaro.*

1. Andrea   3. Agata   5. Cosma e Damiano
2. Zeno   4. Lucia   6. Michele

IV *The pluperfect tense*

The pluperfect tense consists of the imperfect of **avere** or **essere** plus a past participle. The pluperfect tense denotes an action that *had* taken place before another past event.

Ho trovato i biglietti che **avevo perso.**   I found the tickets I *had lost.*
Sapevo che **erano partiti** alle dieci.   I knew that they *had left* at ten.

Here are the forms of the pluperfect (**il trapassato prossimo**) of **studiare** and **arrivare.** Note that the past participle agrees with the subject when the verb is conjugated with **essere.**

	studiare	**arrivare**
io	avevo studiato	ero arrivato, -a
tu	avevi studiato	eri arrivato, -a
lui/lei	aveva studiato	era arrivato, -a
noi	avevamo studiato	eravamo arrivati, -e
voi	avevate studiato	eravate arrivati, -e
loro	avevano studiato	erano arrivati, -e

O. Cambiare le seguenti frasi al trapassato prossimo.

▶ Michele è partito.   *Michele era partito.*
▶ Noi abbiamo visto quel dramma.   *Noi avevamo visto quel*
                                                      dramma.

1. L'architetto ha fatto il disegno del palazzo.
2. Carlo e Antonio hanno perduto il pallone.
3. Marisa ha scritto agli amici.
4. Luigi e Luciana hanno studiato architettura.
5. Marisa ha passato la giornata al museo.
6. Tu sei arrivato in ritardo.
7. Noi siamo andati al cinema.
8. Voi siete partiti senza salutarci.

Ripasso

A. Le seguenti persone facevano lo stesso lavoro ogni estate per diversi anni. Dire dove lavorava ognuna di esse.

▶ Maria (in un negozio)   *Maria lavorava in un negozio.*

1. Paolo (in un ristorante)	5. Pietro e Stefano (in un garage)
2. Laura (in un cinema)	6. io (in un'agenzia di viaggi)
3. Enrico (in un bar)	7. tu (in una banca)
4. Mariella e Pina (in un teatro)	8. voi (all'aeroporto)

B. Le stesse persone dell'Esercizio A hanno fatto lo stesso lavoro ieri. Dire dove ha lavorato ognuna di esse.

▶ Maria (al negozio)   *Ieri Maria ha lavorato al negozio.*

1. Paolo (al ristorante)	5. Pietro e Stefano (al garage)
2. Laura (al cinema)	6. io (all'agenzia di viaggi)
3. Enrico (al bar)	7. tu (alla banca)
4. Mariella e Pina (al teatro)	8. voi (all'aeroporto)

C. Formare frasi con le parole suggerite. Cambiare un infinito al passato prossimo e un altro all'imperfetto.

▶ Mario / entrare / mentre /   *Mario è entrato mentre ascoltavo*
   io / ascoltare / radio   *la radio.*

1. tu / venire / mentre / noi / essere al cinema
2. Laura / partire / per Pisa / quando / avere / vent'anni

    3. loro / prendere / l'autobus / mentre / io / parlare / signora
    4. Giorgio / vedere / due professori / che / discutere
    5. io / parcheggiare / mentre / voi / ordinare / caffè
    6. Susanna e Lidia / fare colazione / mentre / noi / fare / delle spese

D. Scrivere due paragrafi sull'incidente (*accident*) automobilistico del disegno seguente. Nel primo paragrafo parlare delle circostanze che portano all'incidente (chi guidava, dove andava, con chi andava, ecc.) e nel secondo paragrafo dire cosa è successo.

E. Esprimere in italiano.
Yesterday, while I was in Piazza Santa Maria, I saw a beautiful girl. She was walking with a great number of people. While I was looking at her, she was talking with a young man. I couldn't hear what she was saying but she was very happy. I wanted to talk with her but I couldn't. Then she left and I didn't see her any more. I'll look for her tomorrow.

ARTE E CULTURA IN ITALIA

L'origine della civiltà italiana si perde nei secoli. Gli Etruschi prima dei Romani hanno lasciato un notevole patrimonio artistico. I Romani poi hanno dato origine ad una civiltà le cui tracce sono ancora oggi evidenti non solo in Italia ma anche in molti paesi europei. **1** Il Colosseo è uno degli esempi più visibili dell'arte romana. **2** La caduta dell'Impero Romano ha dato il via alla cultura medievale. Il castello di Merano è un esempio tipico dell'architettura del Medio Evo in Italia.

3

L'Italia è il paese dove è nato il Rinascimento. Ci sono molti esempi straordinari della creatività umana nell'architettura e nell'arte dell'Italia rinascimentale. **3** L'elegante cupola del Brunelleschi è una meraviglia dell'architettura del Rinascimento a Firenze. **4** Il Mosè, uno dei capolavori di Michelangelo, è in una basilica di Roma. **5** Venezia, la meravigliosa città costruita sull'acqua, è una delle più belle metropoli del Rinascimento.

4

5

Oggi l'Italia è un paese moderno e dinamico, dove è sempre evidente una lunga tradizione artistica e culturale. Ci sono luoghi dove ancora si conservano aspetti tradizionali e popolari. **6** Ci sono molte cittadine come Rivello, in Calabria, dove la gente continua ad abitare in antiche case addossate l'una sull'altra. **7** La Sardegna è ricca di manifestazioni festive e balli folcloristici in splendidi costumi tradizionali.

6

7

Agli Italiani piace celebrare le feste. **8** È veramente qualcosa di spettacolare vedere i fuochi artificiali sul mare della Laguna di Venezia.

Ad una festa in casa di amici

LEZIONE 19ª

Franco Paola, ti piace questa festa? Ti diverti?

Paola Sì, i tuoi amici sono molto simpatici.

Franco Vado a prenderti qualcosa da bere?

Paola No, grazie. Veramente ho un certo appetito.

5 **Franco** Sul tavolo ci sono delle olive, del prosciutto e anche del formaggio. Tra qualche minuto ci saranno gli spaghetti alla carbonara, ti piacciono°?

Paola Al solo pensiero mi viene l'acquolina in bocca°.

do you like them

mi ... my mouth waters

Marisa Ragazzi, preparate la tavola. Tra poco incominciamo a mangiare.

Luciana Ecco gli spaghetti!

Paola Uhm, sono davvero saporiti. Luciana, complimenti!

Luciana Grazie, ma anche Marisa mi ha aiutata in cucina.

Franco L'ho sempre detto io! Voi donne state bene in casa, a cucinare, ad allevare i figli...

Luciana Eccolo, il solito maschio italiano! Basta che ci potete tenere in casa°, voi uomini siete tutti felici.

Franco Guarda che scherzavo, non avevo intenzione di fare polemica.

Luciana Sì, la solita storia. Con la scusa di fare dello spirito, ci fate fare° quello che volete voi.

Marisa Non litigate adesso. Finiamo di mangiare e continuiamo a divertirci.

basta ... as long as you can keep us in the home

ci ... you make us do

Domande

Generali

1. Dove sono i giovani?
2. Che cosa c'è sul tavolo?
3. Piacciono gli spaghetti a Paola?
4. Chi ha aiutato Luciana a cucinare gli spaghetti?
5. Che cosa pensa Franco delle donne?
6. E Luciana, che pensa degli uomini italiani?

Personali

7. Le piacciono le feste? Perché?
8. Quante persone invita alle sue feste? Chi invita? Quali sono le occasioni di queste feste?
9. Quali cibi serve ai suoi invitati? Quali bevande (*drinks*)?
10. Chi l'aiuta a organizzare le feste?

Vocabolario

Nomi

l'**appetito** appetite
la **donna** woman
la **festa** party
il **formaggio** cheese
il **maschio** male
la **scusa** excuse
la **storia** story
il **tavolo** table
l'**uomo** man; (*pl.* gli **uomini**)

Verbi

aiutare to help
allevare to bring up
cucinare to cook
litigare to quarrel
piacere to like, to be pleasing to
scherzare to joke

Aggettivi

certo, -a certain
felice happy
saporito, -a tasty

Altre parole ed espressioni

complimenti! my compliments!
  congratulations
veramente really

al solo pensiero just thinking about it
ho un certo apetito I'm kind of
  hungry

fare polemica to be controversial,
  to start an argument
preparare la tavola to set the table
qualcosa da bere something to
  drink
gli spaghetti alla carbonara
  spaghetti carbonara style
ti diverti? are you having a good
  time?
tra poco shortly
tra qualche minuto in a few
  minutes

Modificazioni

1. Ti piace **questa festa?**
        questa canzone (*song*)
        la musica americana
        il formaggio
        cucinare

2. Veramente ho **appetito.**
        fame (*I'm hungry*)
        sete
        molto da fare
        intenzione di partire

3. Vado a prenderti **qualcosa da bere?**
        qualcosa da mangiare
        dell'antipasto
        del dolce (*dessert*)
        del pane (*bread*)
        del burro (*butter*)

4. Sul tavolo ci sono **delle olive.**
        dei piatti (*dishes*)
        dei bicchieri
        delle forchette (*forks*)
        dei cucchiai (*spoons*)
        dei coltelli (*knives*)
        dei tovaglioli (*napkins*)

5. Ti piacciono **gli spaghetti alla carbonara?**
        questi dischi
        le canzoni italiane
        i miei amici
        i bambini
        le mie scarpe

NOTA CULTURALE: Il movimento femminista in Italia

Sin dagli inizi degli anni settanta, il movimento femminista italiano ha avuto un impatto considerevole sulla struttura sociale italiana. Oggi molte giovani italiane, dalla casalinga[1] alla professionista, dalla studentessa all'operaia, hanno preso coscienza[2] del proprio ruolo[3] di donna non solo nella società ma anche nella famiglia. Il movimento di liberazione della donna le ha incoraggiate[4] a cercare lavoro e ad intraprendere carriere[5] fuori di casa.

Questo ha causato molti nuovi problemi perché per tradizione in Italia, le donne sono responsabili per la cura[6] dei figli e per le faccende di casa,[7] mentre gli uomini lavorano fuori casa per sostenere[8] la famiglia. Siccome[9] in Italia non c'è abbondanza di posti di lavoro,[10] nel passato essi erano offerti quasi esclusivamente agli uomini. Solo nell'insegnamento[11] le donne avevano più possibilità d'impiego, a causa delle poche ore di lavoro alla settimana.

Comunque negli ultimi decenni il progresso economico ha creato più posti di lavoro, e lentamente l'atteggiamento[12] della gente verso il ruolo sociale della donna è cambiato. In quasi tutte le città italiane sono sorti[13] gruppi femministi, con il compito di aiutare la donna a risolvere problemi personali e di famiglia. Questi collettivi femministi sono molto attivi nella politica del paese ed hanno spinto[14] il governo a creare un maggior numero di consultori[15] medici, centri per la salute della donna, ed asili nido[16].

1 housewife   2 have become aware   3 role   4 has encouraged
5 to undertake careers   6 care   7 housework   8 to support
9 since   10 jobs   11 teaching   12 attitude
13 have been formed   14 pushed   15 dispensary   16 day-care centers

Pratica

A. Lei vuole fare una festa a casa sua. Telefonare ad alcuni amici e invitarli a venire. Dire loro chi altro viene, come vestire per l'occasione, e se si ballerà.

B. Lei deve apparecchiare (*to set*) la tavola per pranzo a casa sua. Fare un elenco delle cose che mette sul tavolo. Vorrà usare anche una tovaglia (*tablecloth*).

Ampliamento del vocabolario

I cibi

Pasta asciutta	*Carne*	*Pesce*
i ravioli	la bistecca (*steak*)	l'aragosta (*lobster*)
le lasagne	il maiale (*pork*)	gli scampi (*shrimp*)
i rigatoni	il pollo (*chicken*)	la sogliola (*sole*)
gli spaghetti	il vitello (*veal*)	il merluzzo (*cod*)
	l'agnello (*lamb*)	le vongole (*clams*)

Altri primi piatti	*Frutta*	*Verdura*
il brodo (*broth*)	l'uva (*grape*)	l'insalata (*salad*)
la minestra (*soup*)	l'arancia (*orange*)	gli spinaci (*spinach*)
il minestrone (*vegetable soup*)	la mela (*apple*)	le patate (*potatoes*)
il riso (*rice*)	la pera (*pear*)	i pomodori (*tomatoes*)
	la pesca (*peach*)	i fagiolini (*green beans*)

A. Rispondere alle seguenti domande.

1. Le piace la cucina italiana?
2. Le piace cucinare?
3. Quale piatto tipico italiano le piace?
4. Preferisce la carne o il pesce?
5. Le piace il formaggio?
6. Mangia lei la frutta?
7. Le piacciono i dolci?

B. Ordinare un pranzo italiano completo dal menu in basso. Non spendere più di 7,000 lire.

ANTIPASTO	CARNE E PESCE
Antipasto misto 800	Bistecca di vitello 3500
Prosciutto e melone 1400	Braciola di maiale 2400
PASTA	Pollo arrosto 1900
Spaghetti 1100	Sogliola al burro 2200
Rigatoni 1100	Fritto di scampi 4000
Pastina in brodo 800	**VERDURA**
DOLCI	L'insalata 600
Torte 700	Patate fritte 700
Frutta di stagione 500	Fagiolini 650

BEVANDE

Caffè 600   Acqua minerale 500   Limonata 800

Ricetta: Spaghetti alla carbonara (Dose per 4 persone)

Ingredienti:

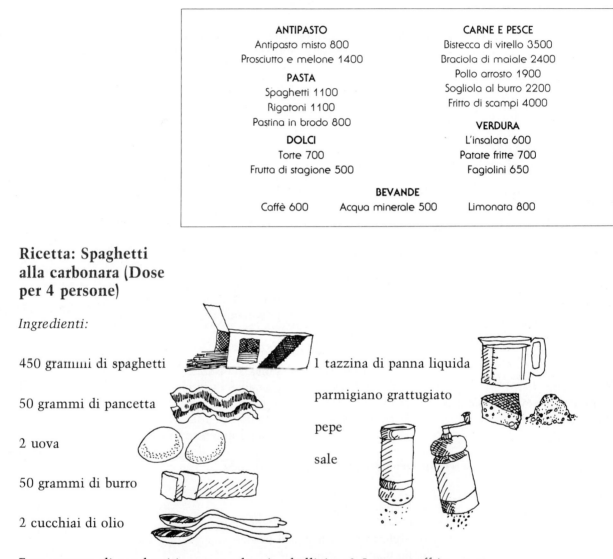

450 grammi di spaghetti   1 tazzina di panna liquida

50 grammi di pancetta   parmigiano grattugiato

2 uova   pepe

50 grammi di burro   sale

2 cucchiai di olio

Fate cuocere gli spaghetti in acqua salata in ebollizione°. Intanto soffriggete° nell'olio la pancetta tagliata a pezzetti°. Sbattete° le due uova con il parmigiano, la panna, il pepe ed un pizzico° di sale. In una grossa teglia° fate imbiondire° il burro e poi versatevi° le uova battute°. Non appena le uova si sono un po' rapprese°, versate gli spaghetti bollenti° ed il soffritto di pancetta.

boiling
sauté / cut in small pieces / Beat
pinch / pan
melt / pour / beaten
set / hot

Struttura ed uso

I *Disjunctive pronouns*

Disjunctive pronouns (**pronome disgiuntivi**) are used as objects of prepositions.

Vuoi venire **con me?**	Do you want to come *with me?*
Abitano **con lei** i suoi genitori?	Do your parents live *with you?*
Andiamo **da loro** questo pomeriggio.	Let's go *to their house* this afternoon.
Fa tutto **da sé.**	He does everything *by himself.*

Here is a summary of the disjunctive pronouns.

singular		plural	
me	me, myself	**noi**	us, ourselves
te	you, yourself	**voi**	you, yourselves
lui	him	**loro**	them, you
lei	her, you	**sé**	themselves, yourselves
sé	himself, herself, yourself		

Note: The disjunctive pronoun **sé** is used in place of **lui/lei** and **loro** to mean *himself/herself, themselves,* and the formal *yourself, yourselves.*

Disjunctive pronouns are also used instead of object pronouns for emphasis or if there are two or more objects.

Parlo a **lui,** non a **te.**
Hanno chiamato **me** e **lui.**

> **A.** Dire che Carla va ad una festa con le seguenti persone. Usare un pronome disgiuntivo nelle risposte.
>
> ▶ Riccardo   *Carla va ad una festa con lui.*
>
> | | |
> |---|---|
> | 1. Paolo e Marco | 5. io |
> | 2. tu | 6. tu e Gianna |
> | 3. Maria Teresa | 7. noi |
> | 4. Elena ed io | 8. Federico |

B. Dire che le seguenti persone hanno fatto certe cose da sé.

▶ lui (cucinare)   *Cucina da sé.*

1. Giancarlo (fare il letto)
2. tua cugina (leggere la lettera)
3. voi (cucinare)
4. Pietro (trovare la strada)
5. i bambini (mettersi le scarpe)
6. tu (pulire la tavola)
7. la signora (preparare la cena)
8. io (imparare l'italiano)

II Constructions with piacere

The irregular verb **piacere** is used in constructions which are equivalent
to English *to like, to be pleasing to.*

1. **Piacere** is used most often in the third person singular and plural
   (**piace** and **piacciono**) with indirect object pronouns.

Gli **piace** il gelato.	He likes ice cream. (Ice cream is pleasing to him.)
Non le **piace** l'acqua minerale.	She doesn't like mineral water. (Mineral water is not pleasing to her.)
Mi **piacciono** i dischi americani.	I like American records. (American records are pleasing to me.)
Ci **piacciono** le canzoni italiane.	We like Italian songs. (Italian songs are pleasing to us.)

Note that in the Italian construction with **piacere,** the pattern is indirect
object, verb, subject. In the English construction with *like,* the pattern
is subject, verb, direct object.

2. When **piacere** is followed by an infinitive, the singular form is used
   since the infinitive is the subject of the sentence.

Ci **piace andare** in montagna.	We like to go to the mountains.
Mi **piace nuotare** con gli amici.	I like to go swimming with my friends.

3. When the indirect object is a noun or a disjunctive pronoun, the
   preposition **a** is used.

A Massimo piace guidare velocemente.	Massimo likes to drive fast.
A te piace sciare.	You like skiing.

4. In the present perfect, **piacere** is conjugated with **essere.** The past
participle agrees with the subject.

Ti **è piaciuto** quel libro?   Did you like that book?
Mi **è piaciuta** la tua festa.   I liked your party.
Gli **sono piaciuti** i miei quadri.   He liked my paintings.

C. Dire quello che le piace e quello che non le piace. Usare *piace* o
piacciono nelle risposte.

▶ le olive   *Mi piacciono le olive.*
▶ il formaggio   *Non mi piace il formaggio.*

1. le patate
2. il dolce
3. gli spaghetti
4. l'acqua minerale
5. le mele

6. gli spinaci
7. l'uva
8. la minestra
9. le pere
10. i fagiolini

D. Dire che a Maria piacciono alcune cose (1–5) e che anche a Carlo
piacciono alcune cose (6–9).

▶ (Maria) il pane   *Le piace il pane.*
▶ (Carlo) il pane   *Gli piace il pane.*

1. l'antipasto
2. le pesche
3. i ravioli

4. il caffè
5. il gelato
6. i pomodori

7. la frutta
8. il minestrone
9. i dolci

E. Dire cosa piace fare ai suoi amici e parenti.

▶ Marisa / ascoltare i dischi   *A Marisa piace ascoltare i dischi.*

1. Paolo / fare una passeggiata
2. i miei fratelli / andare a sciare
3. mia zia / cucinare
4. lui / ballare
5. voi / andare a cavallo
6. loro / giocare a tennis
7. lei / divertirsi
8. Tina e Giulio / viaggiare in macchina

F. Sostituzione libera. Fare dieci domande ad un amico (un'amica), sostituendo all'infinito in corsivo 10 infiniti diversi.

▶ Ti piace *sciare?*

III *The partitive with* di

The partitive (equivalent to English *some* or *any*) is usually expressed in Italian by the preposition **di** + the definite article.

Ecco **del** tè freddo.	Here is *some* iced tea.
Ho comprato **dei** dischi.	I bought *some* records.
Mangiamo **delle** olive.	Let's eat *some* olives.

Here is a chart showing all the forms of the partitive:

masculine		feminine	
singular	**plural**	**singular**	**plural**
del pane	**dei** piatti	**della** carne	**delle** olive
dello zucchero	**degli** spinaci	**dell'**insalata	
dell'olio			

The partitive is not normally used in negative sentences. Sometimes it is also omitted in interrogative sentences.

Non voglio dolci.	I don't want (any) dessert.
Non bevo vino.	I don't drink wine.
Vuoi latte e caffè?	Do you want (some) coffee with milk?
Volete carne o pesce?	Do you want (some) meat or (some) fish?

G. Marisa è ad una festa a casa di Franco. C'è molto da mangiare e Marisa pensa di assaggiare (*sample*) tutto. Dire che cosa mangia Marisa. Usare la forma appropriata del partitivo.

▶ la carne   *Prende della carne.*

1. la pasta	4. il formaggio	7. gli spinaci
2. il pane	5. l'insalata	8. il brodo
3. i dolci	6. le lasagne	9. gli scampi

H. Lei offre le seguenti bevande ai suoi amici, i quali (*who*) dicono che non le vogliono. Fare le due parti.

▶ vino   S¹: *Vuoi (del) vino?*
             S²: *No, non voglio vino.*

1. acqua minerale	4. birra	7. limonata
2. caffè	5. tè	8. aranciata
3. liquore	6. latte	

IV Adverbs in -mente

Many Italian adverbs end in **-mente.** They are usually adverbs of manner and correspond to English adverbs ending in **-ly.**

Luigi è arrivato **inaspettatamente.**	Luigi arrived *unexpectedly.*
Il professore parla **chiaramente.**	The professor speaks *clearly.*
Bambini, ascoltate **attentamente!**	Children, listen *attentively!*

1. The ending **-mente** is added to the singular feminine form of the adjective.

masc. sing. adj.	fem. sing. adj.	adverb
chiaro	chiara	**chiaramente**
attento	attenta	**attentamente**
inaspettato	inaspettata	**inaspettatamente**
triste	triste	**tristemente**

2. Adjectives that end in **-le** or **-re** preceded by a vowel drop the final **-e** before adding **-mente**.

adjective	adverb
difficile	**difficilmente**
facile	**facilmente**
popolare	**popolarmente**

3. Adverbs are usually placed directly after the verbs.

Parlate **lentamente!**   Speak *slowly!*
Maria è partita **inaspettatamente.**   Maria left *unexpectedly.*

I. Dire che ciascuna delle seguenti persone guida in un certo modo.

▶ Piero / lento   *Piero guida lentamente.*

1. Gianni / veloce
2. Laura e Tina / tranquillo
3. Antonio / paziente
4. Paolo e Carlo / nervoso
5. io / attento
6. Laura / frequente
7. i miei fratelli / continuo
8. suo padre / raro

J. Formare semplici frasi, cambiando l'aggettivo ad un avverbio in *-mente.*

▶ ascoltare / attento   *Noi ascoltiamo attentamente.*

1. rispondere / raro
2. parlare / deciso
3. incontrarsi / casuale
4. arrivare / inaspettato
5. leggere / lento
6. viaggiare / comodo
7. scioperare / quotidiano
8. vestirsi / elegante
9. suonare / continuo
10. telefonare / improvviso

Ripasso

A. Dire che a Franca piace cucinare per le seguenti persone.

▶ Riccardo   *Cucina per lui.*

1. mia madre ed io
2. tu
3. Fernando ed Anna
4. la signora Martinelli
5. tu e Giuseppe
6. lei e la sorella
7. le amiche
8. Franca

B. Dire che lei prende le prime cose ma non le piacciono le seconde cose. Usare il partitivo nella prima parte.

▶ (olive / formaggio)   *Prendo delle olive perché non mi piace il formaggio.*

1. (le vongole / il merluzzo)   5. (il vitello / il maiale)
2. (i pomodori / i fagiolini)   6. (l'aragosta / gli scampi)
3. (la mela / le pesche)   7. (il minestrone / il brodo)
4. (i ravioli / i rigatoni)   8. (il riso / l'insalata)

C. Dire quali generi alimentari (*groceries*) ha comprato quando è andato(a) a fare la spesa.

▶ *Ho comprato della carne, dei pomodori, e dello zucchero.*

D. Completare le frasi cambiando ad avverbi gli aggettivi indicati.

▶ Giorgio è arrivato (inaspettato)   *Giorgio è arrivato inaspettatamente.*

1. Quelle ragazze parlavano (continuo)
2. Mio fratello dorme (tranquillo)
3. Rossana si veste sempre (lento)
4. Lo vedevo (raro)
5. Rispondo alla sua lettera (immediato)
6. Sergio segue la lezione d'italiano (attento)
7. Ogni sera le telefono alle nove (puntuale)
8. Impariamo le lingue straniere (facile)

E. Esprimere in italiano.

Tonio: Do you want to go (*venire*) to Mario's party with Gregorio and me?
Marta: OK, but can I bring (*portare*) some fruit and some dessert?
Tonio: Of course. Do you like spaghetti, chicken, and fish?
Marta: Yes. I like all those things. What time will we go?
Tonio: I'll come to your house at seven and then we can drive slowly, not too fast, and arrive at eight.
Marta: Fine. I'll dress elegantly for the party!

LEZIONE 20ª

Oggi è giornata di sciopero, il secondo in poco più di un mese. I sindacati lo hanno indetto° improvvisamente in segno di protesta contro il governo. Essi chiedono una decisa lotta contro il carovita e miglioramenti salariali per i lavoratori.

lo ... called it

5   Il caos che regna° nella citta è indescrivibile. Non tutti scioperano e molta gente va a lavorare lo stesso. Sono aperti gli uffici statali, le banche e alcune ditte private. I mezzi pubblici di trasporto sono fermi

is

e ognuno si arrangia come può°. Ci sono automobili dappertutto. In
ogni strada vi sono ingorghi. In circolazione vi sono pochi tassì e
10 raramente se ne vede uno libero.

    Anche i bar e le edicole dei giornali sono chiusi e bisogna fare a
meno° del solito caffè e del giornale. Le misure di emergenza adottate
dalle autorità sono inadeguate. I militari sono impiegati nei trasporti
e nei grandi ospedali, ma il loro aiuto attenua solo minimamente il
15 disagio dello sciopero. Fino a tarda sera in tutta la città regnerà una
confusione tale da rendere° ancora più complicata la solita vita quotidiana.

ognuno ... everyone does his/her best

bisogna ... it's necessary to do without

regnerà ... there will be such a confusion as to make

Domande

Generali
1. Cosa è successo oggi?
2. Chi ha indetto lo sciopero?
3. Che cosa chiedono i sindacati?
4. Scioperano tutti? Cosa sono aperti? fermi? chiusi?
5. Cosa fanno i militari?
6. Che cosa regnerà nella città fino a tarda sera?

Personali
7. C'è stato uno sciopero recentemente nella sua città o nel suo paese?
    Che cosa erano chiusi?
8. Chi scioperava?
9. Partecipava lei allo sciopero?

Vocabolario

Nomi

l'**aiuto** help
l'**autorità** authority
il **caos** chaos
il **carovita** cost of living
il **disagio** discomfort
la **ditta** firm
l'**edicola** newsstand
la **lotta** fight
il **militare** military man
il **sindacato** labor union
il **tassì** taxi
il **trasporto** transportation

Verbi

adottare to adopt
attenuare to lessen
impiegare to employ
scioperare to strike

Aggettivi

deciso, -a decisive, strong
generale general
inadeguato, -a inadequate
indescrivibile indescribable
privato, -a private
quotidiano, -a daily
solito, -a usual
statale state

Avverbi

improvvisamente unexpectedly
minimamente minimally
raramente rarely

Altre parole ed espressioni

contro against

fino a tarda sera until late in the evening.
i miglioramenti salariali wage improvements
in circolazione in circulation
in segno di protesta as a sign of protest
le misure di emergenza emergency measures

NOTA CULTURALE: I sindacati dei lavoratori

In Italia i sindacati dei lavoratori sono una grande forza[1] politica ed economica. Il loro potere[2] è aumentato molto dopo l'autunno caldo[3] del 1969, anno di dura lotta[4] fra i dirigenti[5] e i lavoratori delle varie industrie. Oggi ogni categoria lavorativa è rappresentata dal suo proprio sindacato, che poi appartiene ad una delle tre maggiori confederazioni dei sindacati dei lavoratori: la CGIL (Confederazione Generale Italiana del Lavoro), la CISL (Confederazione Italiana Sindacati Lavoratori), e la UIL (Unione Italiana del Lavoro).

Con l'aiuto[6] dei sindacati, i lavoratori italiani hanno raggiunto molte conquiste, come la settimana lavorativa di quaranta ore, il preciso controllo dello straordinario[7] e la scala mobile[8] che permette aumenti salariali quando aumenta il costo della vita[9].

1 force   2 power   3 hot autumn   4 hard struggle
5 management   6 help   7 overtime   8 escalator clause
9 cost of living

Pratica

A. Telefonare ad un amico (una amica) e discutere con lui / lei dello sciopero dei mezzi di trasporto nella propria città. Senza i mezzi è difficile andare a scuola o a lavorare. Includere nella telefonata:

1. quando è cominciato lo sciopero
2. chi è in sciopero
3. che sarà difficile viaggiare
4. come potete andare a scuola o a lavorare
5. a che ora vi incontrerete e dove
6. chi deve telefonare agli altri amici

B. Lei è un operaio (un'operaia), un (una) giornalista la intervista. Scrivere un dialogo in cui lei difende lo sciopero, includendo:

1. quante volte (*times*) hanno scioperato durante l'anno
2. perché sono in sciopero
3. quale partito politico rappresentano (*represent*)
4. il tipo di lavoro che fanno
5. dove lavorano
6. quanto durerà (*will last*) lo sciopero

Modificazioni

1. Oggi è giornata di **sciopero.**
   festa
   caos
   protesta
   lotta

2. Molta gente va a **lavorare.**
   sciare
   giocare
   divertirsi
   fare una gita

3. Bisogna fare a meno **del caffè.**
   dei giornali
   delle bevande
   degli spaghetti
   del vino

Ampliamento del vocabolario

Mestieri, professioni ed altre occupazioni

meccanico
idraulico (*plumber*)
calzolaio (*cobbler*)
muratore (*mason*)
elettricista
falegname (*carpenter*)

commercialista (*graduate in commerce*)
avvocato
medico
architetto
ingegnere

giornalista
dirigente (*executive*)
industriale
operaio (*laborer*)
impiegato
commerciante (*business person*)

A. Rispondere alle seguenti domande.

1. Lei vuole svolgere una professione o un mestiere quando finisce la scuola o l'università?
2. Quale professione le piace svolgere?
3. Quale mestiere preferisce fare lei?
4. Che cosa fa suo padre?
5. Ha una professione sua madre?
6. Secondo lei, devono svolgere una professione le donne?

B. Dare l'occupazione o professione appropriata.

▶ Costruisce edifici.   *architetto*

1. Lavora in un ufficio.
2. Lavora in un garage.
3. Scrive per un giornale.
4. Lavora in una fabbrica.
5. Vende e compra prodotti.
6. Lavora in un ospedale.
7. Ha studiato legge.
8. Ha studiato Economia e Commercio.

Sono una signorina di 35 anni: mi offro come assistente presso uno studio dentistico o medico. Ho buona esperienza. Telefonatemi al numero 341164 di Milano.

Sono un'abile dattilografa di Torino ed eseguirei lavori di dattilografia al mio domicilio. Se avete bisogno telefonatemi, nelle ore dei pasti, al numero 011/441625.

Abito a Roma, rispondo al numero di telefono 4120249, sono disegnatrice-stilista di moda e cerco un serio impiego, possibilmente per mezza giornata. Telefonatemi dalle ore 21 in poi.

Una traduttrice di madrelingua francese, interprete, che conosce anche l'inglese, esegue al proprio domicilio traduzioni e lavori di copiatura. E disponibile anche per lezioni a bambini e adulti. Abita a Milano, risponde ai numeri di telefono 4089829 oppure 6886029.

Struttura ed uso

I *The adverbs of place* ci *and* vi

1. **Ci** and **vi,** meaning either *there* or *here,* are used to refer to a previously mentioned place. They are interchangeable, though **ci** is more common in speech.

Vai **in biblioteca?**	Sì, **ci** vado.	Yes, I'm going *there.*
Vieni qui **a Roma** spesso?	Sì, **ci** vengo spesso.	Yes, I come *here* often.
A che ora vai **da lei?**	**Ci** vado alle sei.	I'm going (*there*) at six.

2. **Ci (vi)** is also used to replace **a** + *noun phrase* after the verbs **pensare** and **credere.**

Pensi **a quella ragazza.** Sì, **ci** penso spesso. Yes, I often think *of her.*

3. **Ci** and **vi** precede or follow the verb according to the rules for object pronouns. (See pages 126 and 205).

Andrai in Inghilterra quest'estate?   Sì, **ci andrò.**

Vuoi andare al mare?   { Sì, **voglio andarci.**
                          { Sì, **ci voglio andare.**

    A. Chiedere a un altro studente (un'altra studentessa) se va spesso ai seguenti posti (*places*).

    ▶ Vai spesso in campagna?   *Sì, ci vado spesso.*
                               No, non ci vado spesso.

1. al teatro	4. al ristorante	7. alla partita
2. da tua zia	5. dal dentista	8. al mercato
3. dai tuoi nonni	6. in casa di amici	9. in Italia

    B. Rispondere alle seguenti domande.

        1. Va spesso al bar? a casa di amici? dai suoi nonni? dai suoi cugini? al ristorante?
        2. Questo fine-settimana andrà in campagna? al mare? a giocare a tennis? a nuotare? a fare una gita?
        3. Vuole andare a Perugia? a Milano? a Parigi? a Londra? a Firenze? a Madrid? ad Atene?
        4. Vorrebbe (*would you like*) abitare a Milano? a Parigi? a Londra? a Madrid? a Firenze?

C. Domandare ad uno studente (una studentessa) se pensa spesso alle seguenti cose.

▶ gli esami   S¹: *Pensi spesso agli esami?*
              S²: *Sì, ci penso spesso.*
                  Non, non ci penso mai.

1. la politica	3. lo sport	5. i compiti
2. gli scioperi	4. le vacanze	6. il mare

II *The pronoun* ne

1. The pronoun **ne** is used when referring back to phrases introduced by the partitive article.

Hai **dei libri** interessanti?	Sì, **ne** ho.	Yes, I have *some* (*of them*).
Chi vuole **del vino?**	Giorgio **ne** vuole.	Giorgio wants *some.*
Chi parla **delle elezioni?**	Roberto **ne** parla.	Robert speaks *about it.*

2. **Ne** is also used refer to a direct object introduced by a number or by an expression of quantity.

Hai **due cugini?**	Sì, **ne** ho **due.**	Yes, I have *two* (*of them*).
Quanti fratelli hai?	**Ne** ho **quattro.**	I have *four* (*of them*).

3. **Ne** is also used to replace phrases introduced by the preposition **di.**

Parlate **di Giovanni?**	Sì, **ne** parliamo ora.	Yes, we are speaking *about him.*
Discuti **di politica** con Giorgio?	Sì, **ne** discuto spesso.	Yes, I discuss *it* often.

4. While the English equivalent of **ne** (*of it, of them, some of it, some of them,* etc.) is often implied rather than stated, the Italian pronoun **ne** is always expressed.

Ha delle olive?	Do you have some olives?
Sì, **ne** ho.	Yes, I have (*some*).
No, non **ne** ho.	No, I don't (have *any*).

5. **Ne** precedes or follows the verb according to the rules for object pronouns. (See pages 126 and 205.)

Compri della carta?	**Ne** compri?
Voglio mangiare del pane.	{ Voglio mangiar**ne.** { **Ne** voglio mangiare.
Desideri parlare del traffico?	{ No, non desidero parlar**ne.** { No, non **ne** desidero parlare.

6. In the present perfect, **ne** precedes the verb and acts as a direct-object pronoun, therefore requiring agreement of the past participle.

Quante mele ha preso?   **Ne** ha **prese** tre.
Quanti bambini hai visto al parco?   **Ne** ho **visti** molti.

D. Chiedere ad un altro studente (un'altra studentessa) se ha alcuni degli oggetti indicati.

▶ dei libri   S¹: *Hai dei libri?*
                     S²: *Sì, ne ho.*
                         No, non ne ho.

1. dei dischi	3. delle piante	5. dei cappelli
2. dei soldi	4. dei vestiti	6. dei guanti

E. Dire quanti dei seguenti parenti ed oggetti lei ha.

▶ maglie   *Ne ho due (tre).*

1. gonne	3. fratelli	5. sorelle	7. cugini
2. giacche	4. zie	6. cravatte	8. dischi

F. Emilio fa la dieta. Dire se vuole mangiare alcuni dei seguenti cibi.

▶ degli spaghetti   *No, non ne vuole mangiare.*
▶ del merluzzo   *Sì, vuole mangiarne.*

1. del pollo	3. dei ravioli	5. delle mele
2. degli scampi	4. del pane	6. del formaggio

G. Dire se in famiglia lei discute dei seguenti soggetti (*topics*). Usare *spesso*, o *non ... mai, sempre,* ecc.

▶ la scuola   *No, non ne discuto mai.*

1. gli sport	5. le crisi di governo
2. le macchine	6. le feste degli amici
3. gli scioperi	7. il traffico
4. i soldi	8. i viaggi da fare nel futuro

H. Lei fa una festa e chiede ad alcuni dei suoi invitati se hanno preso un po' dei cibi indicati. Fare le due parti.

▶ Hai preso dell'antipasto? (sì)   *Sì, ne ho preso.*
▶ Hai preso della pasta? (no)   *No, non ne ho presa.*

1. del pane (no)   6. delle olive (no)
2. degli spaghetti (no)   7. dell'insalata (sì)
3. del dolce (sì)   8. del tè (no)
4. del pollo (sì)   9. del caffè (sì)
5. della frutta (sì)   10. del burro (sì)

III Indefinite adjectives

The adjectives in boldface type in the sentences below are frequently used to express an indefinite quantity of something, or to refer in rather vague terms to an item.

Ecco **alcuni** dischi.	Here are *some* records.
Mangia **qualche** mela.	Eat *some* apples.
Prendi **un po' di** dolce.	Have *some* dessert.

Hanno **pochi** amici.	They have *few* friends.
Qui c'è **molta** gente.	There are *lots of* people here.
Ha **troppe** gonne.	She has *too many* skirts.
Ha **parecchie** giacche.	He has *several* jackets.

Telefona **ogni** mattina.	She telephones *every* morning.
Studiate l'**altra** lezione.	Study the *other* lesson.
Legge **tutto** il pomeriggio.	He reads *the whole* afternoon.

1. **Alcuni, -e** and **qualche** both mean *some,* and are interchangeable. However, **alcuni, -e** is used only in the plural; **qualche** is invariable and it is followed by a singular noun. **Un po' di** is also used to express *some* in the sense of *a little, a bit of.*

2. The singular forms (*m.* and *f.*) of **molto, parecchio, poco,** and **troppo** are used with collective nouns such as **gente, frutta, cibo,** etc.

C'era **molta** (**parecchia, poca, troppa**) gente al mercato oggi.	There were *many* (*several, few, too many*) people at the market today.

These adjectives all have plural forms (**molti, -e; parecchi, -e; troppi, -e; pochi, -e**) and are used with plural nouns.

Hai comprato **molti** (**parecchi, pochi,**   You bought *many* (*several, few,*
   troppi) dischi.   *too many*) records.

3. **Altro** (**altra,** etc.) is usually preceded by an article.
4. **Tutto** (**tutta**) means *the whole* and **tutti** (**tutte**) means *all the.* They
are usually followed by an article.
5. **Ogni** is invariable and is always used with a singular noun.

I. Cambiare le seguenti frasi sostituendo *qualche* ad *alcuni(e)* e vice-
versa.

1. Alcuni negozi sono cari.
2. Qualche persona è povera.
3. Alcune ragazze sono nervose.
4. Qualche bevanda è fredda.
5. Alcuni impiegati sono in sciopero.
6. Qualche ufficio è aperto.

J. Dire che nella sua città ci sono molte (poche, parecchie, troppe) delle
seguenti cose.

▶ ristoranti   *Ci sono molti (pochi, parecchi, troppi) ristoranti.*

1. teatri	4. scuole	7. cinema
2. negozi	5. automobili	8. edicole
3. università	6. ospedali	9. monumenti

K. Franco dice alcune cose ma Mario non è d'accordo. Fare la parte di
Mario, usando la forma appropriata di *altro* nelle risposte.

▶ Quella signora è bella.   *L'altra signora è più bella.*

1. Quella ragazza è alta.
2. Quel negozio è caro.
3. Quei ristoranti sono buoni.
4. Quell'edicola è grande.
5. Quelle automobili sono veloci.

L. Lo sciopero è appena (*just*) incominciato. Mario commenta sui posti
che sono chiusi.

▶ negozio   *Tutti i negozi sono chiusi.* (o) *Ogni negozio è chiuso.*

1. ristorante	3. banca	5. bar
2. edicola	4. ufficio	6. teatro

M. Completare con la forma corretta dell'aggettivo tra parentesi.

▶ Mia zia ha (parecchio) vestiti.   *Mia zia ha parecchi vestiti.*

1. Mia nonna ha (troppo) pazienza.
2. Sergio ha (molto) amici.
3. Ha finito (tutto) il gelato.
4. Hanno invitato (parecchio) amiche.
5. Mangia (qualche) panino.
6. Siamo stati in Italia per (poco) giorni.
7. Il bambino ha mangiato (tutto) i dolci.
8. Non abbiamo (troppo) soldi.

IV *Indefinite pronouns*

Indefinite pronouns are used to express an indefinite quantity. The most common indefinite pronouns are **qualcuno** (*someone*), **qualcosa, qualche cosa, tutto** (*all, everything*), **tutti, tutte** (*everyone*), and **ognuno** (*each one, everyone*).

Qualcuno è entrato prima di me.	*Someone* entered before me.
Hai **qualcosa** da darmi?	Do you have *something* to give me?
Ho comprato **qualche cosa** per lui.	I bought *something* for him.
Abbiamo finito **tutto.**	We finished *everything*.
Tutti sono in macchina.	*Everyone* is in the car.
Ognuno deve fare il proprio lavoro.	*Each one* must do his/her own work.

Note that except for **tutti, tutte,** the indefinite pronouns are used with third person singular forms of the verb when they are the subject of a sentence.

N. Sostituire alle parole indicate il pronome indefinito suggerito. Fare dei cambiamenti nei verbi se è necessario.

▶ *Laura* guarda il telegiornale.   *Qualcuno guarda il telegiornale.*
   (qualcuno)

▶ *Noi* leggiamo il giornale.   *Ognuno legge il giornale.*
   (ognuno)

1. *L'architetto* parla con il cameriere. (tutti)
2. *Il giornalista* scrive per quel giornale. (qualcuno)
3. *Io* ho lasciato la giacca in automobile. (ognuno)
4. *Mia sorella* arriva presto. (tutti)
5. *Tutti* sono partiti. (ognuno)

6. Hanno *dei libri* da darmi?   (qualcosa)
7. *I giovani* sono in aereo.   (qualcuno)
8. *Il libro* è caduto per terra.   (tutti)
9. Hanno comprato *del pesce.*   (qualcosa)

V Ordinal numbers

Ordinal numbers are used to rank things. In Italian they agree in gender and number with the noun they modify.

Leggiamo **la prima lezione.**   We read *the first lesson.*
È il secondo sciopero del mese.   It is *the second strike* of the month.

The first ten ordinals have the following forms:

primo, -a, -i, -e   sesto, -a, -i, -e
secondo   settimo
terzo   ottavo
quarto   nono
quinto   decimo

After **decimo,** ordinal numbers are formed by dropping the last vowel of the cardinal numbers and adding **-esimo, -esima, -esimi, -esime.** Numbers ending in accented **-é** (**ventitré, trentatré,** etc.) retain the final **-e,** without the accent.

undicesimo, -a, -i, -e   ventesimo, -a, -i, -e
dodicesimo   ventunesimo
tredicesimo, *etc.*   ventiduesimo
                   ventitreesimo, *etc.*

O. Marco ed alcuni suoi amici aspettano per entrare al teatro. Dire qual è la loro posizione nella fila (*line*). Usare la forma ordinale dei numeri.

▶ Marco (3)   *È il terzo.*
▶ Gianni e Lidia (21)   *Sono i ventunesimi.*

1. Giacomo (18)   6. Silvia e Maria (20)
2. Mirella (23)   7. Giorgio (25)
3. Gina (11)   8. Carla (33)
4. Paolo (70)   9. Luisa (90)
5. Franco (1)   10. Piero e Pina (12)

P. Rispondere alle seguenti domande.

1. Qual è il secondo giorno della settimana?
2. Qual è il decimo mese dell'anno?
3. Quale lezione segue la nona?
4. Chi è stato il primo presidente degli Stati Uniti?
5. Quale mese dell'anno e giugno?
6. Quale lezione studiamo adesso?

Ripasso

A. Dire quando queste persone sono andate o andranno a Roma, secondo le parole indicate, usando gli avverbi *ci* o *vi*.

▶ io (quest'estate)   *Ci andrò quest'estate.*
▶ voi (ieri)   *Ci siete andati ieri.*

1. Giulia (domani)	4. i signori Martini (domenica scorsa)
2. noi (la settimana scorsa)	5. lei, signora Dori (fra due settimane)
3. tu (il mese prossimo)	6. voi (il mese scorso)

B. Rispondere logicamente alle seguenti domande, usando il pronome *ne* nelle risposte.

▶ Vuoi del caffè?   *Sì, ne voglio.*
  No, non ne voglio.

1. Quante persone vedi nell'aula?	4. Vedi dei film alla televisione?
2. Quanta carne mangi?	5. Parli di politica con gli amici?
3. Mangi spaghetti alle vongole?	6. Quante macchine hai?

C. Descrivere sé stesso(a), usando un'appropriata espressione di quantità.

▶ soldi   *Ho molti (pochi, parecchi, troppi) soldi.*

1. compiti	4. amici	7. scarpe
2. vestiti nuovi	5. maglie	8. cugini
3. libri	6. dischi	9. valigie

D. Esprimere in italiano.

Ecco una pagina dal diario (*diary*) di Sandra che parla della sua amica Maria.

I like to go to Maria's. I go there often to talk. We drink some wine and we eat some fruit. Then we listen to (some) records, eat some dessert, and (just) talk all afternoon. Maria always has something to tell me and she tells me everything. I'm going to her house again (*di nuovo*) this afternoon.

ATTUALITÀ 5

IN CERCA DI[1] UNA PROFESSIONE

Nelle scuole ed università italiane non esiste[2] oggi un centro di orientamento scolastico e professionale per aiutare i giovani nella scelta[3] della loro futura professione.

Spesso gli studenti scelgono[4] e frequentano una facoltà universitaria per via del prestigio del nome di essa o per una tradizione di famiglia. Questo è vero specialmente per medicina e giurisprudenza, che hanno visto crescere[5] notevolmente negli ultimi anni il numero di giovani iscritti[6] ai loro corsi. Il risultato è che oggi in Italia ci sono moltissimi medici ed avvocati, ma solo pochi di loro riescono[7] a trovare un buon lavoro. Per gli altri è l'inizio[8] di una dura ricerca. Alla fine, per non rimanere più a lungo disoccupati[9] devono adattarsi[10] ad un tipo di lavoro molto diverso.

Per risolvere questo problema, la società italiana ha chiesto ormai da anni al governo direttive e regolamenti per una più stretta collaborazione tra la scuola, l'università e l'industria. Lo scopo[11] finale è quello di portare a conoscenza degli studenti i futuri bisogni del mondo del lavoro, dando loro una più ampia[12] possibilità di scelta per una sicura professione.

1 searching for   2 doesn't exist   3 choice   4 choose
5 grow   6 enrolled   7 succeed   8 beginning
9 unemployed   10 adjust   11 goal   12 wider

LETTERA AL DIRETTORE DI UNA RIVISTA

Egregio direttore,
sono una giovane di diciotto anni e frequento l'ultimo anno dell'istituto Magistrale della mia città. Ora che sto per[1] ottenere il diploma di maestra, mi rendo conto[2] che non mi piace incominciare la carriera dell'insegnamento[3].

La materia[4] che mi piace di più è il disegno e vorrei lavorare nel settore della pubblicità. Non so però quali tipi di lavoro esistono in questo campo e se è necessaria una preparazione specifica. Che cosa mi consiglia di fare?

1 I am about to   2 I realize   3 teaching   4 subject

RISPOSTA DEL DIRETTORE

Inutile dirle che sarebbe stato meglio frequentare il liceo artistico piuttosto che[1] l'istituto magistrale. Comunque c'è sempre tempo per rimediare. Le consiglio di iscriversi[2] appena può all'Accademia di Belle Arti della sua città. Con buona volontà[3] e qualche anno di preparazione non le sarà difficile trovare nel futuro un buon lavoro nel campo pubblicitario.

1 rather than   2 enroll   3 will

Un'altra manifestazione

I giovani di un liceo fanno una dimostrazione per chiedere la pronta riforma del sistema universitario italiano.

INFORMAZIONI E CURIOSITÀ

— La costituzione italiana stabilisce che l'Italia è "una repubblica democratica fondata sul lavoro".

— L'Italia è una repubblica a governo parlamentare.

— Nella Camera dei deputati[1] ci sono 630 membri, mentre nel Senato ce ne sono 315. I deputati ed i senatori sono eletti per 5 anni.

— Il Presidente della Repubblica viene eletto dal Parlamento.

— Il Presidente della Repubblica è in carica[2] per sette anni

— L'Italia è membro dell'**ONU** (Organizzazione delle Nazioni Unite) dal 1955, della **Cee** (Comunità economica europea) dal 1957, e della **NATO** dal 1949.

— Al Parlamento europeo ci sono 35 rappresentanti italiani.

— In Italia i diciottenni possono votare. Ma per eleggere i membri del senato bisogna avere venticinque anni.

— Il servizio militare è obbligatorio in Italia solamente per gli uomini. Il periodo di tempo di servizio è di dodici mesi nell'esercito[3] o nell'aviazione, e di diciotto mesi nella marina[4].

— In Italia la settimana lavorativa è di quaranta ore. Non tutti però hanno il sabato libero. Infatti le scuole, molte industrie private ed enti statali funzionano regolarmente sei giorni alla settimana.

1 Chamber of Deputies   2 in office   3 army   4 navy

Annunci pubblicitari

Cerchiamo una professoressa d'inglese disposta° a seguire una ragazza di   willing
tredici anni per l'intero° anno scolastico. Abitiamo a Genova. Telefonate   the entire
al numero 765624.

Un'avvocatessa di Torino cerca una collaboratrice familiare° referenziata,   maid
fidata°, buone capacità per i lavori domestici, di carattere mite°, per una   trusted / good
famiglia di quattro persone. Offre vitto°, alloggio, compenso,   food
assicurazioni di legge, libertà da convenire. Scrivete a Cristina Arpini, via
del Gambero 49, Torino.

Sono un bravo artigiano di massima serietà. Abito a Bergamo e mi offro
di eseguire° lavori nelle vostre case. Sono in grado° di fare riparazioni   to do / I'm able
idrauliche ed elettriche, pulisco vetri°, e faccio lavori di falegnameria° e   windows / carpentry
verniciatura°. Chiamate Fausto al numero 557822.   painting

Cerco una signora distinta, seria e referenziata come cuoca-governante°   cook-housekeeper
per una anziana coppia di pensionati che abitano in una villetta in
campagna. Scrivere indirizzando casella postale° numero 70, Terracina   P.O. Box
(Latina).

Una giovane 23enne, diplomata in fisioterapia della riabilitazione, cerca
impiego a Milano presso case di cura°, palestre°, istituti e per terapie a   in nursing homes / gyms
domicilio°. Scrivete indirizzando patente numero 3124, fermo posta°,   at home / general delivery
Brescia.

Da novembre ad aprile affitto° un miniappartamento a Rapallo.   I'm renting
L'alloggio è molto confortevole, ed è composto da cucina, bagno,
ed una camera. C'è la lavatrice°, il telefono, ed il riscaldamento°   washing machine / heating
autonomo. Se siete interessati, telefonatemi al numero 014/4923.

Volete imparare a giocare a tennis? Diamo corsi per donne e ragazzi, tre
ore per settimana, a sole 90 mila lire mensili°. Telefonate al numero   per month
27396 di Roma.

Marcella di Venezia vende per un milione di lire il pianoforte della
nonna. È funzionante, autentico dell'800 ed in ottimo stato. Risponde al
numero 5432578.

Vendo per 100 mila lire un cappotto verde, taglia° 44, in perfetto stato,   size
usato pochissimo. Vi interessa? Chiamatemi al 984237 di Pescara.

Che partita è in programma?

LEZIONE 21ª

Franco	Mario, che ne dici di andare° allo stadio domenica?
Mario	Quale partita è in programma?
Franco	Roma-Napoli. Dicono che sarà un incontro spettacolare.
Mario	Viene anche Luciana allo stadio?
5 **Franco**	Non lo so, ma glielo posso chiedere stasera.
Mario	Me lo fai sapere se ci viene anche lei?
Franco	Certo, te lo dirò per telefono.
Mario	Quanto costa il biglietto?

che ... what about going

272

Franco	Cinquemila lire il posto in curva.°	**posto** ... corner seat
10 **Mario**	A che ora andiamo allo stadio?	
Franco	Un po' presto, verso l'una. È prevista la vendita totale dei biglietti e ci saranno quasi novantamila persone.	
Mario	Allora dobbiamo affrettarci ad acquistare i biglietti.	
Franco	C'è un rivenditore nel bar vicino a casa mia. Te lo compro	
15	io il biglietto?	
Mario	Sì, grazie, poi ti darò i soldi non appena° ci vedremo.	**non** ... as soon as
Franco	D'accordo, ti telefono stasera. Ciao.	
Mario	Ciao.	

Domande

Generali

1. Dove vanno i due amici domenica?
2. Quale partita è in programma? Come sarà l'incontro?
3. A che ora vanno allo stadio? Perché ci vanno così presto?
4. Quante persone ci saranno allo stadio?
5. Chi comprerà i biglietti? Dove?

Personali

6. Dove va lei la domenica con i suoi amici?
7. Qual è il suo sport preferito?
8. Va a vedere le partite? Quali?
9. Quanto costano su per giù (*more or less*) i biglietti?
10. Cosa prende da mangiare o da bere quando va alla partita?

Vocabolario

Nomi

la **persona**   person
il **posto**   place, seat
il **rivenditore**   ticket seller
la **vendita**   sale

Aggettivi

cinquemila   five thousand
novantamila   ninety thousand
spettacolare   spectacular
totale   total

Verbi

acquistare   to buy
affrettarsi   to hurry

Altre parole ed espressioni

glielo posso chiedere   I can ask her about it
me lo fai sapere?   will you let me know?
te lo compro io?   shall I buy it for you?
un po' presto   a little early
verso l'una   around one o'clock

NOTA CULTURALE: Gli sport in Italia

In Italia parlare di sport, significa discutere di pallone e del gioco del calcio. Il calcio è il passatempo nazionale per nove mesi dell'anno, da settembre a giugno. Durante questo periodo molti Italiani passano la domenica pomeriggio allo stadio a vedere la partita ed a fare il tifo[1] per la propria squadra.[2] Il calcio è stato da sempre uno sport per soli uomini, ma oggi molte donne seguono con interesse questo sport e vanno spesso allo stadio. Addirittura[3] di recente si sono formate squadre di calcio femminili, che a livello semiprofessionale ricevono già notevole attenzione da parte del pubblico.

Il secondo sport più popolare è il ciclismo. I giovani specialmente praticano questo sport con passione durante i mesi più caldi dell'anno, fra maggio e settembre. Ma è il Giro d'Italia[4] che ogni anno attrae[5] l'interesse della stampa nazionale ed internazionale. Questa corsa[6], a cui partecipano anche molti ciclisti stranieri, inizia alla metà di maggio e dura circa venti giorni. Facendo tappa[7] ogni anno in differenti città italiane, il Giro attraversa tutta la penisola e porta[8] con sé un'atmosfera di festa e di gioventù.

Negli ultimi decenni, i giovani italiani hanno scoperto l'importanza dello sport come attività fisica ed agonistica.[9] Oltre al calcio ed al ciclismo, è nato in loro l'interesse verso altri sport come la pallacanestro, il tennis, il nuoto e lo sci. Il merito di questo risveglio[10] sportivo va attribuito moltissimo al CONI, che mantiene ed organizza l'attività sportiva italiana. Attraverso i centri CONI, abili istruttori insegnano ogni anno varie discipline sportive ad un numero sempre maggiore di giovani italiani.

1 to root 2 team 3 quite 4 Tour of Italy 5 attracts
6 race 7 stop 8 brings along 9 competitive
10 awakening 11 CONI = Comitato Olimpico Nazionale Italiano

Modificazioni

1. Che ne dici di **andare allo stadio?**
      andare al cinema
      fare una passeggiata
      uscire con gli amici
      passare una serata (*evening*) insieme

2. **Quanto costano** i biglietti?
   Quanti sono
   Chi compra
   A chi diamo

3. Ci saranno **novantamila** persone.
      settantamila
      centomila
      quindicimila
      duecentomila

4. Dicono che **sarà un incontro spettacolare.**
      pioverà
      farà bel tempo
      ci sarà una festa

Pratica

A. Lorenzo aveva programmato di andare alla partita di calcio con il suo amico Luca. Non ha potuto ancora comprare i biglietti, quindi chiede a suo padre di comprarglieli. Scrivere un dialogo di sei righe fra Lorenzo ed il padre.

B. Lei ha due biglietti per la partita di calcio di domenica, ma si rende conto (*you realize*) che altri impegni (*commitments*) non le permettono di andare. Telefonare ad un amico (un'amica), offrirgli(le) i biglietti, e spiegare il motivo per cui non può andare.

Ampliamento del vocabolario

I numeri da 100 in poi

100 = cento	1.000 = mille
101 = centouno	1.100 = millecento
120 = centoventi	1.420 = millequattrocentoventi
150 = centocinquanta	2.000 = duemila
200 = duecento	3.000 = tremila
300 = trecento	4.000 = quattromila
400 = quattrocento	5.000 = cinquemila
500 = cinquecento	10.000 = diecimila
600 = seicento	15.000 = quindicimila
700 = settecento	100.000 = centomila
800 = ottocento	200.000 = duecentomila
900 = novecento	1.000.000 = un milione

Note the use of a period instead of a comma in numbers starting with 1000.

A. Leggere ad alta voce in italiano.

▶ 150 biglietti   *centocinquanta biglietti*

1. 365 giorni
2. 1.000 lire
3. 400 lavoratori
4. 15.000 persone

5. 950 posti
6. 1.000.000 di dollari
7. 2.000 anni
8. 1 420 studenti

B. Rispondere alle seguenti domande in lire. Usare il cambio (*rate of exchange*) di 1.000 lire per un dollaro.

▶ Quanto costa questa maglia? ($35)   *Costa trentacinquemila lire.*

1. Quanto costa un biglietto per il teatro? ($8)
2. Quanto costa un biglietto ferroviario Roma–Milano? ($20)
3. Quanto costa questo paio di scarpe? ($30)
4. Quanto costa una FIAT? ($6,000)
5. Quanto costano questi pantaloni? ($15)
6. Quanto costa una cena in questo ristorante? ($13)

Struttura ed uso

I Two object pronouns

1. When both indirect- and direct-object pronouns occur with the same
   verb, the indirect object precedes the direct object. The indirect object
   pronouns **mi, ti, ci,** and **vi** become **me, te, ce,** and **ve** before **lo (l'), la
   (l'), li,** and **le.**

Mi chiede un favore.	**Me lo** chiede.	He asks *me for it.*
Ti ha comprato il biglietto.	**Te l'**ha comprato.	He bought *it for you.*
Ci danno il dizionario.	**Ce lo** danno.	They give *it to us.*
Vi scrivono la lettera.	**Ve la** scrivono.	They write *it to you.*

2. The indirect-object pronouns **gli** and **le** become **glie** before **lo (l'), la
   (l'), li,** and **le.** The combination is written as one word.

Gli spedisco il questionario.	**Glielo** spedisco.	I send *it to him.*
Gli do le riviste.	**Gliele** do.	I give *them to him.*
Le ho comprato il libro.	**Gliel'**ho comprato.	I bought *it for her.*
Le daremo i soldi.	**Glieli** daremo.	We'll give *them to her.*

3. The indirect-object pronoun **loro** is never attached to the direct-object
   pronoun and always follows the verb.

   | Lo mando ai miei amici. | **Lo** mando **loro.** |
   | Li offro alle zie di Maria. | **Li** offro **loro.** |

Here is a chart showing the combinations of indirect- and direct-object
pronouns.

Indirect-object pronouns	+ lo	+ la	+ li	+ le
mi	me lo	me la	me li	me le
ti	te lo	te la	te li	te le
gli } **le** }	glielo	gliela	glieli	gliele
ci	ce lo	ce la	ce li	ce le
vi	ve lo	ve la	ve li	ve le
loro	lo ... loro	la ... loro	li ... loro	le ... loro

3. The reflexive pronouns **mi, ti, si, ci, vi**, and **si** become **me, te, se, ce, ve**, and **se** before **lo, li, la**, and **le**.

Mi metto la giacca.	**Me la** metto.	I put *it* on *(myself)*.
Si lava le mani.	**Se le** lava.	She washes *them (herself)*.

4. The pronoun **ne** *(of it, of them)* behaves like a direct-object pronoun. The indirect-object pronouns **gli** or **le** become **glie** and are attached to it.

Mi danno dell'acqua.	**Me ne** danno.	They give *me some (of it)*.
Vi offrono del tè.	**Ve ne** offrono.	They offer *you some (of it)*.
Gli do del formaggio. ⎫ Le do del formaggio. ⎭	**Gliene** do.	I give *him (her) some (of it)*.

Ne is never attached to **loro**.

Do loro del vino.	**Ne** do **loro**.
Offriamo loro dei panini.	**Ne** offriamo **loro**.

A. Franco chiede a Mario se fa le seguenti cose. Fare la parte di Mario.

▶ Fai i compiti a tua sorella?   *Sì, glieli faccio.*
                                   No, non glieli faccio.

1. Compri dei biglietti a Michele? (sì)
2. Chiedi dei favori ad Anna? (no)
3. Vendi la macchina a tuo zio? (sì)
4. Presenti Elena a Teresa? (sì)
5. Porti il libro a Giorgio e Tina? (no)
6. Dai le riviste alle tue amiche? (sì)
7. Prepari la colazione a Gino? (no)
8. Mandi delle cartoline a tua sorella? (sì)

B. Dire che Gianni fa le seguenti cose per lei. Usare i pronomi.

▶ Compra la rivista.   *Me la compra.*
▶ Compra delle riviste.   *Me ne compra.*

1. Presta la macchina.
2. Offre dei dolci.
3. Dà del formaggio.
4. Manda dei fiori.
5. Prepara gli spaghetti.
6. Paga il conto.

C. Dire che lei presta le seguenti cose alle persone indicate.

▶ (a te) il libro   *Te lo presto.*
▶ (a te) dei libri   *Te ne presto.*

1. (a Luigi) la bicicletta
2. (ai bambini) delle riviste
3. (a te) l'impermeabile
4. (a voi) la calcolatrice
5. (a Marinella) la giacca verde
6. (ai miei amici) la macchina
7. (a te) gli sci
8. (al signore) i giornali

D. Domandare ad un altro studente (un'altra studentessa) se fa queste attività. Usare due oggetti di complemento nelle risposte.

▶ mettersi l'impermeabile   S¹: *Ti metti l'impermeabile d'inverno?*
   d'inverno   S²: *Sì, me lo metto.* (o) *No, non me lo metto.*

1. farsi la doccia ogni sera
2. mettersi i guanti d'estate
3. comprarsi dei dolci
4. prepararsi la colazione
5. lavarsi le mani spesso
6. ricordarsi il compleanno di tua madre

E. Rispondere alle seguenti domande usando due pronomi, quello di complemento diretto e quello di complemento indiretto.

1. Paga il caffè ai suoi amici?
2. Fa delle domande al professore?
3. Prepara la colazione a suo fratello?
4. Presta i soldi ai suoi amici?
5. Fa una telefonata a (Lucia)?
6. Compra i fiori a sua madre?

II Interrogative adjectives

In the following exchanges the words in boldface type are interrogative adjectives.

Quale giornale compri?   *Which* newspaper do you buy?
Quali dischi hai?   *Which* records do you have?
Quanto caffè devo preparare? *How much* coffee must I prepare?
Quante persone hai invitato? *How many* persons have you invited?
Che libro è?   *What* book is it?
Che riviste sono?   *What* magazines are they?

1. **Quale** (*which, what*) agrees with the noun in the plural only.

2. **Quanto** has four forms. **Quanto** and **quanta** mean *how much;* **quanti** and **quante** mean *how many.*

3. **Che** (*what*) is invariable.

F. Eugenio e Gino sono all'angolo di una strada (*on a street corner*). Eugenio indica qualcosa o qualcuno a Gino, ma Gino è distratto. Fare la parte di Gino e usare *quale* o *quali* nelle domande.

▶ Guarda la studentessa!   *Quale studentessa?*

1. la macchina
2. le biciclette
3. il negozio di moda
4. quella ragazza
5. i militari

6. il muratore
7. i bambini
8. quel signore alto
9. quella motocicletta

G. Completare le domande basate sulle seguenti frasi. Usare *che* o la forma appropriata di *quale* o *quanto*.

▶ Gianna ha telefonato ad un'amica.   *A quale amica ha telefonato?*

1. Ho perso delle cravatte. ... cravatte hai perso?
2. Hanno delle sedie nuove. ... sedie nuove hanno?
3. Comprano del formaggio. ... formaggio comprano?
4. Leggono dei giornali. ... giornali leggono?
5. Sono le tre. ... ore sono?
6. Ci sono sei piatti in tavola. ... piatti ci sono in tavola?
7. Gli piacciono le camicie francesi. ... camicie gli piacciono?
8. Oggi è martedì. ... giorno è oggi?

H. Rispondere alle seguenti domande.

1. Quali giornali compra?
2. Quali riviste compra?
3. Quanti libri legge ogni mese?
4. Che musica preferisce?

5. Che film preferisce?
6. Quanti fratelli e sorelle ha?
7. Che giorno è oggi?
8. Che ore sono?

III Interrogative pronouns

In the following exchanges the words in boldface type are interrogative pronouns.

Che cosa
Cosa } studiate?   *What* do you study?
Che

Quale vuoi?   *Which one* do you want?
Qual è la tua borsa?   *Which* is your pocketbook?
Quali sono i tuoi guanti? *Which* are your gloves?

Quanto ne vuoi?	*How much* do you want (of it)?
Quante ne prendi?	*How many* are you taking (of them)?
Chi è entrato?	*Who* entered?
A **chi** scrivi?	*To whom* are you writing?
Di **chi** è la giacca?	*Whose* jacket is it?

1. **Quale** becomes **qual** before **è** (*is*).

2. **Chi** can mean both *who* and *whom*. **Di chi** means *whose*.

I. Paolo non sente molto bene quello che dice Michele e gli chiede cosa o chi ha visto. Fare la parte di Paolo usando *chi* per persone e *cosa* per oggetti.

▶ Ho visto un film americano.   *Cosa hai visto?*
▶ Ho visto una bella ragazza.   *Chi hai visto?*

1. tre macchine sportive
2. una partita di calcio
3. lo zio di Stefano
4. la signora Dini

5. uno spettacolo divertente
6. delle studentesse
7. un programma interessante
8. il cugino di Susanna

J. Completare ciascuna domanda con un pronome interrogativo appropriato.

▶ Preferisce questo piatto.   *Quale preferisce?*

1. Abito con mia madre. Con ... abito?
2. Abbiamo preso tre mele. ... ne abbiamo prese?
3. Gianni telefona spesso a Piera. A ... telefona spesso?
4. Ecco cinque panini. ... ne vuoi?
5. Faccio un favore a Paolo. A ... faccio un favore?
6. Parla il professore. ... parla?
7. Scrivono due lettere. ... ne scrivono?
8. È la borsa di Susanna. Di ... è la borsa?

K. Rispondere alle seguenti domande.

1. Con chi parla spesso al telefono?
2. Chi arriva in ritardo a scuola?
3. Che cosa ha fatto di bello ieri sera?
4. Con che cosa scrive?
5. Qual è il suo posto?
6. Di chi è questo libro?
7. Scrive molte lettere? Quante ne scrive ogni settimana?
8. Mangia molto pane? Quanto ne mangia ogni giorno?

Ripasso

A. Sostituire il complemento diretto e indiretto alle parole sottolineate.

▶ Presto la macchina a Luigi.   *Gliela presto.*

1. Do un regalo a mia madre.
2. Giorgio manda la lettera ai suoi amici.
3. Offro dei dolci a Susanna.
4. Compro le riviste per le signorine.
5. Franca prepara la cena per me.
6. Il cameriere porta il conto a me.
7. Faccio una domanda alla professoressa.
8. Mio padre presta la macchina a me.
9. Il bambino chiede dell'acqua alla madre.

B. Rispondere alle domande secondo il modello.

▶ Scrivi delle cartoline a Monica? (sì)   *Sì, gliene scrivo.*

1. Compri una cravatta a tuo padre? (sì)
2. Prepari mai il caffè a tua madre? (no)
3. Spieghi la lezione agli altri studenti? (sì)
4. Il professore ci presta la macchina? (no)
5. Presenterai i tuoi genitori al professore? (no)
6. Mandi dei dolci alla tua amica? (sì)
7. Ti sei lavato la faccia stamattina? (sì)
8. Dai il tuo indirizzo a me e a Carlo? (no)

C. Voltare a pagina 159 e a pagina 231. Preparare dieci domande basate sulle foto, usando aggettivi interrogativi per formare le prime cinque domande, e pronomi interrogativi per le altre cinque domande.

D. Esprimere in italiano.

Susanna: Which magazine did you give Elena?
   Viola: I gave her the new one. She'll give it back to me later.
Susanna: Who called while I was writing?
   Viola: Gina. She wants your blue jacket for this evening.
Susanna: My blue jacket? But I lent it to her yesterday! What a girl!

"Forza Napoli!"

LEZIONE 22ᵃ

È domenica mattina. Sono le nove e Roberto dorme ancora profondamente. All'improvviso un rumore assordante lo sveglia. Roberto si affaccia alla finestra della sua stanza e vede passare giù nella strada una lunga fila di automobili e torpedoni pieni di gente che sta fi-
5 schiando, ridendo, cantando e suonando strumenti vari. Poi dalla scritta "Forza Napoli" capisce di che cosa si tratta.°

di ... what it's all about

Nel pomeriggio è in programma allo stadio Olimpico l'incontro di calcio Roma–Napoli, molto sentito dai tifosi di entrambe le squadre. Roberto si chiede: "Ma arrivano a quest'ora? Non hanno forse dormito?
10 Certo, con l'autostrada hanno impiegato meno di° tre ore, ma, perbacco, io direi che potrebbero fare meno rumore."

hanno ... they took less than

Nel frattempo la lunga fila di automobili continua e, toh, quello cos'è°? È un autocarro che trasporta un asino infiocchettato d'azzurro°. Poi segue Pulcinella, una maschera del teatro napoletano, che saluta
15 tutti allegramente. Un'altra auto trasporta una bara, che dovrebbe significare la sicura sconfitta della Roma. Infine altre automobili con bandiere azzurre, una vera invasione!

toh ... I say, what's that / **asino** ... donkey tasseled in blue

Ma quella laggiù, che cos'è? Sì, è proprio una bandiera giallorossa°, sono i colori della Roma! Bene, finalmente i tifosi romani cercano di
20 opporsi a quelli napoletani e pian piano spuntano altre bandiere giallorosse. È il festoso preludio di quell'insieme di sentimenti e di tifo appassionato che esploderà in tutta la sua potenza durante la partita.

yellow and red

Domande

Generali
1. Che giorno è? Che ora è?
2. Che cosa sveglia Roberto?
3. Che cosa è in programma nel pomeriggio?
4. Chi è Pulcinella? Che cosa fa Pulcinella?
5. Che cosa fanno i tifosi romani?

Personali
6. Dove va di solito la domenica?
7. Che cosa è in programma questo pomeriggio alla televisione (allo stadio)?
8. Quali sono i colori della bandiera del nostro paese?
9. Fa il tifo per qualche sport? Quale?

Modificazioni

1. **Un rumore** lo sveglia.
   L'orologio
   Un'esplosione
   Sua madre
   La radio

2. È in programma **l'incontro di calcio.**
   una festa
   uno sciopero
   un ballo (*dance*)

3. Saluta tutti **allegramente.**
   tristemente
   cordialmente
   casualmente

Vocabolario

Nomi

l'**auto**   car
l'**autocarro**   truck
l'**autostrada**   highway
la **bandiera**   banner, flag
la **bara**   coffin
la **fila**   line
l'**invasione** *f.*   invasion
la **maschera**   masked character
la **potenza**   power
il **preludio**   prelude
il **rumore**   noise
la **sconfitta**   defeat
la **scritta**   caption
il **sentimento**   feeling
lo **strumento**   instrument
il **tifo**   rooting
il **tifoso**   fan
il **torpedone**   motorcoach

Aggettivi

appassionato, -a   passionate
assordante   deafening
entrambe (*m. pl.* **entrambi**)   both
festoso, -a   merry
napoletano, -a   Neapolitan
pieno, -a   full
vario, -a   different

Avverbi

allegramente   cheerfully
finalmente   finally
giù   down
infine   at the end
laggiù   down there
profondamente   soundly

Verbi

affacciarsi (a)   to look out
cantare   to sing
chiedersi   to wonder
fischiare   to whistle
opporsi   to object, to oppose
potrebbero   they could
ridere (riso)   to laugh
salutare   to greet
spuntare   to appear
svegliare   to awaken
suonare   to play (an instrument)
trasportare   to transport

Altre parole ed espressioni

perbacco   by Jove

essere in programma   to be
   scheduled
"Forza Napoli!"   Go ahead, Naples!
nel frattempo   in the meantime
pian piano   little by little

NOTA CULTURALE: Il folclore italiano

L'Ente Provinciale Turismo di Siracusa in collaborazione con la RAI-TV Italiana è lieto di invitare i cittadini a partecipare alla **FESTA DEL FOLKLORE SICILIANO**

Allo spettacolo, che sarà ripreso dalla televisione, parteciperanno tra gli altri:

Tony Cucchiara
La Compagnia del Teatro Stabile di Catania
I pupi siracusani dei Fratelli Vaccaro
I Cilliri
Il Gruppo Folkloristico "I Figli dell'Etna"
I Mammasantissima

Con le esigenze dei tempi moderni e lo sviluppo di nuovi interessi, molte manifestazioni folcloristiche italiane vanno a poco a poco[1] scomparendo[2]. Comunque ci sono varie città e paesi dove le tradizioni folcloristiche sono ancora presenti. Alcuni aspetti del folclore sono espressi in danze, canzoni[3], feste religiose, costumi, gare[4] e sagre[5].

Una delle più tipiche danze folcloristiche italiane è la *tarantella napoletana*, ballata a coppie[6] e accompagnata da tamburelli[7] e nacchere[8]. La maggior parte delle canzoni tradizionali sono nel dialetto della regione o provincia di origine. Alcune feste religiose tradizionali come la processione del Venerdì Santo[9] in alcune città, ed alcune gare, come il Palio di Siena, risalgono[10] al Medio Evo[11] o all'Epoca rinascimentale[12]. Queste manifestazioni sono oggi una grande attrazione turistica anche perché in queste occasioni vengono indossati[13] i bei costumi regionali.

1 little by little   2 disappearing   3 songs   4 contests
5 festivals   6 in pairs   7 tambourines   8 castanets
9 Good Friday   10 go back   11 Middle Ages
12 Renaissance era   13 dressed up in (wearing)

Pratica

A. Lei fa la parte di Roberto nella lettura a pagina 283 e telefona a Franco per descrivergli quello che vede dalla finestra. Scrivere un dialogo di almeno dodici frasi fra lei e Franco.

B. Dire se le seguenti frasi sono vere o false.

1. Sono le nove e Roberto è allo stadio.
2. Un rumore assordante sveglia Roberto.
3. La strada è piena di gente, macchine e torpedoni.
4. L'azzurro è il colore della squadra romana.
5. È in programma l'incontro di calcio Roma-Napoli.
6. Un asino guida un'automobile.

C. Scrivere un paragrafo descrivendo quello che lei ha fatto domenica scorsa. Includere le seguenti informazioni:

1. a che ora si è svegliato(a)
2. cosa ha fatto prima di uscire
3. con chi ha parlato al telefono
4. dove si è incontrato(a) con gli amici

Ampliamento del vocabolario

Rivenditori e negozi

il giornalaio *newsvendor*	l'edicola *newsstand*
il libraio *bookseller*	la libreria *bookstore*
il farmacista *pharmacist*	la farmacia *pharmacy*
il panettiere *baker*	la panetteria *bakery*
il fruttivendolo *fruitvendor*	la frutteria *fruit shop*
il macellaio *butcher*	la macelleria *butcher's shop*
il droghiere *grocer*	la drogheria *grocery shop*
il salumiere *delicatessen seller*	la salumeria *delicatessen*
il lattaio *milkman*	la latteria *dairy*
il pescivendolo *fishseller*	la pescheria *fish market*

Some of the words listed above can be used in the feminine by using a feminine article and changing the final vowel to **a.**

la giornalaia	la lattaia
la panettiera	la libraia

Completare ciascuna frase con un sostantivo appropriato.

1. Il droghiere lavora in una ...
2. Il giornalaio vende ...
3. Dal panettiere compriamo ...
4. Compro del prosciutto dal ...
5. ... vende carne.
6. ... vende latte.
7. Compro del pesce fresco dal ...
8. ... lavora in una farmacia.
9. Compriamo pere e banane dal ...
10. Compro una rivista in un' ...

Struttura ed uso

I The progressive tenses

Italian often uses the present and imperfect tenses to express ongoing actions in situations in which English uses a progressive tense.

Discutono di politica.	*They're discussing* politics.
Fa colazione.	*He's eating* lunch.

Dormivamo quando sono entrati.	*We were sleeping* when they came in.
Scrivevo mentre **leggevi.**	*I was writing* while *you were reading.*

Italian also has a set of progressive tenses which "zero in" more specifically on an ongoing action. The progressive tenses are used when the speaker wants to stress that an action is (was, will be) going on.

Present	—Cosa **stai facendo?**	What *are you doing?*
progressive:	—**Sto leggendo** il giornale.	*I'm reading* the newspaper.

Past	—Cosa **stavi facendo** ieri	What *were you doing* yesterday
progressive:	quando ho telefonato?	when I telephoned?
	—**Stavo studiando.**	*I was studying.*

Here is a chart showing the complete conjugation of the present and the past progressive of **studiare.**

	present progressive	past progressive
io	sto studiando	stavo studiando
tu	stai studiando	stavi studiando
lui/lei	sta studiando	stava studiando
noi	stiamo studiando	stavamo studiando
voi	state studiando	stavate studiando
loro	stanno studiando	stavano studiando
	I'm studying, you're studying, etc.	*I was studying, you were studying, etc.*

1. The present progressive consists of the present tense of **stare** and the **-ando (-endo)** form of the main verb.
2. The past progressive consists of the imperfect tense of **stare** and the **-ando (-endo)** form of the main verb.

Here are the **-ando (-endo)** forms of a regular **-are, -ere,** and **-ire** verb. They consist of the infinitive stem plus **-ando** or **-endo.**

infinitive	-ando (-endo) form
studiare	studi**ando**
rispondere	rispond**endo**
aprire	apr**endo**

The following verbs have irregular forms:

bere: **bevendo**   dire: **dicendo**   fare: **facendo**

Object and reflexive pronouns may precede **stare** or they may follow and be attached to the **-ando (-endo)** form.

Paola **la sta guardando.**   Marco **si sta vestendo.**
Paola **sta guardandola.**   Marco **sta vestendosi.**

A. Dire ad un amico cosa sta facendo ora. Usare il presente progressivo.

▶ guardare la televisione   *Sto guardando la televisione.*

1. ascoltare la radio
2. giocare a tennis
3. leggere una rivista
4. bere un tè freddo
5. scrivere una lettera
6. finire i compiti
7. affacciarsi alla finestra
8. vestirsi
9. parlare al telefono
10. discutere con Michele

B. Dire cosa facevano alcune persone ieri alle undici. Usare il passato progressivo.

▶ Tu prendevi un tè freddo.   *Stavi prendendo un tè freddo.*

1. Una signora leggeva il giornale.
2. Marta e Laura compravano delle scarpe.
3. Tu e Luigi scendevate dall'autobus.
4. I ragazzi giocavano.
5. L'ingegnere Martini andava allo stadio.
6. Anna parlava con il professore.
7. Giorgio e Paolo discutevano di politica.
8. Tu andavi da Luigi.

C. Domandare ad un altro studente (un'altra studentessa) se sta facendo le seguenti cose. Usare i pronomi di complemento diretto nelle risposte.

▶ Guardi la televisione?   *Sì, la sto guardando. (o) Sì, sto guardandola.*

1. Vedi quel film?
2. Compri il pane?
3. Ti diverti?
4. Aspetti il treno?

5. Ti prepari per uscire?
6. Ti alzi adesso?
7. Saluti gli amici?
8. Prendi i biglietti?

D. Chiedere ad un altro studente (un'altra studentessa) cosa stava facendo sabato scorso. Usare il passato progressivo.

▶   *S¹: Cosa stavi facendo sabato scorso?*
     S²: Stavo guardando la partita.

II *The relative pronoun* che

The relative pronoun **che** (equivalent to the English relative pronouns *who, whom, which,* or *that*) replaces nouns or pronouns that designate persons, things, or abstract ideas. **Che** may be the subject or the direct object of a dependent clause. In the first two sentences below, **che** is the subject of the dependent clause; in the last two sentences, **che** is the direct object.

Ecco il ragazzo **che** si è affacciato alla finestra.	There is the boy *who* looked out of the window.
Ecco i biglietti **che** erano sul tavolo.	There are the tickets *that* were on the table.
Ecco il ragazzo **che** ho conosciuto ieri.	There is the boy *(that)* I met yesterday.
Ecco i biglietti **che** ho comprato stamattina.	There are the tickets *(that)* I bought this morning.

Note that the relative pronoun **che** is never omitted in Italian. In English, *whom, which* and *that* are often omitted when they function as the direct object of a dependent clause.

E. Lei è seduto(a) ad un bar all'aperto con un amico e gli chiede chi sono alcune persone che vedono.

▶ Quel ragazzo parla con Maria.   *Chi è quel ragazzo che parla con Maria?*

1. Quell'uomo fischia.
2. Quel signore beve il caffè.
3. Quella signora parla al telefono.
4. Quella ragazza legge.

5. Quelle bambine parlano francese.
6. Quei ragazzi giocano a pallone.
7. Quel ragazzo vende le riviste.
8. Quegli studenti ridono.

F. Esprimere la propria preferenza sulle seguenti cose. Usare il verbo *preferire*.

▶ la lezione   *Questa è la lezione che preferisco.*
▶ i cibi   *Questi sono i cibi che preferisco.*

1. i dischi   4. il ristorante   7. la frutta
2. il libro   5. le verdure   8. l'automobile
3. la giacca   6. la pasta   9. la squadra

G. Completare le seguenti frasi in maniera originale.

▶ Mi piacciono le persone ...   *Mi piacciono le persone che sono allegre.*

1. Mi piacciono le ragazze ...   6. È Paola ...
2. Conosco la signora ...   7. Stanno guardando lo
3. Ho letto il giornale ...   spettacolo ...
4. Abbiamo visto il film ...   8. Ho ricevuto la lettera ...
5. Ho un amico ...

III *The relative pronoun* cui

The relative pronoun **cui** is used only after a preposition. **Cui** refers to both persons and objects. In conversation, **dove** is also used to refer to places.

Ecco l'amico **di cui** parlo spesso.   There's the friend I often talk about.
Ecco la signora **con cui** è uscita mia madre. There's the lady *with whom* my mother left.
Ecco i signori **a cui** abbiamo telefonato.   There are the gentlemen *whom* we telephoned.
Ecco il negozio { **in cui** / **dove** } lavoro.   There is the store { *in which* / *where* } I work.

H. Lei mostra agli amici alcune foto del suo viaggio in Italia. Usare *in cui* per i luoghi e *con cui* per le persone.

▶ l'albergo   *Ecco l'albergo in cui sono stato.*
▶ gli amici   *Ecco gli amici con cui sono stato.*

1. la città   3. l'osteria   5. il paese   7. il bar
2. lo zio   4. la villa   6. il ristorante 8. i parenti

I. Lei è ad una festa e Giorgio le chiede chi sono queste persone. Lei risponde che sono le persone di cui gli ha parlato.

▶ Giorgio: Chi è quel signore?　　*È il signore di cui ti ho parlato.*

1. Chi è quella signora bionda?
2. Chi sono quei giovani?
3. Chi è quel ragazzo?
4. Chi è quella ragazza con la bandiera?
5. Chi è quell'uomo con il cappello?
6. Chi sono quei ragazzi che fischiano?

J. Dare delle informazioni sulle persone o sulle seguenti cose completando le frasi.

▶ Ecco l'ufficio in ...　　*Ecco l'ufficio in cui lavoro (studio, abbiamo incontrato l'ingegnere, ecc.).*

1. Ecco la signorina di ...
2. Telefono agli amici con ...
3. Scrivo una lettera alla signora a ...
4. Parli con gli studenti con ...
5. È il film di ...
6. Sono le studentesse a ...

IV The conditional

The conditional tense (or mood) consists of the future stem (see page 189) plus the conditional endings. The conditional endings are always the same. Here is the conditional of a regular **-are**, **-ere**, and **-ire** verb.

	abitare	spendere	finire
io	abiter**ei**	spender**ei**	finir**ei**
tu	abiter**esti**	spender**esti**	finir**esti**
lui/lei	abiter**ebbe**	spender**ebbe**	finir**ebbe**
noi	abiter**emmo**	spender**emmo**	finir**emmo**
voi	abiter**este**	spender**este**	finir**este**
loro	abiter**ebbero**	spender**ebbero**	finir**ebbero**
	I would live, etc.	*I would spend, etc.*	*I would finish, etc.*

Verbs that have an irregular future stem also have an irregular conditional stem.

infinitive	future and conditional stem	conditional tense (mood)
andare	andr-	andrei, etc.
avere	avr-	avrei, etc.
bere	berr-	berrei, etc.
dare	dar-	darei, etc.
dovere	dovr-	dovrei, etc.
essere	sar-	sarei, etc.
fare	far-	farei, etc.
potere	potr-	potrei, etc.
vedere	vedr-	vedrei, etc.
venire	verr-	verrei, etc.
volere	vorr-	vorrei, etc.

One use of the conditional is to refer to a hypothetical action or state in the future.

Vedrei quel film volentieri.	*I would* gladly *see* that film.
Berresti un caffè?	*Would you have* some coffee?
Mangerebbe tutto quello che c'è sul tavolo.	*He would eat* everything on thc table.

K. Chiedere ad un amico (un'amica) se farebbe le seguenti cose.

▶ andare al cinema   S¹: *Andresti al cinema?*
S²: *Sì, andrei al cinema.*
No, non andrei al cinema.

1. venire con me
2. giocare a tennis
3. scrivere allo zio
4. comprare una macchina
5. fare una gita
6. mangiare del pesce
7. abitare a Roma
8. spendere molti soldi

L. Spiegare ad un amico (un, amica) che cosa farebbero le seguenti persone.

▶ Paolo: spendere tutti i soldi   *Paolo spenderebbe tutti i soldi.*

1. Lisa: viaggiare da sola
2. io: partire per l'Italia
3. tu: vendere la macchina
4. loro: andare alla partita
5. mia madre: restare a casa
6. Franco: telefonare più tardi
7. voi: incominciare a studiare
8. mia sorella ed io: andare in montagna
9. io: bere un cappuccino
10. noi: venire domani

V *Use of the conditional to express polite wishes or requests, and obligation*

The conditional is used to express a polite wish or request.

Voglio dei biglietti.	I want some tickets.
Vorrei dei biglietti.	*I'd like* some tickets.
Puoi farmi un favore?	Can you do me a favor?
Potresti farmi un favore?	*Could you* do me a favor?

The conditional is also used to express obligation in the sense of the English *should* or *ought to*.

Dovete lavorare di più.	You have to work harder.
Dovreste lavorare di più.	*You should / ought to* work harder.

M. Lei è al ristorante con altre persone. Dire cosa vorrebbero ordinare usando il verbo *volere* in ogni frase.

▶ Gianni / degli spaghetti   *Gianni vorrebbe degli spaghetti.*

1. io / del pesce
2. le signorine / dei ravioli
3. Roberto / del brodo
4. tu / della carne
5. noi / dell'insalata
6. mio padre / del pollo
7. voi / dei dolci

N. Chiedere alle seguenti persone se potrebbero telefonare più tardi. Usare *potere* in ciascuna frase.

▶ il signor Dini   *Potrebbe telefonare più tardi?*

1. Mario
2. Anna e Giorgio
3. i signori Martinelli
4. il professore
5. i signori

O. Franco dice che cosa dovrebbero fare le seguenti persone. Fare la sua parte e usare *dovere*.

▶ tu: lavarti le mani   *Dovresti lavarti le mani.*

1. voi: fare attenzione
2. Roberto: cercare i suoi guanti
3. noi: partire fra poco
4. la signora Boni: venire con noi alla partita
5. loro: opporsi alle sue idee
6. Susanna e Kathy: telefonare alle amiche

P. Rispondere a queste domande personali usando il condizionale.

1. Perché vorrebbe andare alla partita?
2. Quale film vorrebbe vedere?
3. Perché vorrebbe il nome e l'indirizzo di quella signorina? di quel signore?
4. Potrebbe prestare la macchina al suo amico (alla sua amica)?
5. I suoi amici le potrebbero dare un passaggio ogni giorno?
6. Con chi vorrebbe fare un viaggio in Italia?

Ripasso

A. Scrivere delle frasi indicando cosa stanno facendo questo pomeriggio le persone nei seguenti disegni. Usare il presente progressivo.

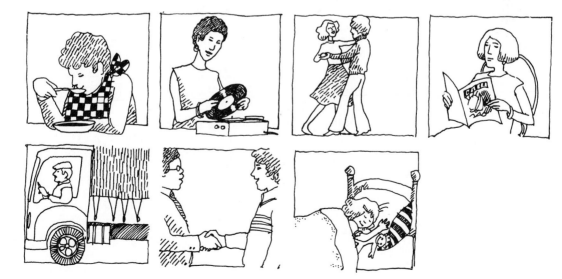

B. Dire cosa stavano facendo ieri pomeriggio le persone nei disegni dell'Esercizio A. Usare il passato progressivo.

C. Roberto parla con Gino. Fare la parte di Roberto, completando le frasi con i pronomi relativi *che* o *cui* e le preposizioni necessarie.

▶ Leggo il libro ... ti ho parlato.   *Leggo il libro di cui ti ho parlato.*

1. Ho conosciuto una ragazza ... è molto bella.
2. Ecco il ragazzo ... vado a sciare.
3. Ho perso delle riviste ... erano molto interessanti.
4. Ecco l'amico ... abbiamo comprato il regalo.
5. Chi è la signora ... avete salutato?
6. Abbiamo visto un film ... era molto vecchio.
7. È il giovane ... ho dato i biglietti.
8. Ecco le foto dei monumenti ... ho visto a Parigi.
9. Sono i regali ... mi ha dato Marco.

D. Mettere i verbi delle seguenti frasi nel condizionale.

1. Non *ho* molto tempo.
2. Patrizia non *deve* arrivare in ritardo.
3. I miei zii *vedono* quel film volentieri.
4. Noi *prendiamo* un aperitivo.
5. Claudio e tu *vi divertite* in montagna.
6. Tu *fai* sempre le stesse cose.

E. Esprimere in italiano.

Filippo: Who was that young lady you were talking with yesterday?

Paolo: She's the girl I went to the game with (with whom I went) last Sunday. Would you like to meet her?

Filippo: Of course! You could invite her to have some coffee with us at the *Bar Gli Sportivi*.

Paolo: I could call her after class.

Filippo: Fine. But now we should go to class. We're late and, as you can see, the professor is walking into the classroom.

Un problema moderno

LEZIONE 23ᵃ

Franco partecipa ad un dibattito sull'ecologia. Un esperto risponde alle domande degli studenti.

Franco   Crede lei che la gente abbia sviluppato oggi un interesse maggiore verso l'ecologia?

Esperto   Penso di sì. Oggi si parla spesso del problema ecologico e l'opinione pubblica segue con attenzione ogni nuova inchiesta.

5

Giuliana	Che ne dice della recente trasmissione sui mari e fiumi inquinati d'Italia mandata in onda dalla televisione?
Esperto	È una conferma dell'attualità del problema ed una dimostrazione dei danni arrecati alla natura.
10 **Luisa**	Non pensa lei che il governo debba fare qualcosa per ridurre questo continuo inquinamento?
Esperto	Non è facile. Ci sono di mezzo° enormi interessi personali e forti gruppi di pressione. Importante è che i mezzi d'informazione parlino dell'ecologia, che la gente segua il problema con interesse e che il governo cerchi una giusta soluzione.
Franco	Secondo lei, è l'inquinamento colpa del progresso?
Esperto	Non direi.° Credo che sia da attribuire all'uso improprio della moderna tecnologia da parte di gente senza scrupoli.
20 **Giuliana**	Ritiene che debba cessare questo continuo attentato alla natura?
Esperto	Sì. Ormai è evidente che è in gioco la sorte stessa dell'umanità.° Con adeguate leggi dobbiamo salvaguardare una volta per tutte l'ambiente che ci circonda.

Margin glosses:
ci ... there are involved
Non direi.° — I wouldn't say so
è in gioco ... the fate of humanity itself is at stake

Domande

Generali

1. A che cosa partecipa Franco?
2. Di che cosa si parla spesso oggi?
3. Che cosa ha mandato in onda la televisione?
4. Che cosa dovrebbero fare i mezzi d'informazione?
5. Secondo l'esperto, è l'inquinamento colpa del progresso?
6. Che cosa dobbiamo salvaguardare?

Personali

7. Lei è interessato(a) nell'ecologia? Perché?
8. Nella sua città ci sono problemi d'inquinamento? Dove?
9. Secondo lei, di chi è la colpa dell'inquinamento?
10. Secondo lei, che cosa dobbiamo fare per eliminare l'inquinamento?

Vocabolario

Nomi

l'**ambiente** *m.* environment
l'**attualità** topic of the day
l'**attentato** crime
la **colpa** fault
l'**ecologia** ecology
la **conferma** confirmation
il **danno** harm
il **dibattito** discussion
la **dimostrazione** demonstration
l'**inchiesta** investigation, inquiry
l'**inquinamento** pollution
l'**interesse** *m.* interest
la **natura** nature
il **progresso** progress
lo **scrupolo** scruple
la **soluzione** solution
la **tecnologia** technology
la **trasmissione** program

Verbi

arrecare to cause
attribuire to attribute
cessare to cease
circondare to surround

ridurre (ridotto) to reduce
ritenere to think
salvaguardare to protect
sviluppare to develop

Aggettivi

adeguato, -a adequate
ecologico, -a ecological
evidente evident
forte strong
giusto, -a just
improprio, -a improper
inquinato, -a polluted
maggiore greater
recente recent

Altre parole ed espressioni

gruppi di pressione pressure groups
mandare in onda to broadcast
i mezzi d'informazione the media
l'opinione pubblica public opinion
penso di sì I think so
una volta per tutte once and for all

Modificazioni

1. È importante che la gente **parli dell'ecologia.**
   segua l'inchiesta
   sviluppi un interesse maggiore
   cerchi una soluzione
   legga i giornali

2. Credo che la gente abbia **sviluppato un interesse maggiore.**
   seguito il problema
   trovato la soluzione
   guardato la trasmissione
   seguito l'inchiesta

3. È evidente che **è in gioco la sorte dell'umanità.**
   c'è un problema ecologico
   non c'è una facile soluzione
   non è colpa del progresso
   dobbiamo cessare l'inquinamento

NOTA CULTURALE: Industria ed inquinamento

Un monumento dannegiato dall'inquinamento industriale

Dal dopoguerra ad oggi, l'Italia, da paese principalmente agricolo, è diventato uno dei sette paesi più industrializzati del mondo. Questo successo è dovuto più che altro alle innovazioni tecnologiche che contraddistinguono[1] la produttività industriale italiana.

Lo sviluppo[2] industriale del paese ha però creato anche un problema ecologico, l'inquinamento. I rifiuti[3] delle industrie hanno contaminato fiumi, laghi e perfino tratti[4] di mare. Questo inquinamento delle acque naturali ha causato finora danni[5] notevoli al turismo ed alla pesca.[6] Altra forma di inquinamento è quello atmosferico, dovuto al riscaldamento[7] invernale delle città, allo sviluppo della motorizzazione ed ai fumi[8] delle fabbriche. Ciò[9] ha causato danni non solo alla salute[10] della gente, ma anche ad antichi monumenti ed edifici pubblici.

All'inizio poco o niente è stato fatto per diminuire o fermare ogni tipo d'inquinamento, ma oggi molta gente si è resa conto[11] dell'importanza di questo problema. Sotto la pressione di gruppi cittadini e di associazioni civiche il governo ha già emanato[12] leggi e regolamenti a tutela[13] della salute pubblica e dell'ambiente naturale.

1 characterize   2 development   3 waste   4 stretches
5 damages   6 fishing   7 heating   8 smoke   9 this
10 health   11 has realized   12 legislated   13 protection

Pratica

A. Lei deve fare una relazione (*report*) sull'ecologia. Intervistare alcuni studenti e professori della sua scuola e chiedere loro quali sono le cause dell'inquinamento e come esse possono essere ridotte o eliminate.

B. Valeria telefona alla sua amica Cristina per dirle che stasera alla televisione ci sarà un programma sull'ecologia. Le due amiche parlano dell'ora in cui ci sarà il programma e di che tratta (*deals with*). Scrivere un dialogo fra le due amiche.

Ampliamento del vocabolario

Industria ed emigrazione

la fabbrica *factory*
lo stabilimento *plant*
il concentramento *concentration*
l'ambientamento *adjustment*
l'igiene m. *hygiene*

a tempo pieno *full time*
il turno di lavoro *work shift*
la catena di montaggio *assembly line*
la produzione in serie *mass production*
la sovrappopolazione *overpopulation*

Leggere i seguenti brani e rispondere alle domande.

In Italia vi sono varie industrie di automobili fra cui la più grande è la Fiat. La sede principale della Fiat è a Torino, la seconda città industriale dopo Milano. L'industria automobilistica dà lavoro a molti operai ed è la più importante dell'economia italiana.

1. Qual è la più grande industria di automobili in Italia?
2. Dov'è la sua sede principale?
3. Qual è la città più industriale d'Italia?
4. Qual è l'industria più importante dell'economia italiana?

Il concentramento di molte industrie nel settentrione d'Italia e la condizione prevalentemente agricola del meridione hanno causato una forte emigrazione di gente dal sud verso il nord. Questo fenomeno si è sviluppato particolarmente negli anni sessanta (*in the sixties*) e continua ancor oggi ad un ritmo più lento. Ciò (*this*) ha causato enormi problemi di ambientamento, sovrappopolazione ed igiene in molte città settentrionali.

1. In che parte d'Italia vi sono molte industrie?
2. Che cosa hanno causato le industrie del nord?
3. Quando si è sviluppato questo fenomeno?
4. Che cosa ha causato questo fenomeno?

Struttura ed uso

I *The present subjunctive*

The subjunctive mood (**il congiuntivo**) is frequently used in Italian. While the indicative mood states a fact or a concrete reality, the subjunctive is used to express an attitude, feeling, or opinion toward an idea or fact. The subjunctive usually occurs in dependent clauses introduced by **che.** Compare the verbs in the sentences below.

Indicative	*Subjunctive*
Pietro **studia** il problema.	Voglio che Pietro **studi** il problema.
	I want Peter to study the problem.
Cercano una soluzione.	Bisogna che **cerchino** una soluzione.
	It's necessary that they find a solution.
Carla **arriva** domani.	Spero che Carla **arrivi** domani.
	I hope Carla arrives tomorrow.·

The present subjunctive is formed by adding the present-subjunctive endings to the infinitive stem. Verbs like **capire** add **isc** between the stem and the ending in the first three persons singular and the third person plural.

Here is the present subjunctive of four regular verbs.

	mandare	**spendere**	**partire**	**capire**
che io	mand**i**	spend**a**	part**a**	cap**isca**
che tu	mand**i**	spend**a**	part**a**	cap**isca**
che lui/lei	mand**i**	spend**a**	part**a**	cap**isca**
che noi	mand**iamo**	spend**iamo**	part**iamo**	cap**iamo**
che voi	mand**iate**	spend**iate**	part**iate**	cap**iate**
che loro	mand**ino**	spend**ano**	part**ano**	cap**iscano**

1. To avoid confusion in the first three persons singular, subject pronouns are generally used.

   Bisogna che **io** parta.
   Bisogna che **tu** finisca di mangiare.
   Bisogna che **lei** mandi una cartolina a Luigi.

2. Verbs ending in **-care** and **-gare** add an **h** in all forms of the present subjunctive.

cercare		pagare	
cerchi	cerchiamo	paghi	paghiamo
cerchi	cerchiate	paghi	paghiate
cerchi	cerchino	paghi	paghino

A. Franca e Maria discutono di ecologia. Fare la parte di Franca, che dà dei suggerimenti sul da farsi (*on what has to be done*). Incominciare ciascuna frase con *Bisogna che* e usare il congiuntivo nella frase subordinata.

▶ noi / studiamo il problema   *Bisogna che noi studiamo il problema.*

  1. tu / cercare una soluzione
  2. voi / parlare del problema ecologico
  3. il governo / sviluppare delle leggi adeguate
  4. noi / salvaguardare la natura
  5. Laura e Tina / leggere delle riviste ecologiche
  6. l'inquinamento / finire
  7. la gente / seguire l'inchiesta
  8. io / discutere con l'esperto

B. Spiegare ad un amico (un'amica) che è necessario che succedano le seguenti cose.

▶ Parlo al professore   *È necessario che io parli al professore.*

  1. L'esperto segue l'inchiesta.
  2. Pagate il conto stasera.
  3. Gli studenti arrivano ogni giorno alle sette.
  4. Cerchi la soluzione del problema.
  5. Il governo manda in onda il programma.
  6. Finisco di vedere il telegiornale delle dieci.
  7. Si lava le mani prima di mangiare.
  8. Tu e Gino vi mettete a lavorare.

II *Verbs with irregular present subjunctives*

The following common verbs have irregular present subjunctives. Note that the endings are always the same regardless of whether they are **-are, -ere,** or **-ire** verbs.

Infinitive	Present Subjunctive
andare	vada, andiamo, andiate, vadano
avere	abbia, abbiamo, abbiate, abbiano
bere	beva, beviamo, beviate, bevano
dare	dia, diamo, diate, diano
dire	dica, diciamo, diciate, dicano
dovere	debba, dobbiamo, dobbiate, debbano
essere	sia, siamo, siate, siano
fare	faccia, facciamo, facciate, facciano
potere	possa, possiamo, possiate, possano
stare	stia, stiamo, stiate, stiano
uscire	esca, usciamo, usciate, escano
venire	venga, veniamo, veniate, vengano
volere	voglia, vogliamo, vogliate, vogliano

C. Maria dice ad Anna che è importante che lei faccia le seguenti cose. Fare la parte di Maria. Incominciare ogni frase con *È importante.*

▶ fare il tuo lavoro   *È importante che tu faccia il tuo lavoro.*

1. uscire con Paolo
2. venire presto
3. potere partecipare al dibattito
4. bere molta acqua minerale
5. andare con loro
6. essere pronta per le sette
7. stare bene
8. dare un regalo alla zia
9. avere molta pazienza
10. volere trovare una soluzione

III *The subjunctive with impersonal expressions*

After certain impersonal expressions of necessity, probability, and opinion, the subjunctive is used in the dependent clause.

Bisogna che tu **studi.**	It's necessary that you study.
È possibile che lei **sia** in ritardo.	It's possible that she's late.
È meglio che **usciate** ora.	It's best that you go out now.

If the subordinate clause has no specific subject, the infinitive is used with impersonal expressions.

Bisogna **studiare.**   It's necessary to study.
È meglio **uscire.**   It's best to go out.

If the impersonal expression indicates certainty, the subjunctive is not used.

È vero che **studiano** molto.   It's true that they study a lot.

Here are some common impersonal expressions which usually require the subjunctive.

è necessario ⎫	it's necessary	**è bene**	it's well (good)
bisogna ⎭		**è meglio**	it's better (best)
è possibile	it's possible	**è giusto**	it's right
è impossibile	it's impossible	**è preferibile**	it's preferable
è probabile	it's probable	**è importante**	it's important
è improbabile	it's improbable		

D. Formare frasi usando le espressioni impersonali e le parole indicate.

▶ il governo / cercare una soluzione   *È importante che il governo*
(è importante)   *cerchi una soluzione.*

1. tutti / salvaguardare l'ambiente (è necessario)
2. noi / mettersi l'impermeabile (bisogna)
3. gli studenti / studiare una lingua straniera (è bene)
4. tu / non fare mai niente (è vero)
5. voi / prendere dei posti subito (è meglio)
6. io / ascoltare le notizie alla radio (bisogna)
7. la gente / non capire il problema dell'inquinamento (è possibile)
8. Claudio / arrivare prima delle otto (è improbabile)
9. tu / prendere un biglietto di prima classe (è preferibile)
10. loro / pagare il conto (è giusto)

E. Lei parla alla sua amica Giorgia e le dice che faccia le seguenti cose.

▶ Bisogna studiare.   *Bisogna che tu studi.*

1. È meglio andare alla banca alle nove.
2. È bene fare le valigie.
3. Bisogna avere pazienza.
4. È possibile uscire più tardi.
5. È importante venire alla lezione d'italiano.
6. È bene non essere in ritardo.

F. Reagire (*react*) alle opinioni che seguono. Usare espressioni appropriate come *è impossibile, è giusto,* ecc.

▶ Il governo spende molto   *È giusto (importante, improbabile ...)*
    per l'ecologia.   *che il governo spenda molto per*
                                               l'ecologia.

1. Il professore dà esami difficili.
2. Gli studenti si interessano di politica.
3. La trasmissione parla del problema delle scuole.
4. Studenti e professori partecipano ad un dibattito sulle prossime elezioni.
5. Gli studenti fanno manifestazioni contro l'inquinamento.
6. La tecnologia arreca dei danni alla natura.

IV *The subjunctive with verbs of wish, will, or hope*

The subjunctive is used in dependent clauses after verbs expressing wish, will, or hope if the subject of the dependent clause is different from the subject of the main clause.

Desiderano che io **esca** con Roberto.	They want me to go out with Roberto.
Voglio che tu **finisca** i compiti.	I want you to finish your homework.
Spero che **visitiate** la nostra città.	I hope that you will visit our city.
Suggerisce che voi **prendiate** il treno.	He / She suggests that you take the train.

Here are some common verbs of wish, will, or hope:

desiderare   preferire   volere   sperare   suggerire

Note: The infinitive is used if there is only one subject.

Desiderano **partire** con noi.   They wish *to leave* with us.
Voglio **finire** di leggere questo libro.   I want *to finish* reading this book.
Spero di **visitare** la vostra città.   I hope *to visit* your city.

G. Il padre di Michele vuole che il figlio faccia certe cose. Fare la parte del padre.

▶ studiare ogni giorno   *Voglio che tu studi ogni giorno.*

1. viaggiare con me   5. fare le spese
2. vendere la macchina   6. lavorare in una fabbrica
3. andare in centro   7. risolvere questo problema
4. uscire con Paola   8. partecipare al dibattito

H. Cambiare le seguenti frasi, usando nella proposizione subordinata il soggetto indicato.

▶ Desidera visitare la nonna. (tu)   *Desidera che tu visiti la nonna.*
▶ Spero di trovare il parcheggio. (lei)   *Spero che lei trovi il parcheggio.*

1. Spera di andare a Roma.   (noi)
2. Vogliono giocare a pallone.   (tu)
3. Desidero restare a casa.   (loro)
4. Speriamo di fare una gita questo fine-settimana.   (voi)
5. Vuole fare le spese in via Nazionale.   (io)
6. Sperano di portare dei dischi.   (lui)
7. Speri di viaggiare per l'Europa.   (io e Carlo)
8. Desiderate provare gli sci di Alessandro.   (il mio amico)

I. Completare le seguenti frasi, dando la propria opinione.

▶ Spero che mio padre ...   *Spero che mio padre mi porti un regalo.*

1. Voglio che i miei amici ...
2. Spero di ...
3. Desidero che tu ...
4. Spero che il mio amico ...
5. Voglio ...
6. Desidero che i miei professori ...

V The subjunctive with expressions of emotion, doubt, or belief

1. The subjunctive is used with expressions of emotion such as **essere contento** (*to be glad*), **essere felice** (*to be happy*), **dispiacere** (*to be sorry*), **avere paura, temere** (*to be afraid*), and **essere sorpreso** (*to be surprised*), if the subject of the dependent clause is different from the subject of the main clause.

Sono contento che tu **sia** qui.	I'm happy that you are here.
Mi dispiace che **partano** stasera.	I'm sorry that they are leaving tonight.
Sono sorpreso che **siate** già qui.	I'm surprised that you are already here.

2. The subjunctive is also used with expressions of doubt, belief, and disbelief such as **dubitare** (*to doubt*), **non essere sicuro** (*not to be sure*), **non sapere se** (*not to know if*), **sembrare, parere** (*to seem*), **credere** (*to believe*), and **non credere** (*not to believe*).

Dubito che **parli** italiano.	I doubt that he / she speaks Italian.
Non sono sicuro che Piero **studi.**	I'm not sure that Piero studies.
Non so se parta stasera.	I don't know if he / she is leaving tonight.
Credo che Giovanna **arrivi** oggi.	I think Giovanna will arrive today.
Non credo che Gianna **abiti** a Roma.	I don't think that Gianna lives in Rome.

3. The infinitive is used with expressions of emotion, doubt, belief, or disbelief, if the subject of the dependent clause is the same as the subject of the main clause.

Sono contento di **essere** qui.	I'm happy to be here.
Mi dispiace **partire** così presto.	I'm sorry to leave so soon.
Non credo di **avere** finito.	I don't think I've finished.
Credo di **giocare** bene.	I think I play well.

J. Dire che le seguenti persone sono contente di fare certe cose; poi dire che lei è contento(a) chè loro facciano queste cose. Usare l'espressione *essere contento(a)* in tutte e due (*both*) le frasi.

▶ Luisa parte per Pisa.   *Luisa è contenta di partire per Pisa.*
    Sono contento / contenta che Luisa parta per Pisa.

1. I miei genitori vanno al teatro.
2. Tu fai una festa per il tuo compleanno.
3. Voi potete restare a Roma.
4. Gianfranco usa la macchina di suo fratello.

5. Loro fanno una gita a Siena.
6. Maria mi presta i suoi dischi.
7. Mio padre parte per le vacanze.
8. Tu e Laura avete un lavoro interessante.

K. Dire come lei reagisce alle seguenti situazioni, usando le parole indicate.

▶ (Sono felice) Tu parli con Anna.   *Sono felice che tu parli con Anna.*

1. (Temo) Sua sorella cade.
2. (Sono sorpreso) Tu ricevi un regalo.
3. (Temo) Loro finiscono molto tardi.
4. (Mi dispiace) Gina non può andare in vacanza.
5. (Ho paura) Tu non puoi venire.
6. (Sono contento) Voi sentite queste notizie.
7. (Dubito) Noi seguiamo l'inchiesta.

L. Dire che lei dubita o crede le seguenti cose.

▶ I giovani pensano   *Dubito che i giovani pensino al futuro.*
al futuro.   *Credo che i giovani pensino al futuro.*

1. L'inquinamento è un problema moderno.
2. La soluzione è adeguata.
3. Le industrie italiane sono molto importanti.
4. Anche gli Stati Uniti hanno il problema ecologico.
5. L'emigrazione ha causato molti problemi.
6. Il governo fa qualcosa.

M. Franco non è d'accordo con Marco su molte cose. Fare la parte di Franco, usando l'espressione *mi sembra che.*

▶ La squadra napoletana gioca bene.   *Mi sembra che la squadra napoletana non giochi bene.*

1. I fiumi americani sono inquinati.
2. Questa legge è giusta.
3. I film italiani sono interessanti.
4. Giovanni e Paola vengono alla festa.
5. Giuliana cucina bene.
6. Le linee aeree scioperano domani.

N. Dare la propria opinione sulle seguenti domande.

1. Crede che il calcio sia un gioco interessante?
2. Crede che ci siano molte industrie in Italia?
3. Crede che l'inquinamento sia colpa del progresso?
4. Crede che le trasmissioni televisive siano interessanti?
5. Crede che i genitori capiscano i figli?
6. Crede che la politica sia noiosa?

VI The present perfect subjunctive

The present perfect subjunctive is used in the dependent clause to indicate an immediate past action, when the verb in the main clause is in the present indicative. It is formed by the present subjunctive of **avere** or **essere** and the past participle of the main verb.

Non credo che **abbiano trovato** il parcheggio.	I don't think that they *have found* a parking space.
È possibile che **sia** già **partita.**	It's possible that she *has* already *left.*
Sono contento che **abbiate vinto** la partita.	I'm happy that you *have won* the game.

O. Dare la propria opinione, cambiando il congiuntivo presente al congiuntivo passato.

▶ È probabile che Paola arrivi   *È probabile che Paola sia arrivata*
   nel pomeriggio.   *nel pomeriggio.*

1. È impossibile che tu mangi tutta quella pasta.
2. È possibile che voi non studiate abbastanza.
3. È bene che loro comprino una nuova macchina.
4. Ho paura che il mio papà non ascolti il medico.
5. Non so se voi guardiate il telegiornale.
6. È sorpreso che tu telefoni così tardi.

P. Completare le frasi con una proposizione (*phrase*) logica.

▶ Dubito che Maria ...   *Dubito che Maria sia venuta.*

1. È importante che il professore ...
2. Speriamo che tu ...
3. I miei parenti vogliono che noi ...
4. Siamo sorpresi che il governo ...
5. Mi dispiace che tu ...
6. La professoressa desidera che noi ...

Ripasso

A. Formare frasi, usando le espressioni indicate ed il presente del congiuntivo.

▶ Vado dai miei zii. (è necessario)   *È necessario che io vada dai miei zii.*

1. Guardiamo la trasmissione delle undici.   (è importante)
2. Cerco un lavoro interessante.   (è meglio)
3. I professori danno dei suggerimenti.   (è giusto)
4. Non vengo da voi questo pomeriggio.   (è meglio)
5. Partiamo domenica prossima.   (è preferibile)
6. Quel signore arriva domani.   (è improbabile)
7. Marta ci dà un passaggio.   (è probabile)
8. Mettiamo la macchina nel garage.   (è necessario)

B. Scrivere frasi complete, usando il congiuntivo.

▶ bisogna che Maria / arrivare / orario   *Bisogna che Maria arrivi in orario.*

1. dubito che tu / finire di pulire la tua camera
2. spero che loro / fare le valigie stasera
3. è preferibile che voi / organizzare una festa per Marta
4. i miei genitori temono che io / mangiare poco
5. non credo che Giovanni / partire stasera
6. sperano che voi / venire prima delle sette
7. vogliono che tu / uscire presto
8. è possibile che Viola e Giuseppe / non andare in vacanza
9. è importante che la gente / andare a votare
10. temo che mio fratello / guidare molto velocemente
11. mi dispiace che voi / non potere venire con noi al mare
12. lo sorprende che io / non fare mai colazione la mattina

C. Formare frasi logiche secondo il modello, usando le parole indicate.

▶ Voglio andare al mare.   *Voglio che tu vada al mare.*

A	B	C
desiderare	io	studiare in biblioteca
è meglio	tu	partire stasera
volere	lei	andare al mare
dubitare	noi	venire al teatro
dispiacere	voi	rispondere al telefono
sperare	loro	
è necessario		

D. Luigi fa delle osservazioni sulle seguenti frasi. Usare il congiuntivo passato.

▶ Sono arrivati in orario. (è bene)   *È bene che siano arrivati in orario.*

1. È partita con lo zio. (sono contento)
2. Hai detto molte cose a Giuseppe. (mi dispiace)
3. Ha cominciato a lavorare in fabbrica. (siamo sorpresi)
4. Hanno preso un tassì vicino alla stazione. (è possibile)
5. Abbiamo messo il bicchiere sul tavolo. (è certo)
6. Lui è rimasto a Roma. (credo)

E. Esprimere in italiano.

Giulia: I hope to go to Rome next week, so (*quindi*) it's important that we meet before Monday, OK?

Franca: Fine, but why are you going to Rome now?

Giulia: My father wants me to go to the University of Rome and he wants me to speak with some of the professors.

Franca: That's a good idea. Why don't we meet on Sunday? Maybe Susanna will come, too.

Giulia: I doubt that she has time to meet with us. I'm afraid that she has too much to do at home.

Franca: You're right. I'm sorry I have to leave now, but I have an appointment in half an hour.

Giulia: I'll call you later. If you speak with Susanna, tell her (*dille*) it's important that she call me if she has time.

Un'inchiesta

LEZIONE 24ᵃ

Un giornalista della radio italiana si avvicina ad un gruppo di studenti
fermi nel piazzale dell'università.

Giornalista   Salve, ragazzi. Sono un giornalista e sto preparando
un'inchiesta per la trasmissione "Giovani di oggi". Vi
dispiacerebbe rispondere ad alcune domande?

Giorgio   No, faccia pure.° Che cosa vuole sapere?   go ahead

5 **Giornalista**   Che cosa pensate dell'attuale situazione universitaria?

Giorgio	È un vero caos. Aule sovraffollate, pochi professori, mancanza di contatti tra università e mondo del lavoro, un futuro molto incerto...
Luciana	Se la riforma universitaria non entrerà presto in funzione,° avremo problemi più grandi di quelli attuali.
Giornalista	Come vedete il vostro futuro?
Patrizia	Non molto roseo. Quantunque io abbia ancora un anno prima di laurearmi, so già che sarà difficilissimo trovare subito lavoro.
Luciana	Il fatto è che sebbene manchino persone specializzate in vari settori, non c'è agenzia od ufficio statale che ci informi della reale situazione del paese.
Giornalista	Avete suggerimenti più concreti delle idee proposte dal governo?
Giorgio	Certamente. Innanzitutto applicazione immediata della riforma e cŏntatti più efficaci tra scuola e industria.
Luciana	Chiediamo anche l'istituzione di corsi specializzati a breve scadenza° per i diplomati in modo da evitare il sovraffollamento delle università.
Patrizia	E così facendo,° moltissimi giovani potrebbero trovare subito lavoro e la disoccupazione nel settore giovanile scenderebbe ad un livello più accettabile.
Giornalista	Bene, grazie, ragazzi. È stata un'intervista interessante. Arrivederci.

10 (line)

non ... isn't put into effect soon

15 (line)

a ... short-term

20 (line)

E ... and in so doing

Domande

Generali

1. Dove sono il giornalista e gli studenti?
2. Che cosa sta preparando il giornalista? Che cosa vuole sapere?
3. Ci sono contatti tra l'università e il mondo del lavoro?
4. Com'è il futuro degli studenti?
5. Che cosa è difficile trovare quando gli studenti finiscono l'università?
6. Quali sono alcuni suggerimenti che danno gli studenti?

Personali

7. Lei è contento(a) della situazione attuale in questa scuola (università)? Perché?
8. Se lei ha un problema a scuola, può parlarne con i professori?
9. Vuole suggerire una riforma per la scuola? Se risponde di "sì", perché?
10. È difficile trovare lavoro per gli studenti nella sua città?
11. Lei vede il suo futuro roseo? Perché?

Vocabolario

Nomi

l'**applicazione** *f.*   application
il **caos**   chaos
il **contatto**   contact
il **corso**   course
il **diplomato**   graduate
la **disoccupazione**   unemployment
l'**intervista**   interview
l'**istituzione** *f.*   institution
il **livello**   level
la **mancanza**   lack
il **mondo**   world
il **piazzale**   courtyard, plaza
la **riforma**   reform
il **settore**   sector
il **sovraffollamento**   overcrowding
il **suggerimento**   suggestion

Verbi

avvicinarsi   to go near, approach
evitare   to avoid
informare   to inform
laurearsi   to graduate
mancare   to be lacking
proporre (proposto)   to propose

Aggettivi

accettabile   acceptable
attuale   current
concreto, -a   concrete
efficace   efficient
giovanile   young
immediato, -a   immediate
incerto, -a   uncertain
reale   real
roseo, -a   rosy
sovraffollato, -a   overcrowded
specializzato, -a   specialized
universitario, -a   university

Altre parole ed espressioni

certamente   certainly
innanzitutto   first of all
presto   soon
quantunque   although
salve   hello
sebbene   although

in modo da   so as

Pratica

A. Lei è un (una) giornalista della radio ed intervista alcuni studenti. Chiedere quali sono le loro opinioni sull'università e se si sentono preparati per entrare nel mondo del lavoro.

B. Preparare alcune domande e risposte sulle proprie possibilità d'impiego dopo la laurea (*graduation*) e discuterne durante la lezione d'italiano.

NOTA CULTURALE: Le università italiane

In Italia ci sono molte università, in media[1] una o due per ogni regione. La maggior parte delle università italiane sono controllate dallo stato, mentre altre sono private. Milano, per esempio, oltre le due università statali ne ha due private: l'Università Commerciale Luigi Bocconi e l'Università Cattolica del Sacro Cuore. In Italia ci sono alcune delle università più antiche d'Europa, come l'Università di Bologna fondata nel 1158, e l'Università di Padova, fondata nel 1221. Tutte le università italiane sono urbane; non esiste il "campus" universitario come negli Stati Uniti. Non esistono dormitori sotto la direzione universitaria, ma gli studenti vivono indipendentemente, benché l'università sia il centro delle loro attività intellettuali, politiche e sociali.

Oggi l'università italiana sta subendo[2] molti cambiamenti[3] dovuti alle pressioni e richieste[4] fatte al governo dagli studenti, dai professori e dalla società. Le vecchie strutture universitarie e gli antichi metodi d'insegnamento[5] non sono più compatibili con le esigenze della vita e dell'economia italiana di oggi. E da vari anni, gli studenti fanno proteste e manifestazioni pubbliche per spingere[6] il governo a rendere operante[7] la riforma universitaria. Ma siccome[8] il governo è sempre occupato a risolvere molti altri urgenti problemi della vita politica italiana, l'attuazione della riforma universitaria è continuamente rinviata da un anno all'altro.

1 on the average   2 is undergoing   3 changes   4 requests
5 teaching methods   6 push   7 operative   8 since

Modificazioni   1. Quantunque io **abbia tempo,** non posso venire.
                                      sia pronto
                                      voglia
                                      desideri
                                      faccia

        2. **Vi dispiacerebbe** rispondere ad alcune domande?
           Vi piacerebbe
           Potreste
           Vorreste

        3. Avete suggerimenti più **concreti** delle idee proposte?
                            interessanti
                            importanti
                            utili

        4. So che sarà **difficilissimo.**
                  facilissimo
                  interessantissimo
                  felicissimo
                  divertentissimo

Ampliamento del vocabolario

Nomi alterati

In Italian a number of different suffixes can be attached to certain nouns to give them a diminutive, endearing, augmentative or pejorative meaning. These changes cannot be made haphazardly with all nouns, for meaningless words would result.

Here are some of the most common suffixes that are used to alter the meaning of nouns. The suffixes are attached to the noun after dropping the final vowel.

1. The endings **-ino, -ina,** and **-etto, -etta** are attached to some nouns to make diminutive or endearing words out of them.

-ino		**-ina**	
vestito	vestit**ino**	sorella	sorell**ina**
-etto		**-etta**	
pezzo	pezz**etto**	casa	cas**etta**

A. Formare il diminutivo dei sostantivi seguenti usando i suffissi *-ino* o *-ina.*

1. pasta
2. fratello
3. ragazzo
4. uccello
5. nonna
6. mano
7. cavallo
8. letto
9. visita
10. cappello

B. Formare il diminutivo dei sostantivi seguenti usando i suffissi *-etto* e *-etta.*

1. lago
2. barca
3. borsa
4. villa
5. giardino
6. chiesa
7. albergo
8. viaggio
9. cugino
10. libro

2. The ending **-one** is attached to some nouns to make them augmentative. Feminine nouns generally become masculine when made augmentative.

-one

un ragazzo   un ragazz**one**   una casa   un cas**one**

C. Formare l'accrescitivo (*augmentative*) dei sostantivi seguenti usando il suffisso *-one.*

1. un libro
2. una squadra
3. una donna
4. una stanza
5. un piede
6. un palazzo
7. una finestra
8. una macchina
9. una voce

3. The endings **-accio, -accia** are the most common suffixes used to make pejorative nouns.

-accio   **-accia**

tempo   temp**accio**   gente   gent**accia**

D. Formare il peggiorativo dei sostantivi seguenti usando i suffissi *-accio* e *-accia.*

1. fatto
2. giornale
3. parola
4. vento
5. uccello
6. strada
7. erba
8. barca

E. Completare ciascuna frase con un nome alterato preso dall'elenco riportato.

ventaccio	pezzetto	laghetto
chiesette	casetta	cappellino
stanzone	fratellino	erbacce
viaggetto		

1. Abbiamo fatto un bel ... in Piemonte.
2. Quel giardino è pieno di ... .
3. Nevica e tira un ... freddo.
4. Ho una ... vicino al mare.
5. In quel parco c'è un ... .
6. In Umbria ci sono molte belle ... .
7. Mi dai un ... di formaggio?
8. La bambina gioca con il ... .
9. La signora Marini porta un ... rosso.
10. L'aula di chimica è quello ... a destra.

Struttura ed uso

I *The subjunctive after conjunctions*

The subjunctive is used in dependent clauses introduced by the following conjunctions:

affinché di modo che perché	} *so that, in order that*	Lavora **affinché** i figli possano andare all'università. Partiamo presto **di modo che** possiate prendere il treno delle nove. Parlate lentamente **perché** tutti vi capiscano.
benché sebbene nonostante che	} *although, even though*	Studia ancora **benché** sia mezzanotte. Esce **sebbene** faccia molto freddo. Parte **nonostante** che stia male.
in caso che	*in case that, in the event that*	Lascia il numero di telefono **in caso che** lui voglia parlarti.
a meno che	*unless*	Verremo da te **a meno che** nevichi.
prima che	*before*	Cucino **prima che** tu venga.
purché	*provided that*	Verrà **purché** gli preparino un bel dolce.
senza che	*without*	Studiate **senza che** ve lo dica vostra madre.

A. Lei va a Roma con alcuni amici. Dire che arriveranno presto affinché ognuno dei suoi amici possa fare quello che vuole. Usare la congiunzione *affinché*.

▶ Carlo può andare dallo zio.   *Arriveremo presto affinché Carlo possa andare dallo zio.*

1. Tina può vedere il Colosseo.
2. Mariella e Anna possono visitare i Musei Vaticani.
3. Tu puoi telefonare ai tuoi parenti.
4. Voi potete incontrare i vostri amici.
5. Noi possiamo fare delle spese.
6. Susanna può andare a Villa Borghese.

B. Dire che lei fa alcune cose sebbene esistano certe condizioni. Usare la congiunzione *sebbene*.

▶ andare in centro / essere tardi   *Vado in centro sebbene sia tardi.*

1. comprare una motocicletta / costare molto
2. uscire lo stesso / fare freddo
3. cercare già lavoro / laurearsi fra sei mesi
4. andare alla partita / piovere
5. finire la colazione / essere in ritardo
6. fare una visita alla zia / abitare lontano

C. Sviluppare le frasi seguenti in maniera logica.

1. Studio attentamente affinché ...
2. Vi telefonerò in caso che ...
3. Vieni da me prima che ...
4. Preparo un'inchiesta sebbene ...
5. Scendo al terzo piano (*floor*) benché ...
6. Ti darò questi dischi a meno che ...

II *Comparisons of equality*

1. Comparisons of equality are usually made using the patterns **tanto ... quanto** or **così ... come.** Both constructions are the equivalent of the English *as ... as.* **Tanto** and **così** may be omitted from the comparison.

Tina è (**tanto**) simpatica **quanto** Gianni.	Tina is *as nice as* Gianni.
Giacomo è (**così**) alto **come** Giuseppe.	Giacomo is *as tall as* Giuseppe.
Io guido (**così**) lentamente **come** Paolo.	I drive *as slowly as* Paolo.

2. Comparisons of equality that are made with nouns use the construction **tanto (-i, -a, -e) ... quanto. Tanto** agrees with the noun it precedes.

Maria ha **tanta** pazienza **quanto** me.   Maria has *as much patience as* I.

D. Adriana e Mariella parlano di alcuni dei loro parenti e conoscenti. Adriana fa il paragone (*makes a comparison*) fra di loro. Fare la sua parte. Usare (*tanto*) ... *quanto* o (*così*) ... *come.*

▶ Mario / intelligente / Michele   *Mario è (tanto) intelligente quanto Michele.*
Mario è (così) intelligente come Michele.

1. Laura / alta / Maria
2. Luigi / nervoso / Piero
3. il signor Toselli / ricco / la signora Salmi
4. Stefano / allegro / Nicola
5. mia cugina / grassa / Adriana
6. Franco e Marisa / fortunati / noi
7. tuo fratello / cortese / tua sorella
8. mio zio / povero / il nonno di Antonio

E. Dire che lei ha tante cose quanto Gianni.

▶ cravatte   *Ho tante cravatte quanto Gianni.*

1. piante	4. libri	7. biglietti
2. dischi	5. piatti	8. bandiere
3. riviste	6. matite	9. scarpe

III Comparisons of inequality

1. Comparisons of inequality are usually made according to the following patterns.

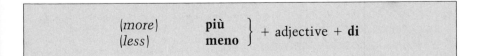

(*more*)	**più**	} + adjective + **di**
(*less*)	**meno**	

Lavoro **più** intensamente **di** voi.   I work more intensely than you.
Stefano ha **meno** pazienza **di** Anna.   Stefano has less patience than Anna.
Paolo è **meno** intelligente **di** Anna. Paolo is less intelligent than Anna.

Note: the preposition **di** contracts with the article preceding the noun.

Maria è più bella **della** sorella di Sara.   Maria is more beautiful than Sara's sister.

2. **Che** is used to translate *than* when the two items being compared
   relate to the same subject.

Sono **più** alto **che** grasso.   I'm taller than I am fat.
Gli piace **più** leggere **che** guardare la TV.   He likes to read more than he likes to watch TV.
Preferisce **più** stare a Roma **che** a Palermo.   He prefers living in Rome to living in Palermo.

F. Rosa paragona (*compares*) alcune persone e cose. Fare la parte di Rosa
e usare l'espressione *più ... di* per le frasi 1–5 e l'espressione *meno
... di* per le frasi 6–10.

▶ Filippo / intelligente / Roberto   *Filippo è più intelligente di
                                          Roberto.*

  1. Francia / grande / Austria
  2. Carlo / fortunato / lei
  3. mia sorella / simpatica / te
  4. professore / gentile / lui
  5. ingegner Dini / energico / dottor Celli

▶ Luisa / magra / me   *Luisa è meno magra di me.*

  6. la nostra casa / elegante / della tua
  7. rivista / interessante / giornale
  8. Franco / povero / Roberto
  9. Luisa / giovane / me
  10. Mario / silenzioso / sua sorella

G. Dare la propria opinione, secondo il modello.

▶ storia / noioso / filosofia   *La storia è più (meno) noiosa della
                                     filosofia.*

  1. chimica / difficile / matematica
  2. Italiani / simpatico / Americani
  3. tennis / divertente / calcio
  4. lasagne / buono / spaghetti
  5. cinema / interessante / teatro

H. Esprimere la propria preferenza (*preference*) sulle seguenti attività, persone o cose.

▶ andare a piedi / andare in macchina
Mi piace più andare a piedi che andare in macchina.

1. la carne / il pesce
2. cantare / ballare
3. sciare / pattinare
4. viaggiare / restare a casa
5. stare in campagna / stare in città
6. i film / gli spettacoli della televisone
7. fare le spese / cucinare
8. guidare la macchina / prendere l'autobus

I. Completare le seguenti frasi secondo la propria opinione.

1. A me piace più ...
2. Preferisco più ...
3. Mangio più ...

4. L'Italia è meno ...
5. La sua macchina è più ...

IV *The relative superlative*

In relative superlative constructions, one or several persons or things are compared to other persons or things in a group. Relative superlatives usually consist of the following patterns:

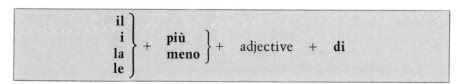

$$\left.\begin{matrix} \textbf{il} \\ \textbf{i} \\ \textbf{la} \\ \textbf{le} \end{matrix}\right\} + \left.\begin{matrix} \textbf{più} \\ \textbf{meno} \end{matrix}\right\} + \text{adjective} + \textbf{di}$$

Giovanni è **il più** intelligente **della** classe.
Rosa e Maria sono **le più** basse **della** famiglia.
Enrico è **il meno** simpatico **dei** miei cugini.

John is *the most intelligent* in the class.
Rosa and Maria are *the shortest in* the family.
Enrico is *the least nice of* my cousins.

When the superlative immediately follows a noun, no definite article is used with **più** or **meno**.

Gianna è la studentessa **più** intelligente **della** classe.

J. Fare il paragone usando il superlativo *più* o *meno.*

▶ Carla / + bella / tutte   *Carla è la più bella di tutte!*

1. questo programma / + interessante / tutti
2. il fiume Po / − inquinato / tutti
3. la lezione d'italiano / + facile / tutte
4. quei vestiti / + eleganti / tutti
5. Laura / − silenziosa / tutti
6. via Nazionale / + lunga / tutte
7. questo problema / − complicato / tutti
8. questi palazzi / + alti / tutti

K. Lei è appena arrivato(a) a Roma e chiede al vigile (*policeman*) dove sono alcune delle cose più belle da vedere.

▶ le fontane   *Dove sono le fontane più belle?*

1. le statue	4. i monumenti	7. il parco
2. il palazzo	5. il museo	8. le piazze
3. i negozi	6. le chiese	9. le case

V *The absolute superlative*

The absolute superlative is usually expressed in English with the adverbs *very* or *extremely* plus the adjective or adverb. In Italian it can be formed by adding the suffixes **-issimo** (**-a, -i, -e**) to adjectives, and **-issimo** to adverbs, after dropping the final vowel.

Questo quadro è bello.	Questo quadro è **bellissimo.**	This painting is *very beautiful.*
Questa lezione è facile.	Questa lezione è **facilissima.**	This lesson is *very easy.*
Sono dei problemi difficili.	Sono dei problemi **difficilissimi.**	They are *very difficult* problems.
Sto bene.	Sto **benissimo.**	I am *very well.*

Adjectives in **-co** and **-go** add an **h** before **-issimo**; adjectives in **-io** drop the **-io.**

È una signora ricca.	È una signora **ricchissima.**
È un fiume largo.	È un fiume **larghissimo.**
È un palazzo vecchio.	È un palazzo **vecchissimo.**

Absolute superlatives can also be made by placing adverbs such as **molto** or **assai** before adjectives or adverbs.

Quello spettacolo è noioso.	Quello spettacolo è **molto (assai)** noioso.	That show is *very boring.*
Parla lentamente.	Parla **molto** lentamente.	She speaks *very slowly.*

L. Descrivere le seguenti persone o cose, usando il superlativo assoluto.

▶ Massimo è nervoso.   *Massimo è nervosissimo.*
                          Massimo è molto nervoso.

1. I suoi capelli sono lunghi.
2. Questa borsa è vecchia.
3. Mio padre sta male.
4. Perugia è una città antica.
5. Questa trasmissione è divertente.

6. Luca studia poco.
7. Il volo Boston-Roma è comodo.
8. La partita era interessante.
9. Le piazze sono belle.

Ripasso

A. Lei viene intervistata da un giornalista sulla riforma della scuola. Lei gli dà le sue opinioni al riguardo (*on the subject*). Incominciare ciascuna frase con *Credo che.*

▶ situazione / non cambiare   *Credo che la situazione non sia cambiata.*

1. i professori / non informare gli studenti della situazione attuale
2. non esserci / abbastanza contatto con il mondo del lavoro
3. le università / non preparare molto bene gli studenti
4. il governo / non suggerire delle soluzioni adatte
5. gli studenti / dovere scioperare
6. la RAI / dovere mandare in onda dei programmi sulla riforma universitaria

B. Scrivere frasi complete.

▶ Invito Giorgio a casa mia. /   *Invito Giorgio a casa mia a*
   (a meno che) / non stare bene   *meno che non stia bene.*

1. Telefono alle amiche. / (di modo che) / passare da me (*to pass by my house*)
2. Tina studia molto / (affinché) / potere laurearsi presto
3. Finite la colazione. / (prima che) / Giorgio arrivare
4. Non puoi andare in vacanza. / (nonostante) / avere fatto la prenotazione
5. Luisa mi presta i suoi dischi. / (purché) / restituirglieli domani
6. Mi piacciono i film francesi. / (sebbene) / non capire il francese

C. Rosamaria chiede a Mirella se Carlo ha tante delle seguenti cose quanto Paolo. Fare le due parti.

▶ vestiti   S¹: *Ha Carlo tanti vestiti quanto Paolo?*
               S²: *Sì, ne ha tanti quanto Paolo.*
                  No, non ne ha tanti quanto Paolo.

1. soldi
2. giacche
3. camicie
4. valigie

5. biciclette
6. fogli di carta
7. frutta

8. cravatte
9. dischi
10. televisori

D. Descrivere ciascuno degli oggetti in basso con un aggettivo di propria scelta (*choice*). Usare il superlativo relativo, e finire ciascuna frase con ... *che io abbia mai visto.*

▶    *È la casa più bella che io abbia mai visto.*

E. Esprimere in italiano quello che Luisa ha scritto nel suo diario.

Today, Marisa introduced me to Gianpiero, a young man from Italy. He is very good-looking and very tall and he seems to be as intelligent as he is good-looking. He came to visit his aunt here and will stay for a few months unless his parents phone him to return sooner (*prima*). We invited him to go to the city tomorrow so that he might see some of our interesting places. He's the nicest of our friends and I hope that he will be here for a long time.

ATTUALITÀ 6

SPOLETO

Antico centro medioevale, Spoleto è oggi una delle città più importanti dell'Umbria. Il suo patrimonio archeologico ed artistico comprende l'Arco di Druso ed i resti° di un teatro e di un anfiteatro dell'epoca romana. La chiesa di San Salvatore è la testimonianza del periodo paleocristiano, mentre il Medioevo ed il Rinascimento sono rappresentati dal Duomo con il mosaico bizantino, dalla chiesa di San Pietro, dal Ponte delle Torri e dalla Rocca. Inoltre, magnifici palazzi settecenteschi rimangono a testimoniare l'importanza della città durante il Rinascimento. Ma non è solo il passato che ha reso° famosa Spoleto. Da moltissimi anni ormai, iniziative artistiche e culturali richiamano° a Spoleto studiosi ed artisti di fama. Ogni primavera, la Settimana di studi sull'Alto Medioevo analizza e ricorda la storia dei secoli scorsi. A settembre, la Mostra nazionale d'Arte Moderna preannuncia° gli spettacoli di opere liriche e di melodramma allestite° al Teatro Sperimentale. Ma è dal 1958 che Spoleto, con il Festival dei Due Mondi°, ha ricevuto la sua valorizzazione in campo internazionale.

remains

made
bring together

announces
prepared
worlds

Il Festival dei Due Mondi

Al compositore italo-americano Gian Carlo Menotti va il merito di aver ideato[1] ed organizzato il "Festival dei Due Mondi"[2], una grande manifestazione artistica internazionale. Dal 1958, Spoleto, antica città medioevale dell'Umbria, è la sede[3] del più originale e complesso festival che interessa da vicino l'Europa e l'America. Il Festival dei due Mondi è una rassegna[4] di ogni genere[5] d'arte: musica lirica e sinfonica, balletti classici, concerti, mostre[6] di pittura[7] e spettacoli di prosa[8]. Numerosi sono i giovani artisti italiani e stranieri, specialmente americani, che partecipano con entusiasmo sotto la guida[9] di famosi direttori.

Finanziariamente il Festival riceve aiuti dal governo italiano, dalla Fondazione Spoletina, che riunisce[10] i principali enti pubblici e privati dell'Umbria, e da enti americani. Di anno in anno[11], i costi di produzione per l'allestimento[12] di uno spettacolo così serio ed importante, sono aumentati notevolmente. Nonstante ciò[13], il Festival sopravvive[14] e presenta annualmente nuovi spettacoli, richiamando[15] su Spoleto l'attenzione del mondo culturale ed artistico italiano e straniero.

1 conceived 2 Worlds 3 place 4 review 5 genre
6 exhibits 7 painting 8 drama 9 under the guidance
10 brings together 11 From year to year 12 production
13 Nevertheless, 14 survives 15 drawing

INFORMAZIONI E CURIOSITÀ

— Le attività folcloristiche che hanno più attrattiva per il turista sono le sagre[1] che sono associate con il raccolto[2] di vari prodotti agricoli. Ci sono, per esempio, la sagra delle fragole[3], la sagra delle ciliege[4] e la sagra dell'uva. Queste celebrazioni hanno un tono religioso e pagano allo stesso tempo. Nella sagra, i contadini del luogo consacrano i prodotti della terra al santo protettore della zona, ma allo stesso tempo è una buona occasione per ballare, cantare, mangiare, bere, e divertirsi.

— La **Commedia dell'arte** è una forma teatrale che nacque[5] in Italia durante il sedicesimo secolo. Era un teatro d'improvvisazione, con personaggi tipici chiamati "maschere". **Arlecchino, Pulcinella, Capitan Spaventa, e Colombina** erano alcune maschere famose della Commedia dell'arte.

— Il teatro delle marionette si sviluppò in Italia durante il Seicento. Era un teatro di origine colta[6] ed aristocratica, e veniva rappresentato nei palazzi dei nobili e nei teatri.

— In Sicilia ed a Napoli le marionette erano chiamate i "pupi".

— L'origine del teatro dei burattini[7] è popolare. Le sue rappresentazioni avevano luogo nelle piazze e nelle fiere[8].

— In Italia ci sono molti teatri famosi all'aria aperta, dove d'estate si presentano spettacoli d'opera di ottimo livello. Nell'Arena di Verona, per esempio, durante luglio ed agosto si celebra il Festival dell'opera lirica. A Roma, invece, c'è la Stagione lirica estiva, i cui[9] spettacoli sono rappresentati alle Terme di Caracalla.

1 festivals   2 harvest   3 strawberries   4 cherries   5 was born   6 learned   7 puppets   8 fairs
9 whose

Marostica è un'antica cittadina del Veneto, in provincia di Vicenza. Famoso è il suo trecentesco[1] Palazzo Comunale. Di fronte al palazzo c'è una piazza con il pavimento a scacchiera[2]. Nel mese di settembre di ogni anno, si rievoca[3] una leggendaria partita a scacchi[4]. I "pezzi"[5] del gioco sono persone che indossano[6] i costumi del Quattrocento[7].

1 14th century   2 chess board   3 is commemorated   4 chess game 5 chessmen   6 wear   7 15th century

Giochiamo a scacchi?

FOLCLORE ITALIANO: CORSA DEI CERI A GUBBIO

A Gubbio, piccola città dell'Umbria, si svolge[1] il 15 maggio di ogni anno una simpatica festa folclorica, la Corsa dei Ceri[2]. I ceri sono tre e sono costituiti da tre grandi piattaforme di legno[3] trasportate a spalla[4] da venti uomini chiamati ceraioli[5]. Su ogni cero c'è la statua di un santo: Sant'Ubaldo, protettore dei muratori[6], San Giorgio, protettore degli artigiani e dei commercianti, e Sant'Antonio Abate, protettore dei contadini[7].

La sfilata[8] dei ceri, che parte dalla chiesa dei Muratori, dura[9] quasi tutta la giornata e attraversa tutta la città. Poi verso sera inizia[10] la frenetica corsa. Da Piazza della Signoria i

ceraioli corrono per portare i ceri fino alla Basilica di Sant'Ubaldo, che si trova su di un monte circostante[11].

Questa festa è fatta in onore del santo protettore della città, Sant'Ubaldo. È una festa che rivela la forza[12] e l'allegria[13] di un popolo[14]. È una festa con una lunga tradizione popolare, la cui[15] origine si perde[16] nei secoli.

1 takes place   2 race of candles   3 wood 4 on the shoulders   5 candle carriers   6 bricklayers 7 farmers   8 parade   9 lasts   10 begins   11 surrounding 12 strength   13 joy   14 people   15 whose   16 gets lost

Crisi di governo

LEZIONE 25ª

Franco, Marisa e Paola si incontrano a piazza Venezia.

    Marisa Franco, hai saputo che ieri sera il governo si è dimesso?

    Franco Dici davvero?

     Paola Ma non hai ascoltato la radio?

    Franco No, stamattina ho dormito fino a tardi.

5   **Marisa** Qui c'è un giornalaio, prendiamo un giornale.

    Franco Mi dia "Il Messaggero",° per favore.   Roman daily newspaper

Giornalaio	Lo prenda lei. È in quel pacco di giornali alla sua sinistra.°	alla ... to your left
Marisa	Però non fermiamoci qui a leggere.	
Franco	Sediamoci su quella panchina laggiù, così staremo più	
10	tranquilli.	
Paola	Certo questa caduta del governo è una cosa grave.	
Franco	Ma, non troppo. Conosci forse qualcuno che si preoccupi	
	più del necessario?	
Paola	Dici sul serio?	
15 **Franco**	Sì. La gente si è ormai abituata a queste continue crisi	
	politiche e non si chiede più chi va al governo, ma quanto	
	tempo esso resterà in carica.	
Marisa	Mi sembri un po' cinico, non ti pare?	
Franco	Non direi. Il fatto è che da molti anni abbiamo governi	
20	di coalizione formati dagli stessi partiti politici. Tutti	
	alla prima grande difficoltà cadono immancabilmente.	
Paola	Ma non si potrebbero formare governi più stabili, più	
	forti?	
Franco	In teoria sì, e talvolta si indicono anche le elezioni po-	
25	litiche anticipate. Ma siccome ognuno vota per lo stesso	
	partito, la nuova situazione politica non cambia di	
	molto,° e si riforma un governo simile a quello prece-	non ... doesn't change much
	dente.°	simile ... similar to the preceding one

Domande

Generali

1. Che cosa è successo ieri sera?
2. Che cosa comprano Franco, Marisa e Paola?
3. Dove vanno a sedersi?
4. A che cosa si è abituata la gente?
5. Perché non cambia di molto la nuova situazione politica?

Personali

6. Quando legge il giornale lei?
7. Se compra giornali o riviste, dove li compra?
8. Il nostro governo è in crisi?
9. Da quanti partiti è formato il nostro governo?
10. È contento(a) del nostro governo?

NOTA CULTURALE: I giornali italiani

In Italia la stampa[1] è il principale mezzo d'informazione, nonostante la concorrenza[2] della radio e specialmente della televisione. Alcuni giornali sono indipendenti, ma molti sono finanziati da enti statali, banche, organizzazioni cattoliche e partiti politici. Ogni maggiore città italiana ha il suo quotidiano[3] ed in alcune città si stampa[4] più di un quotidiano al giorno. A Roma, per esempio, si pubblicano quattro giornali: *Il Messaggero, Il Paese Sera, L'Unità,* ed *Il Tempo.* Due dei giornali più autorevoli[5] sono *Il Corriere della Sera,* di Milano e *La Stampa,* di Torino.

Oggi molto più diffuse[6] dei quotidiani sono le riviste illustrate pubblicate ogni settimana quasi tutte a Milano. Le più note sono quelle di attualità e varietà[7] come *L'Europeo* ed *Epoca,* e quelle femminili come *Grazia* ed *Amica.* Fra le riviste politiche, d'opinione e di cultura ci sono *l'Espresso* e *Panorama,* che svolgono[8] una funzione di critica del costume[9] e di formazione etico-politica.

1 press   2 competition   3 daily newspaper   4 is published
5 authoritative   6 widespread   7 variety   8 perform
9 customs

Vocabolario

Nomi

la **caduta**   fall
la **coalizione**   coalition
la **difficoltà**   difficulty
il **pacco**   package
la **teoria**   theory

Verbi

abituarsi (a)   to get used (to)
dimettersi (dimesso)   to resign
fermarsi   to stop
preoccuparsi   to worry
riformare   to form again

Aggettivi

cinico, -a   cynical
grave   serious
stabile   stable

Altre parole ed espressioni

immancabilmente   without fail
siccome   since
talvolta   sometimes

in carica   in charge
dici davvero?   are you serious?
dici sul serio?   are you serious?
non ti pare?   don't you think so?

Modificazioni

1. Hai saputo che **il governo si è dimesso?**
   c'è una crisi politica
   ci saranno le elezioni anticipate
   ci sarà una riforma universitaria
   parto per l'Italia

2. Sediamoci **su quella panchina.**
   sull'erba (*grass*)
   su quelle poltrone (*armchairs*)
   su quel divano (*couch*)
   su quelle sedie

3. Conosci **qualcuno qui?**
   quel ragazzo
   molta gente
   Roma
   l'Italia

4. Mi dia "**Il Messaggero**," per favore.
   un giornale
   una rivista
   quel libro

5. Fermiamoci qui a **leggere.**
   bere un caffè.
   prendere un giornale
   parlare un po'

Pratica

A. Chiedere ad un amico (un'amica) di andare con lei dal giornalaio. Lei ha sentito parlare di una crisi di governo e vuole comprare un giornale per avere notizie più chiare.

B. Fare la parte di un (una) giornalista della radio che vuole conoscere l'opinione di varie persone sull'ultima crisi di governo. Incominciare ogni conversazione chiedendo a ciascuna persona di dire il proprio nome e la propria occupazione.

Ampliamento del vocabolario

La politica

la repubblica	il ministro	il deputato
la monarchia	il primo ministro	il senatore
la costituzione	il consiglio dei ministri	il parlamento
lo stato	il presidente della repubblica	il senato
		la camera dei deputati

Leggere il seguente brano basato sulla storia e sul governo d'Italia. Poi rispondere alle domande.

Italia: storia ed amministrazione

Lo stato italiano è nato con il nome di Regno° d'Italia nel 1861 come continuazione dell'antico regno di Sardegna.° Nel 1922 con la salita al potere° del fascismo, la costituzione albertina del 1848 subì°
5 profonde modificazioni e cambiamenti. Caduto il regime fascista nel 1943, con il referendum del 1946 il popolo italiano ha scelto° al posto della° monarchia la repubblica. Dal 1948, con l'entrata in vigore della nuova costituzione, l'Italia è una repubblica
10 democratica.

    Al vertice° dello stato vi sono vari organi che esercitano la funzione esecutiva (governo), legislativa (parlamento), e giurisdizionale (magistratura), ognuno nei limiti stabiliti dalla costituzione. Il pre-
15 sidente della repubblica rappresenta l'unità dello stato e promuove° ed armonizza l'attività degli altri organi. Il parlamento è formato dalla Camera dei Deputati (630 membri) e dal Senato (315 membri). La linea politica del governo° è determinata dal
20 consiglio dei ministri, composto dal presidente del consiglio e dai singoli° ministri. Nel settore giudiziario molto importante è la Corte Costituzionale, che ha il compito di assicurare° l'esatta applicazione della costituzione.

Glosses (right margin):
Regno° Kingdom
Sardegna.° Sardinia / salita ... coming to power
subì° underwent
ha scelto° chose / al posto della° al ... in place of the
Al vertice° al vertice ... at the head
promuove° promotes
linea politica del governo° linea ... government policy
singoli° individual
assicurare° ha ... is responsible for

1. Che forma di governo ha l'Italia?
2. Che governo aveva prima del 1922? Chi è salito al potere nel 1922?
3. Quando è entrata in vigore la nuova Costituzione?
4. Quali sono gli organi costituzionali dello stato?

Struttura ed uso

I Commands with single-object pronouns

1. A single-object pronoun (direct, indirect, or reflexive) follows and is attached to the affirmative **tu-, noi-,** and **voi-**command forms.

Compra**lo**!   Buy it!
Fate**li**!   Do them!
Telefoniamo**gli**!   Let's call him!

The single-object pronoun usually precedes the negative **tu-, noi-,** and **voi-**commands, though many Italians attach the pronoun to the verb.

Non **lo** comprare!   Non **lo** mandate!
Non comprar**lo**!   Non mandate**lo**!

	affirmative commands	negative commands
tu-commands	Invita**lo** per domani.	{ Non **lo** invitare per domani! { Non invitar**lo** per domani!
	Manda**gli** il libro!	{ Non **gli** mandare il libro! { Non mandar**gli** il libro!
	Alza**ti** ora!	{ Non **ti** alzare ora! { Non alzar**ti** ora!
noi-commands	Aspettiamo**lo** a casa!	{ Non **lo** aspettiamo a casa! { Non aspettiamo**lo** a casa!
	Diamo**le** il disco!	{ Non **le** diamo il disco! { Non diamo**le** il disco!
	Fermiamo**ci** al bar!	{ Non **ci** fermiamo al bar! { Non fermiamo**ci** al bar!
voi-commands	Ascoltate**li**!	{ Non **li** ascoltate! { Non ascoltate**li**!
	Telefonate**gli**!	{ Non **gli** telefonate! { Non telefonate**gli**!
	Sedete**vi** qui!	{ Non **vi** sedete qui! { Non sedete**vi** qui!

2. The indirect-object pronoun **loro** follows **tu-, noi-,** and **voi-**commands, but is not attached to them.

Telefoniamo **loro**!   Manda **loro** una cartolina!   Non rispondete **loro**!

A. Maria chiede a Gabriele se può invitare le persone indicate alla festa per il suo compleanno. Fare la parte di Gabriele, usando gli appropriati pronomi di complemento diretto nelle risposte.

▶ Invito Gregorio? (sì)   *Sì, invitalo!*
▶ Invito Stefano? (no)   *No, non invitarlo!* (o) *No, non lo invitare!*

1. Invito Carlo? (sì)	6. Invito le amiche di
2. Invito Lucia? (no)	Pino? (no)
3. Invito Marco e Giorgio? (no)	7. Invito Gianni? (no)
4. Invito i nostri cugini? (sì)	8. Invito Luisa? (sì)
5. Invito Sandro e Mirella? (sì)	

B. Roberto chiede a Carlo se deve telefonare alle persone indicate per invitarle al cinema. Fare la parte di Carlo, usando gli appropriati pronomi di complemento indiretto nelle risposte.

▶ Telefoniamo a Maria? (sì)   *Sì, telefoniamole!*
▶ Telefoniamo a Sergio? (no)   *No, non gli telefoniamo!* (o) *No, non telefoniamogli!*

1. Telefoniamo a tua cugina? (sì)
2. Telefoniamo a tuo zio? (no)
3. Telefoniamo a Cristina e a Paolo? (no)
4. Telefoniamo a Michele? (sì)
5. Telefoniamo a Pino e a Gianni? (sì)
6. Telefoniamo ai nonni? (no)

C. Giorgio dice ad alcune persone di fare varie cose. Fare la parte di Giorgio, usando l'imperativo.

▶ Giovanni, ti lavi le mani?   *Giovanni, lavati le mani!*
▶ Ragazze, vi vestite in fretta?   *Ragazze, vestitevi in fretta!*

1. Enrico, ti prepari per partire?
2. Ragazzi, vi alzate presto la mattina?
3. Anna, ti metti il cappotto?
4. Bambini, vi svegliate?
5. Carla e Gino, vi fermate alla stazione?
6. Massimo, ti diverti al teatro?
7. Tina, non ti compri il giornale?
8. Lisa, Lidia, vi fermate alla banca?

D. Consigliare ai propri amici di fare le seguenti cose, sostituendo alle parole in corsivo i pronomi di complemento appropriati.

▶ Prendi *il pane*!   *Prendilo!*

1. Comprate *il giornale*!
2. Leggi *quel libro*!
3. Pietro, non leggere *la rivista* in classe!
4. Non ascoltate *la radio* qui!
5. Giulio, rispondi *al professore*!
6. Telefoniamo *a Silvio ed a Stefano* dopo la lezione!
7. Portate *il dizionario* in classe!
8. Non mangiate *il panino* qui!

II *Object pronouns and monosyllabic commands*

With certain monosyllabic **tu**-commands, such as **da', di', fa', sta',** and **va',** the initial consonant of the pronoun is doubled, except with the pronoun **gli.**

Da**mmi** il libro!	Give me the book!
Fa**mmi** vedere le tue scarpe!	Let me see your shoes!
Di**cci** cosa è successo!	Tell us what happened!
Sta**lle** vicino!	Stay near her!

E. Oggi lei dà ordini a tutti. Usare l'imperativo affermativo e sostituire alle parole in corsivo i pronomi di complemento indiretto.

▶ Mario, di' qualcosa *a me*!   *Mario, dimmi qualcosa!*
▶ Teresa, da' la macchina *a Franco*!   *Teresa, dagli la macchina!*

1. Di' *a Paola* di venire a casa!
2. Sta' vicino *a noi*!
3. Da' la borsa *a Carla*!
4. Di' *ai signori* di alzarsi!
5. Da' una sedia *a me*!
6. Fa' la spesa *alla zia*!
7. Sta' a sentire *la tua amica*!
8. Fa' una telefonata *a Filippo*!

F. Dire ai propri amici di non fare le cose indicate nell'Esercizio E.

▶ Mario, non dire niente *a me*!   *Mario, non mi dire niente!*
                                      (o) *Mario, non dirmi niente!*

▶ Teresa, non dare la macchina   *Teresa, non gli dare la macchina!*
   a Franco!   (o) *Teresa, non dargli la macchina!*

III Formal commands

The **lei-** and **loro-**command forms are identical to the third person singular and the third person plural forms of the present subjunctive. As in the case of informal commands, subject pronouns are not used with **lei-** and **loro-**commands.

Here are the formal commands of four regular verbs:

	ascoltare	rispondere	partire	finire
lei-command	ascolti!	risponda!	parta!	finisca!
loro-command	ascoltino!	rispondano!	partano!	finiscano!

1. In negative formal commands, **non** precedes the command form.

    Compri questa camicia!   **Non compri** questa camicia!
    Prenda questo giornale!   **Non prenda** questo giornale!

2. Note: the formal command of irregular verbs is also formed by using the third person singular and the third person plural forms of the present subjunctive.

    andare: **Vada** con il bambino, per favore!
       fare: **Facciano** attenzione!
      avere: **Abbia** pazienza un momento!

3. A single-object pronoun (direct, indirect, or reflexive) usually *precedes* a formal command.

	Affirmative	*Negative*
lei-commands:	**Lo** apra! **Gli** scriva! **Si** avvicini!	Non **lo** apra! Non **gli** scriva! Non **si** avvicini!
loro-commands:	**Lo** aprano! **Gli** scrivano! **Si** avvicinino!	Non **lo** aprano! Non **gli** scrivano! Non **si** avvicinino!

4. The indirect-object pronoun **loro** always follows a formal command.

    Scriva **loro!**   Chiedano **loro!**

G. Fare la parte del professore d'italiano e dire a vari studenti di fare o non fare le cose indicate.

▶ signorina: prendere il dizionario   *Signorina, prenda il dizionario!*
                                          Signorina, non prenda il dizio-
                                          nario!

1. signorine: mettere il libro sul banco
2. signor Russo: leggere per favore
3. signorina: andare alla lavagna
4. signori: scrivere sul libro
5. signorine: parlare ad alta voce
6. signore: aprire il quaderno

H. Lei è un vigile (*policeman*) della città di Roma e dà dei consigli (*advice*) e degli ordini ad alcune persone.

▶ La signora prende l'autobus   *Signora, prenda l'autobus*
   numero 10.   *numero 10.*

1. Il signore va a destra.
2. I signori prendono la prossima strada a sinistra.
3. La signorina va a piedi a piazza Navona.
4. Le signorine continuano a guidare.
5. La signorina cammina per via Nazionale.
6. I signori escono dalla macchina.

I. Consigliare alle persone dell'Esercizio H di non fare le cose indicate.

▶ La signora prende   *Signora, non prenda*
   l'autobus numero 10.   *l'autobus numero 10.*

J. Ordinare alle persone indicate di fare le seguenti cose e sostituire alle parole in corsivo i pronomi di complemento.

▶ Legga *il libro!*   *Lo legga!*

1. Signorina, prenda *quella matita!*
2. Chiedano le informazioni *al professore* di biologia!
3. Compri *due biglietti!*
4. Ascoltino *le ultime notizie* stasera!
5. Signor Paolini, chiuda *la porta!*
6. Signori, rispondano *al professore,* per favore!

IV Commands with two object pronouns

1. In affirmative **tu-, noi-,** and **voi-**commands, two object pronouns *follow* the verb and are attached to it.

Porta**melo!**	Bring it to me!
Mandiamo**glieli!**	Let's send them to him (her)!
Spedite**cela!**	Mail it to us!
Mettiamo**cele!**	Let's put them on!

2. In the negative **tu-, noi-,** and **voi-**commands, two object pronouns usually *precede* the verb, though many Italians attach the pronouns to the verb.

Non **me lo** portare!	Non portar**melo!**	Don't bring it to me!
Non **glieli** mandiamo!	Non mandiamo**glieli!**	Let's not send them to him!
Non **ce la** spedite!	Non spedite**cela!**	Don't mail it to us!
Non **ce le** mettiamo!	Non mettiamo**cele!**	Let's not put them on!

3. In affirmative and negative **lei-** and **loro-**commands, two object pronouns precede the verb.

Glielo dia!	Non **glielo** dia!
Ce li mandino!	Non **ce li** mandino!
Se la metta!	Non **se la** metta!

4. Note: The indirect-object or reflexive pronouns *always* precede the direct-object pronoun except for **loro.**

Date**lo loro!**	Give it to them!
Non **lo** date **loro!** ⎱	Don't give it to them!
Non date**lo loro!** ⎰	

   K. Dire che le seguenti cose sono le sue.

   ▶ la penna   *È la mia penna. Dammela!*

1. la matita	3. i fogli di carta	5. i libri
2. le riviste	4. il registratore	6. i quaderni

   L. Dire a sua madre di non comprarle i seguenti capi di vestiario.

   ▶ la giacca verde   *Non me la comprare! (o) Non comprarmela!*

1. la gonna lunga	3. le scarpe bianche	5. la camicetta rosa
2. i guanti neri	4. il cappotto	6. i pantaloni di lana

M. Lei è ad un ristorante con gli amici e risponde per tutti alle domande del cameriere. Usare l'imperativo nelle risposte.

▶ il caffè   S¹: *Vogliono il caffè adesso?*
              S²: *Sì, ce lo porti, per favore.*

1. il formaggio   4. gli spaghetti   7. il dolce
2. la minestra   5. il pesce   8. i ravioli
3. la bistecca   6. le mele

N. Lei ordina a Valeria e a Lidia di fare le seguenti cose. Sostituire i pronomi di complemento diretto alle parole in corsivo.

▶ Valeria, portami *i libri.*   *Valeria, portameli!*

1. Compratemi *il caffè!*
2. Fatele *questo favore!*
3. Lidia, pulisciti *le mani!*
4. Valeria, dalle *la notizia!*
5. Lidia, non gli restituire *i libri!*
6. Lidia, non offrirle *il gelato!*
7. Non compratemi *il latte!*
8. Pagategli *il conto* oggi!

O. Chiedere alle persone indicate di fare alcune cose. Sostituire alle parole in corsivo i pronomi di complemento.

▶ Signorina, si prenda *questa busta!*   *Signorina, se la prenda!*

1. Signore, mi dia *il giornale,* per favore!
2. Signore, si mettano *i guanti!*
3. Signori, si ricordino *il programma* delle otto!
4. Signora, si metta *l'impermeabile* prima di uscire!
5. Signorina, mi presti *la sua penna* per favore!

V *Conoscere* and *sapere*

The verbs **conoscere** and **sapere** both correspond to *to know*, but they are not interchangeable in Italian. **Conoscere** is regular in most cases, but **sapere** is irregular in the present tense, in the future, and in the present subjunctive. Here are the forms of **sapere.**

present:	so	sappiamo
	sai	sapete
	sa	sanno
future:	io saprò, etc.	
present subjunctive:	che io sappia, etc.	

1. **Conoscere** is usually used *to indicate familiarity or acquaintance with* people, places, and sometimes things (such as school subjects). **Conoscere** is always followed by a direct-object noun, a pronoun, or a proper noun.

   Conosco degli Italiani.   I know some Italians.
   Conosciamo Firenze.   We know Florence.
   Conoscete la storia d'Italia?   Do you know the history of Italy?
   Conosce Franco molto bene.   He/she knows Franco very well.

2. **Sapere** is used in the sense of *to know a fact* or *to know how to*. It can be followed by a direct-object noun, a clause, or an infinitive.

   So l'indirizzo di Francesco.   I know Francesco's address.
   Sappiamo il numero di telefono di Silvia.   We know Silvia's telephone number.
   So dove lavori.   I know where you work.
   Sanno con chi lavori.   They know with whom you work.
   Sapete sciare bene?   Do you know how to ski well?

P. Domandare alle seguenti persone se conoscono le persone o le cose indicate.

▶ tu: Paola   *Conosci Paola?*
▶ lei: la Spagna   *Conosce la Spagna?*

1. voi: l'amica di Giorgio
2. loro: Venezia
3. tu: mio cugino
4. Giovanna: Boston
5. lei: i signori De Santis
6. ragazzi: la signorina Meli

Q. Lei è ad una festa ed ogni tanto (*every once in a while*) chiede l'ora a varie persone.

▶ Sergio   *Sai che ora è?*

1. il signor Badi   3. Viola   5. il padre di Rosa
2. Fabrizio e Carlo   4. i signori Celli   6. Carlo

R. Chiedere ad un amico (una amica) se sa fare le seguenti cose.

▶ pattinare   S¹: *Sai pattinare?*
                   S²: *Sì, so pattinare.*   (o) *No, non so pattinare.*

1. parlare spagnolo   4. nuotare   7. suonare il piano
2. cantare   5. giocare a pallone   8. guidare
3. andare a cavallo   6. cucinare   9. leggere il francese

S. Lei vuole avere delle informazioni su di una ragazza. Fare le seguenti domande a Paolo. Incominciare ogni frase con *Sai* o *Conosci*.

▶ dove abita   *Sai dove abita?*

1. i suoi fratelli   6. i suoi genitori
2. dove lavora   7. chi sono le sue amiche
3. suo zio   8. che farà questo fine-settimana
4. il suo indirizzo   9. quando ritornerà a casa
5. con chi è uscita   10. sua sorella

Ripasso

A. Cambiare le seguenti frasi. Nelle risposte, usare due pronomi di complemento.

▶ Giorgio, porta il libro a me!   *Giorgio, portamelo!*

1. Marisa, manda la lettera a Carlo.
2. Signora, dia la rivista a Marina!
3. Bambini, lavatevi le mani!
4. Marco, porta i giornali a me!
5. Signorine, comprino i biglietti per noi!
6. Anna, fa' le valigie per me!
7. Valeria, compra la camicetta ad Anna!
8. Pietro e Michele, pagate il conto a loro!
9. Signorina, faccia la prenotazione al signor Tini!

B. Cambiare le frasi dell'Esercizio A al negativo.

▶ Giorgio, porta il libro *a me!*   *Giorgio, non portarmelo!*
                                      (o) *Giorgio, non me lo portare!*

C. Ordinare ad un amico o ad un'amica di fare le seguenti cose, sostituendo alle parole in corsivo un pronome di complemento.

▶ Tina, da' il libro *a me!*   *Tina, dammi il libro!*

1. Di' *a Marco* di fare presto!
2. Sta' vicino *a me!*
3. Da' i libri *allo zio!*
4. Fa' vedere le scarpe *alla mamma!*
5. Di' qualcosa *a me!*
6. Fa' le spese *per tua sorella!*

D. Piero e Gino, due fratelli, si preparano per uscire. Esprimere in italiano il dialogo fra i due fratelli.

Piero: Gino, (at) what time will we meet Mario?
Gino: (At) eight o'clock. My shirt is on the chair. Give it to me, please!
Piero: Here. Mario tells me that his cousin, Peppe, will also come with us tonight. Do you know him?
Gino: No, but I know he's here for a few months.
Piero: Good. Oh, I think we're going to be late. It's seven-thirty already. I don't think Mario will be happy if we're late. Let's phone him.
Gino: Good idea. Call him and tell him we'll be there at eight-thirty.

LEZIONE 26ᵃ

Il professor Baldini è un critico letterario e gli piace leggere molto. Se potesse, leggerebbe tutto il giorno. Se poi fosse più ricco, gli piacerebbe avere una biblioteca migliore di quella che ha.

Due giorni fa° il professor Baldini ha comprato alla libreria "La 5 Minerva" un volume di poesie di Montale, un romanzo di Pavese ed un altro di Calvino. Quantunque avesse letto una buona critica su un romanzo di Moravia, non ha potuto comprarlo a causa del prezzo. Lui già sapeva che i libri costavano molto, ma gli sembrava assurdo che

due ... two days ago

dovesse pagare una cifra così grande. "È colpa dell'inflazione", gli aveva
10 detto la cassiera, porgendogli° un questionario che la libreria aveva   handing to him
fatto preparare per una ricerca di mercato.°   **ricerca** ... market survey

---

SONDAGGIO

1. Le piace leggere?   □ sì   □ poco   □ molto   □ no

2. Che cosa legge spesso?   □ giornale   □ rivista   □ poesia
                            □ narrativa   □ saggistica   □ drammi

3. Che tipo di letteratura preferisce?   □ classica   □ contemporanea

4. Fra i maggiori scrittori classici, quali la interessano di più?

   □ Dante   □ Tasso   □ Boccaccio   □ Leopardi

   □ Petrarca   □ Manzoni   □ Ariosto   □ (altri) ....

5. Fra gli scrittori contemporanei quali la interessano maggiormente?

   □ Moravia   □ Morante   □ Buzzati   □ Calvino

   □ Pavese   □ Cassola   □ Pratolini   □ (altri) ....

6. Qual è l'ultimo libro che ha letto? ....

7. Legge libri di autore straniero?   □ sì   □ no   □ qualche volta

8. Preferisce le opere straniere in lingua originale?   □ sì   □ no

9. Quanti libri legge in media ogni mese?   □ uno   □ tre
                                           □ due   □ più di tre

10. Se avesse più tempo libero, leggerebbe di più?   □ sì   □ no

---

Il professor Baldini legge il questionario e lo riempie in pochi minuti.

Domande

1. Chi è il professor Baldini?
2. Che cosa farebbe se potesse?
3. Che cosa avrebbe se fosse più ricco?
4. Che cosa ha comprato due giorni fa alla libreria "La Minerva"?
5. Che cosa non ha potuto comprare? perché?
6. Che cosa gli ha detto la cassiera?
7. Che cosa gli ha dato la cassiera?

Vocabolario

Nomi

l'**autore** *m.*   author
la **cassiera**   cashier
la **cifra**   amount
la **critica**   criticism
il **critico**   critic
l'**inflazione** *f.*   inflation
la **letteratura**   literature
la **libreria**   bookstore
la **narrativa**   fiction
l'**opera**   work
la **poesia**   poetry
il **romanzo**   novel
la **saggistica**   non-fiction
lo **scrittore** *m.*   writer
il **sondaggio**   poll
il **volume**   volume

Aggettivi

assurdo, -a   absurd
contemporaneo, -a   contemporary
letterario, -a   literary
migliore   better

Verbi

interessare   to interest
riempire   to fill out

Altre parole ed espressioni

fra   among
maggiormente   to a great degree
è colpa dell'inflazione   it's the fault
   of inflation
in media   on the average
tutto il giorno   all day long

Modificazioni

1. Gli sembrava assurdo che **dovesse pagare tanto.**
   il libro costasse tanto
   la cassiera parlasse così
   tutti leggessero così poco
   avessero pochi volumi di poesie

2. Legge **le migliori** opere della letteratura contemporanea.
   maggiori
   peggiori
   più belle

3. **Quanti libri legge** in media ogni mese?
   Quante opere di critica legge
   Quanti film vede
   A quanti concerti va
   A quante feste va
   A quante conferenze (*lectures*) va

4. Se potesse, **leggerebbe tutto il giorno.**
   viaggerebbe più spesso
   scriverebbe ogni giorno
   andrebbe a nuotare adesso
   giocherebbe a tennis con me
   partirebbe stamattina

NOTA CULTURALE: La letteratura italiana contemporanea

Alberto Moravia

Dopo la fine della seconda guerra mondiale, molti scrittori italiani hanno acquistato[1] fama internazionale. Nelle loro opere[2] essi trattano dei disastri della guerra, dell'importanza della libertà e della vita italiana del dopoguerra. Alcuni registi cinematografici italiani hanno trovato l'ispirazione per i loro film in alcuni di questi capolavori[3] della narrativa italiana. Tratti da[4] romanzi sono *La ciociara*[5] di Alberto Moravia, e *Il giardino dei Finzi-Contini*[6] di Giorgio Bassani. Oltre Moravia e Bassani dobbiamo ricordare altri noti scrittori di narrativa italiana contemporanea, come Carlo Cassola, Elsa Morante, Natalia Ginzburg e Italo Calvino.

Specialmente nel campo della poesia gli scrittori italiani si sono distinti[7] per la loro creatività e originalità. Giuseppe Ungaretti, Eugenio Montale e Salvatore Quasimodo sono i tre maggiori rappresentanti della poesia italiana del ventesimo secolo. Le loro poesie hanno un richiamo[8] universale per la loro intensità, purità, ed uso creativo della lingua. Due di questi poeti, Quasimodo e Montale, hanno anche ricevuto il premio Nobel per la letteratura, il primo nel 1959, e il secondo nel 1975.

1 acquired   2 works   3 masterpieces   4 drawn from
5 *The Two Women*   6 *The Garden of the Finzi-Continis*
7 have distinguished themselves   8 appeal

Pratica

A. Fare un sondaggio fra i compagni di scuola per sapere quanto e che cosa leggono. Usare alcune domande del questionario a pagina 346.

B. Lei vuole fare una ricerca di mercato su un prodotto o un servizio (i mezzi pubblici di trasporto, per esempio). Preparare da sei a dieci domande da usare come base del suo progetto di ricerca.

Ampliamento del vocabolario

Prefixes *in-*, *s-*, *dis-*, and *ri-*

1. The prefixes **in-**, **s-**, and **dis-** can be added to words to form the negative or opposite meaning. **In-** is normally used with certain adjectives only; **s-** and **dis-** may be added to certain adjectives, verbs, or nouns.

in-	utile *useful* felice *happy*	**in**utile *useless* **in**felice *unhappy*
s-	fortuna *luck* consigliare *to advise* conosciuto, -a *known*	**s**fortuna *bad luck* **s**consigliare *to advise against* **s**conosciuto, -a *unknown*
dis-	piacere *pleasure* fare *to do* organizzato, -a *organized* occupato, -a *occupied, employed*	**dis**piacere *displeasure, misfortune* **dis**fare *to undo* **dis**organizzato, -a *disorganized* **dis**occupato, -a *unoccupied, unemployed*

A. Cambiare ogni frase, usando il prefisso *in-* nelle parole in corsivo. Poi esprimere ogni frase in inglese.

▶ È un lavoro *utile*.   *È un lavoro inutile. (It's a useless job.)*

    1. La riforma è *adeguata*.
    2. Quello è un uomo molto *deciso*.
    3. Questo bambino è molto *felice*.
    4. La partenza di Michele è *certa*.

B. Cambiare ogni frase, usando il prefisso *s-* nelle parole in corsivo. Poi esprimere ogni frase in inglese.

▶ Che *fortuna!*   *Che sfortuna! (What bad luck!)*

    1. Questo scrittore è *conosciuto*.
    2. Il professore ha fatto una critica *favorevole*.

3. È stata un'esperienza *piacevole*.
4. Il libraio ci *consiglia* di comprare questo libro.

C. Cambiare ogni frase, usando il prefisso *dis-* nelle parole in corsivo. Poi esprimere ogni frase in inglese.

▶ Lo dice con interesse.   *Lo dice con disinteresse. (He/She says it with disinterest.)*

1. Questo palazzo è *abitato*.
2. Gli studenti lavorano con *attenzione*.
3. La mamma ha *fatto* il letto di Cristina.
4. I lavoratori *obbediscono* ai sindacati.

2) The prefix **ri-** is added to certain verbs to imply repetition.

leggere *to read*   **ri**leggere *to read again*
aprire *to open*   **ri**aprire *to reopen*

D. Cambiare ogni frase, usando il prefisso *ri-* nelle parole in corsivo. Poi esprimere ogni frase in inglese.

▶ Voglio *vedere* quel film.   *Voglio rivedere quel film. (I want to see that movie again.)*

1. Ha *guardato* quella rivista.
2. Hanno *eletto* quel rappresentante.
3. Penso di *telefonare* a Graziella.
4. Ci ha detto di *leggere* quel romanzo.

Struttura ed uso

I *The imperfect subjunctive*

The imperfect subjunctive is used in dependent clauses, instead of the present subjunctive, when the verb in the main clause is in a past tense or in the conditional.

Maria voleva che io **andassi** con lei.	Maria wanted me to go with her.
Speravo che Carla **arrivasse** presto.	I was hoping that Carla would arrive early.
Vorrebbe che tu **leggessi** questo libro.	He / she would like you to read this book.

The imperfect subjunctive (**l'imperfetto del congiuntivo**) is formed by adding the endings **-ssi, -sse, -ssimo, -ste,** and **-ssero** to the first person singular of the imperfect indicative minus the final **-vo.** Examples:

		First person singular
Infinitive	*Imperfect Indicative*	*Imperfect Subjunctive*
trovare	trovavo	trova**ssi**
bere	bevevo	beve**ssi**
avere	avevo	ave**ssi**
dire	dicevo	dice**ssi**
fare	facevo	face**ssi**

Here is the imperfect subjunctive of a regular **-are, -ere,** and **-ire** verb.

	studiare	**leggere**	**partire**
che io	studia**ssi**	legge**ssi**	parti**ssi**
che tu	studia**ssi**	legge**ssi**	parti**ssi**
che lui/lei	studia**sse**	legge**sse**	parti**sse**
che noi	studia**ssimo**	legge**ssimo**	parti**ssimo**
che voi	studia**ste**	legge**ste**	parti**ste**
che loro	studia**ssero**	legge**ssero**	parti**ssero**

The following verbs are irregular in the imperfect subjunctive.

dare: dessi, dessi, desse, dessimo, deste, dessero
essere: fossi, fossi, fosse, fossimo, foste, fossero
stare: stessi, stessi, stesse, stessimo, steste, stessero

A. Questa mattina Marco ha ricevuto una telefonata da un amico. Riferire (*report*) quello che l'amico voleva che Marco facesse per lui. Usare le parole indicate.

▶ vendere la motocicletta   *Voleva che gli vendesse la motocicletta.*

1. telefonare il giorno dopo
2. comprare un romanzo
3. fare un favore
4. spiegare la lezione
5. prendere un libro in biblioteca
6. insegnare a giocare a tennis
7. dare un libro di poesie
8. restituire dei dischi

B. Cambiare ogni frase come indicato.

▶ Volevo telefonare alla nonna.   *Volevo che tu telefonassi alla nonna.*
Volevo che tu ...

1. Temevo di essere in ritardo. Temevo che suo padre ...
2. Mi dispiaceva telefonare. Mi dispiaceva che lui ...
3. Ero contenta di fare la gita. Ero contenta che tu ...
4. Volevo discutere di politica. Volevo che lei ...
5. Preferirei ascoltare la musica. Preferirei che loro ...
6. Era importante rispondere alle domande. Era importante che voi ...
7. Dubitavo di conoscerla. Dubitavo che tu ...
8. Speravo di cominciare alle dieci. Speravo che lui ...

C. Incominciare ciascuna frase con le espressioni indicate. Fare i cambiamenti necessari nel verbo della proposizione subordinata.

▶ Va all'ufficio postale.   *Era importante che andasse*
(Era importante che ...)   *all'ufficio postale.*

1. Vieni in vacanza con me. (Volevo che ...)
2. Va in Francia. (Era necessario che ...)
3. Cucino bene. (Mia sorella non credeva che ...)
4. Leggo un libro di poesie. (Era sorpreso che ...)
5. Hanno fretta. (Sembrava che ...)
6. Lavorano fino alle sette. (Era possibile che ...)
7. Finiscono di leggere il romanzo. (Era necessario che ...)
8. Il treno era in ritardo. (Era probabile che ...)

II *The pluperfect subjunctive*

The pluperfect subjunctive (**piuccheperfetto del congiuntivo**) is used when the action of the verb in the dependent clause occurred before the action of the verb in the main clause. It consists of the imperfect subjunctive form of **essere** or **avere** plus the past participle of the verb.

Present perfect subjunctive	*Pluperfect subjunctive*
Dubito che Gina **sia venuta.**	**Dubitavo** che Gina **fosse venuta.**
(I doubt that Gina has come.)	(I doubted that Gina had come.)
Spero che tu **abbia trovato** i soldi.	**Speravo** che tu **avessi trovato** i soldi.
(I hope you have found the money.)	(I hoped you had found the money.)

D. Cambiare ogni frase, mettendo il verbo della proposizione subordinata nel piuccheperfetto del congiuntivo.

▶ Era probabile che lui arrivasse   *Era probabile che lui fosse arrivato*
   in ritardo.   *in ritardo.*

1. Era meglio che lei finisse di studiare.
2. Era naturale che loro comprassero una casa nuova.
3. Speravano che lui vendesse la motocicletta.
4. Non sapevo se venisse prima di me.
5. Era impossibile che voi trovaste dei posti liberi.
6. Non era giusto che i lavoratori scioperassero.
7. Dubitavate che io cercassi lavoro.
8. Era necessario che comprassimo i libri ieri.

III *Contrary-to-fact* se-clauses

1. Contrary-to-fact clauses imply doubt, uncertainty, or a condition that is contrary-to-fact. When the **se**-clause denotes a condition contrary-to-fact, its verb is in the imperfect subjunctive while the verb of the main clause is in the conditional.

   Se **avessi** tempo, **scriverei** molte lettere.   If *I had* time, *I would write* many letters.
   Leggerebbero tutto il giorno, se **potessero**.   They *would read* all day, if they *could.*

Note: In other **se**-clauses that do not imply an improbable condition or a condition contrary-to-fact, the indicative is used in both clauses.

Se **ho** tempo, **scrivo** molte lettere.   If I *have* time I *write* many letters.
Se **andrò**, gli **parlerò**.   If I *go*, I *will speak* to him.

se-clause		main clause
se + imperfect subjunctive	→	conditional
but **se** + present, future	→	present, future

E. Dire quello che Maria farebbe se avesse tempo.

▶ andare in Italia   *Se avesse tempo andrebbe in Italia.*

1. leggere più romanzi
2. visitare Firenze
3. scrivere più spesso
4. fare un viaggio all'estero
5. giocare a tennis con Anna
6. organizzare una festa
7. andare a più concerti
8. nuotare ogni giorno
9. discutere di politica
10. dormire più a lungo

F. Maria dice ad un amico cosa farebbe se esistessero certe condizioni. Fare la parte di Maria, usando le parole indicate.

▶ partire / se potere comprare i biglietti   *Partirei se potessi comprare i biglietti.*

1. pagare il conto / se venire il cameriere
2. venire / se Paolo invitarmi
3. comprare una macchina / se sapere guidare
4. andare a mangiare al ristorante / se non costare troppo
5. alzarsi tardi / se non avere molto da fare
6. fare una telefonata / se avere un gettone

G. Creare conclusioni logiche nelle frasi che seguono.

▶ Se potessi, ...   *Se potessi, viaggerei per tutto il mondo.*

1. Andrei a più concerti se ...
2. Se avessi tempo ...
3. Dormirei più a lungo se ...
4. Se (Tina) mi telefonasse ...
5. Se avessi fame ...
6. Resterei in Italia se ...

IV Irregular comparatives and superlatives of adjectives

1. A few adjectives have both a regular and an irregular form in the *comparative* and *relative superlative*. The regular form is usually used in the literal sense.

Questo dolce è **più buono** di quello.   This dessert is *better* than that one.
Quel bambino è **più cattivo** di Luigi.   That child is *worse* than Luigi.

Irregular forms of the adjective are used in a figurative sense.

Questo dizionario è **migliore** del mio.   This dictionary is *better* than mine.
La frutta in questo ristorante è **la peggiore.**   The fruit in this restuarant is *the worst*.

Here are the most common irregular comparatives and superlatives.

		comparative		superlative	
buono, -a	good	**migliore**	better	il/la **migliore**	(the) best
cattivo, -a	bad	**peggiore**	worse	il/la **peggiore**	(the) worst
grande	big, great	**maggiore**	bigger, greater	il/la **maggiore**	(the) biggest, greatest
piccolo, -a	small	**minore**	smaller	il/la **minore**	(the) smallest

Maggiore (il maggiore) and **minore (il minore)** are also used in the sense of *older* (*oldest*), and *younger* (*youngest*). When **migliore, peggiore, maggiore,** and **minore** precede a masculine singular noun that does not begin with **z** or **s** + consonant, the final **e** is generally dropped.

Chi è **il miglior** professore d'italiano?

2. **Buono, cattivo, grande,** and **piccolo** also have irregular superlative *absolute* forms. These *irregular* superlative absolutes are interchangeable with the *regular* superlative absolutes (see page 324).

buono: **ottimo** (*very good*)   grande: **massimo** (*maximum*)
cattivo: **pessimo** (*very bad*)   piccolo: **minimo** (*minimum*)

H. Dire che le persone indicate sono *maggiori, minori, migliori* o *peggiori* di lei. Usare la forma irregolare appropriata degli aggettivi indicati.

▶ Laura: grande   *Laura è maggiore di me.*

1. mio cugino: cattivo
2. tu: piccolo
3. i miei amici: buono
4. mia sorella: grande
5. i miei fratelli: piccolo
6. voi: cattivo
7. la signorina Calli: grande

I. Completare le seguenti frasi con il superlativo relativo irregolare degli aggettivi indicati.

▶ Gianni è ... dei suoi fratelli. (grande)   *Gianni è il maggiore dei suoi fratelli.*

1. Quello studente è ... di tutti. (buono)
2. Luigi era ... di tutti i miei amici. (cattivo)
3. Adriana è ... delle sorelle. (piccolo)
4. I nostri professori sono ... dell'università. (buono)
5. Mia sorella Carla è ... di tutti noi. (grande)
6. Quei giornalisti sono ... di tutti. (cattivo)
7. Tu e Carlo siete ... della classe. (piccolo)
8. Io sono ... della famiglia. (grande)

J. Rispondere alle domande seguenti.

1. Chi è il maggiore dei suoi fratelli o sorelle? Chi è il minore?
2. Chi è il più grande della sua famiglia? Chi è il più piccolo?
3. Chi è il migliore della classe?
4. Qual è il migliore programma che ha visto alla televisione? il peggiore?
5. Chi è il miglior scrittore di romanzi italiani? Di romanzi americani?
6. Chi è il suo miglior amico (la sua migliore amica)?

V Irregular comparisons of adverbs

A few adverbs have irregular comparative forms. There are no regular comparatives for these adverbs.

Riccardo sta **bene.**   Riccardo is *well.*
Ieri stava **meglio.**   Yesterday he was *better.*

Here are the adverbs with irregular comparatives.

adverb		comparative	
bene	well	**meglio**	better
male	badly	**peggio**	worse
poco	little	**meno**	less
molto	much	**più**	more

K. Paragonare (*compare*) le cose che fa Luisa con quelle che fanno le persone indicate. Usare il comparativo degli avverbi riportati.

▶ Carlo / cantare / male   *Carlo canta peggio di lei.*

1. Giulio e Caterina / nuotare / male
2. Pietro / mangiare / poco
3. Lisa / leggere / bene
4. Anna e Tina / parlare / molto
5. Elena / scrivere / male

Ripasso

A. Formare frasi complete, usando le parole indicate.

▶ Mia madre voleva che io (studiare di più)   *Mia madre voleva che io studiassi di più.*

1. Dubitavo che i miei amici (arrivare prima delle nove)
2. Era impossibile che noi (partire per la Francia)
3. Ero sorpresa che i tuoi genitori (permetterti di venire con noi)
4. Non sapevo che tu (chiamare Gianna)
5. Uscivo spesso con Maria sebbene (essere molto occupato)
6. Era giusto che Gina (andare con i genitori in Inghilterra)
7. Non credevo che loro (sapere tanto dell'ecologia)
8. Non sapevano se gli impiegati (scioperare)

B. Dire cosa farebbero le persone indicate se esistessero certe condizioni.

▶ io / comprare una macchina / avere i soldi   *Comprerei una macchina se avessi i soldi.*

1. Luisa / bere un'aranciata / essere al bar
2. noi / fare gite / non dovere studiare
3. voi / venire a vederci / avere tempo
4. mio fratello / leggere di più / potere comprare dei libri
5. il professore / parlare di Montale / essere più studenti presenti
6. io / discutere dell'inquinamento / avere tutte le informazioni

C. Maria e Michele paragonano i loro amici. Maria dice cose positive sulla prima persona in ogni paragone, mentre Michele dice il contrario. Fare la parte di Michele.

▶ Maria: Luisa canta meglio di Giorgio.   Michele: *No, Luisa canta peggio di Giorgio.*

1. Paolo balla meglio di Sergio.
2. Caterina parla italiano meglio di Alberto.
3. Gino nuota meglio di sua sorella.
4. Patrizia gioca a tennis meglio di Barbara.
5. Tonio scrive meglio di te.
6. Viola cucina meglio di Lisa.

D. Maria e Michele continuano a discutere dei loro amici. Maria dice certe cose delle persone indicate mentre Michele dice il contrario. Fare la parte di Michele, usando il superlativo.

▶ Maria: Laura è buona. (Sergio)   Michele: *No, Sergio è il migliore di tutti.*

1. Alberto è grande. (Tonio)
2. Susanna è cattiva. (Domenico)
3. Pietro è piccolo. (sua sorella)
4. Paola è buona. (Anna)
5. Paolo è allegro. (io)
6. Gloria è magra. (mio fratello)

E. Preparare un cartellone (*poster*) per la libreria che incoraggia (*encourages*) il lettore a comprare un romanzo speciale. Includere: l'autore, il titolo del romanzo, la trama, il prezzo, ed altre informazioni necessarie.

F. Esprimere in italiano i seguenti dialoghi.

1. —Does Paolo sing well?
   —No, he sings worse than I do!
2. —Do you like to play tennis?
   —Yes, I'd play every day if I had the time.
3. —Are you the oldest in your family?
   —No, my brother Giacomo is the oldest.
4. —Luigi is shorter than his sister, isn't he?
   —Yes, but he's taller than his brothers.
5. —Did Piero call you yesterday?
   —Yes, he hoped that we would invite him to the party.
6. —Did you phone Maria last night?
   —It was impossible for me to talk with her. She wasn't home.

LEZIONE 27ª

Franco, Marisa e Luciana parlano dei loro programmi.

Marisa Che ne diresti di andare al cinema domani sera?
Franco Mi dispiace, ma non posso. Marco ed io abbiamo deciso di andare al teatro Sistina.
Luciana Che cosa andate a vedere?
5 **Franco** Una satira politica. Si dice che sia un ottimo spettacolo e bisogna che vada a vederlo.

Marisa	Di che cosa si tratta?
Franco	Della vita politica italiana dal dopoguerra ad oggi. Sono analizzati i rapporti tra il Partito comunista e la Democrazia cristiana ed il cosiddetto compromesso storico.°
Luciana	Noi invece andiamo a vedere un film di Lina Wertmüller.
Marisa	Fa parte di una serie che è dedicata alle registe europee e vorremmo vedere tutti i film che sono presentati.
Franco	Questo programma è stato per caso organizzato dal movimento femminista?
Luciana	Sì, perché? Hai forse qualcosa in contrario?°
Franco	No, assolutamente. Oggi nel mondo del cinema ci sono ottime registe che non hanno nulla da invidiare ai fàmosi Fellini, Antonioni, Risi, Bertolucci, ecc....
Marisa	Bene. Noi dobbiamo andare adesso. Divertiti al teatro e salutaci Marco.
Franco	Buon divertimento anche a voi. Ciao.

Line numbers: 10, 15, 20

cosiddetto ... so-called historical compromise

hai ... have you any objections

Domande

Generali

1. Dove hanno deciso di andare Franco e Marco?
2. Che cosa vanno a vedere? Di che cosa tratta lo spettacolo?
3. Dove vanno invece Marisa e Luciana?
4. Chi è Lina Wertmüller?
5. Di che serie fa parte il film che vanno a vedere le due ragazze?
6. Chi ha organizzato questo programma?

Personali

7. È andato(a) recentemente al cinema? quando? Quale film ha visto? Chi erano gli attori (*actors*)?
8. Di solito, con chi va al cinema?
9. Secondo lei, chi sono alcuni famosi registi americani e quali sono alcuni dei loro film? Quali preferisce?
10. Le piacciono i film che trattano di politica? o preferisce i film gialli (*thrillers*), di sport o d'amore?

NOTA CULTURALE: L'industria cinematografica italiana

Lina Wertmüller

Dal 1945 in poi, l'industria cinematografica italiana ha prodotto molti film di alta qualità. Registi come De Sica, Fellini, Visconti e Antonioni hanno raggiunto fama internazionale per la loro eccezionale bravura. Negli ultimi anni, registi più giovani sono diventati altrettanto[1] noti. Nei loro film trattano spesso di temi polemici[2] come i paradossi[3] della società di consumo, l'attività politica di oggi e lo stile di vita contemporanea. Fra gli uomini registi più famosi ricordiamo Mauro Bolognini, Bernardo Bertolucci e Marco Ferreri. Le due donne registe più famose, note per la loro creatività, percezione ed audacia[4] sono Liliana Cavani e Lina Wertmüller. I loro film hanno avuto molto successo non solo in Italia ma anche all'estero.

1 equally   2 controversial   3 paradoxes   4 boldness

Vocabolario

Nomi

il **compromesso** compromise
il **dopoguerra** postwar period
il **rapporto** relationship
il, la **regista** (film) director
la **satira** satire
la **serie** series

Verbi

analizzare to analyze
dedicare to dedicate
invidiare to envy
organizzare to organize

Altre parole ed espressioni

assolutamente absolutely

buon divertimento anche a voi you have a good time, too
di che cosa si tratta? what's it about? what does it deal with?
il movimento femminista feminist movement
per caso by chance
salutaci Marco say hi to Marco for us

Modificazioni

1. **Abbiamo deciso di** andare al teatro.
   Pensiamo di
   Stiamo per (*we are about to*)
   Telefoniamo prima di
   Non riusciamo ad

2. **Si dice** che sia un ottimo spettacolo.
   Si crede
   Si pensa
   Si spera
   Si dubita

3. I film **sono analizzati** dagli studenti.
   sono presentati
   sono discussi
   sono visti
   sono scelti

4. Che ne diresti di **andare al cinema?**
   fare un viaggio
   organizzare una festa
   preparare degli spaghetti

Pratica

A. Immaginare di essere un (una) regista. Preparare le risposte alle seguenti domande: Che tipo di film vorrebbe dirigere? una satira sociale? una satira politica? una commedia? un dramma? una commedia musicale? Quale sarebbe il titolo del suo film? Quale attore e quale attrice sceglierebbe per le parti principali?

B. Scrivere in forma narrativa il dialogo a pagina 359. Incominciare la composizione nel modo seguente:

Marisa chiede a Franco se vuole andare al cinema. Franco le risponde che ...

Ampliamento del vocabolario

Noun suffixes

Four of the most common noun suffixes in Italian are: **-essa**, **-ia** (**-eria**), **-ista**, and **-zione.**

1. The suffix **-essa** is at times used to make titles or names of professions feminine.

   il professore   la professor**essa**

2. The suffixes **-ia** or **-eria** usually signal the name of a shop which sells a certain item.

   il farmaco (*medicine*)   la farmac**ia** (*pharmacy*)
   il libro (*book*)   la libr**eria** (*bookstore*)

3. The suffix **-ista** usually signals the name of a person who performs certain activities.

   il piano (*piano*)   il/la pian**ista** (*pianist*)

4. The suffix **-zione** can at times be used to form a noun that corresponds to a verb.

   verb   *noun*
   coltivare   coltiva**zione**

   A. Dare il femminile corrispondente ai seguenti titoli.

1. dottore	3. studente	5. presidente
2. avvocato	4. poeta	

   B. Dare il nome dei negozi che vendono i seguenti oggetti. Riferirsi all'elenco dei negozi a pagina 287.

1. latte	3. pesce	5. salumi
2. biglietto	4. frutta	6. pane

   C. Formare sostantivi che si riferiscono a persone. Usare il suffisso *-ista*.

1. violino	3. arte	5. automobile
2. farmaco	4. dente	6. regia

D. Formare un sostantivo da ciascuno dei seguenti verbi. Usare il suffisso *-zione*.

1. preparare	3. creare	5. conversare
2. continuare	4. presentare	6. manifestare

Struttura ed uso

I Verbs that take a preposition before an infinitive

1. Certain verbs are followed by the preposition **a** when they are used before an infinitive.

aiutare	*to help*	Lo **aiuto a** fare i compiti.
andare	*to go*	**Andate a** studiare?
cominciare	*to begin*	**Cominciate a** mangiare alle otto?
continuare	*to continue*	Luisa **continua a** nuotare in piscina.
divertirsi	*to have a good time*	**Si divertono a** giocare a pallacanestro.
imparare	*to learn*	Maria Pia **impara a** guidare la macchina.
incominciare	*to begin*	**Incominciano a** cantare.
insegnare	*to teach*	Il professore c'**insegna a** parlare italiano.
invitare	*to invite*	T'**invito a** prendere un caffè.
mettersi	*to begin to*	**Ti metti a** cantare adesso?
riuscire	*to succeed*	**Siamo riusciti a** trovare una soluzione.
venire	*to come*	**Vengo a** portarti il libro.

A. Descrivere quello che fa Giuseppe, usando le parole indicate e la preposizione *a*.

▶ incominciare / studiare   *Incomincia a studiare.*

1. andare / vedere un film francese
2. mettersi / leggere il giornale
3. continuare / mangiare
4. imparare / ballare
5. aiutare / cucinare
6. non riuscire / finire i compiti
7. divertirsi / vedere i film di Antonioni
8. cominciare / sciare bene

2. Other verbs require the preposition **di** when followed by an infinitive.

avere bisogno	*to need*	**Ho bisogno di** studiare.
avere paura	*to be afraid*	**Ho paura di** andare in motocicletta.
cercare	*to strive*	**Cerchiamo di** non spendere tutti i soldi.
chiedere	*to ask*	**Chiede di** essere scusato.
consigliare	*to advise*	Lui ci **consiglia di** partire.
credere	*to believe*	**Crede di** sapere molto di più.
decidere	*to decide*	Mariella **decide di** partire da sola.
dimenticarsi	*to forget*	**Si sono dimenticati di** portare gli sci.
dire	*to say, to tell*	Gli **ho detto di** preparare la tavola.
finire	*to finish*	**Avete finito di** giocare?
pensare	*to think*	**Penso di** fare un viaggio a Parigi.
permettere	*to permit*	Mia madre mi **permette di** tornare a casa tardi.
ricordarsi	*to remember*	**Ti sei ricordato di** comprare il giornale?
preoccuparsi	*to worry*	**Si preoccupano di** arrivare in ritardo.
scrivere	*to write*	Gli **abbiamo scritto di** venire da noi.
sperare	*to hope*	**Spera di** arrivare prima di Lucio.
suggerire	*to suggest*	**Suggerisco di** andare al teatro.
temere	*to fear*	Luigi **teme di** perdere il treno.

B. Formare frasi, usando in ciascuna le seguenti parole e la preposizione *di*.

▶ io / temere / lavorare troppo   *Temo di lavorare troppo.*

1. tu / finire / studiare
2. lui / pensare / leggere un po'
3. noi / suggerire / fare una gita
4. loro / decidere / fare un viaggio
5. Mario / cercare / telefonare a Giovanni
6. Graziella / avere paura / guidare sulla neve
7. tu / avere bisogno / andare in vacanza
8. io / credere / avere ragione
9. studenti / sperare / uscire presto oggi
10. Claudia ed io / avere paura / andare in aereo
11. Camilla / dire / andare de lei più tardi
12. Io / non ricordarsi mai / telefonare ad Enrico

C. Rispondere alle seguenti domande in maniera logica.

▶ Di che cosa ha paura?   *Ho paura di perdere l'aereo.*

1. Di che cosa si preoccupa lei?
2. A che ora si mette a mangiare la sera?
3. Riesce a leggere un libro alla settimana?
4. Cosa impara a fare?
5. Cosa spera di fare quando si laurea?
6. Cosa le permette di fare suo padre?
7. Che cosa si dimentica spesso di fare?
8. Deve andare a studiare o a mangiare dopo questa lezione?

II Special uses of da

1. The preposition **da** expresses purpose or necessity when it is used before an infinitive that depends on a noun.

Ho comprato una macchina **da** scrivere.	I bought a typewriter.
Ho una casa **da** vendere.	I have a house to sell.
Cerco un libro **da** leggere.	I'm looking for a book to read.

2. The preposition **da** is also used before an infinitive that depends on the words **qualcosa, molto, poco, parecchio, niente, nulla,** and **tanto.**

Ho tanto **da** fare.	I have much to do.
C'è qualcosa **da** mangiare?	Is there anything to eat?
Non abbiamo niente **da** dire.	We don't have anything to say.

D. Formare frasi complete, usando in ciascuna le seguenti parole e la preposizione *da.*

▶ io / avere / molto / leggere   *Ho molto da leggere.*

1. voi / avere / tanto / imparare
2. i ragazzi / avere / festa / organizzare
3. io / avere / un favore / chiederti
4. quei registi / avere / poco / dire
5. mia madre / avere / qualcosa / comprare
6. noi / avere / lavoro / finire
7. tu / avere / parecchie cose / fare
8. i turisti / avere / molto / vedere

III *Impersonal constructions with* si

Impersonal constructions with **si** consist of **si** plus a verb form in the third person singular or plural. They are used to express sentences with indefinite subjects. The English equivalent is usually expressed with *one, people, they,* or *we* plus a verb form, or by a passive construction.

A Firenze **si mangia** bene.	*One eats* well in Florence.
Non **si parla** inglese in aula.	*We (People/They) don't speak* English in class.
Qui **si parla** italiano.	Italian *is spoken* here.

The verb form is in the third person plural when it is used with a plural direct object.

A Roma **si vedono** molti **monumenti.**   One sees many monuments in Rome.

E. Formare frasi, usando le parole indicate.

▶ non / vendere / libri / in questo negozio   *Non si vendono libri in questo negozio.*

▶ in quel bar / discutere / sempre / sport   *In quel bar si discute sempre di sport.*

1. ogni domenica / andare / allo stadio
2. sentire / molti dischi italiani / alla radio
3. in casa mia / bere / solo / acqua minerale
4. qui / parlare / spagnolo
5. partire / alle sette / per la montagna
6. bere / molte aranciate / quando fa caldo
7. non / mangiare / bene / in quel ristorante
8. da qui / non / entrare

F. Rispondere alle seguenti domande, usando la costruzione impersonale con *si.*

1. Che si fa in biblioteca?
2. Che cosa si compra in una libreria?
3. Dove si beve un buon caffè?
4. Quali sono alcune lingue che si parlano in Europa?
5. Perché si va al mare?
6. Cosa si gioca al parco?

G. Una guida turistica (*tourist guide*) spiega ai turisti le cose che faranno durante il viaggio. Riscrivere i commenti della guida usando la costruzione impersonale con *si.*

▶   Arrivano a Roma a mezzogiorno.   *Si arriva a Roma a mezzogiorno.*

1. Fanno un giro della città alle due.
2. Ritornano all'albergo alle cinque.
3. Vanno al ristorante "Da Mario" alle otto.
4. Dopo cena vanno a Villa d'Este.
5. Domani alle dieci visitano i Musei Vaticani.
6. Dopo colazione prendono un autobus per i Castelli.
7. Alle sette fanno una passeggiata lungo il Tevere.
8. Dopo cena vedono una commedia di Pirandello al Teatro Circo.

IV *The passive voice*

In passive constructions the subject of the sentence is the recipient of the action. In Italian, the tenses of the passive voice are formed by the corresponding tense of **essere** and the past participle of the verb being used. The past participle agrees in gender and number with the subject.

I film **sono presentati** dagli studenti.	The films *are presented* by the students.
Il programma **è stato organizzato** da Nino.	The program *has been organized* by Nino.
La partita **sarà giocata** sotto la pioggia.	The game *will be played* in the rain.

In Italian, the passive voice is used mostly when one wants to emphasize the "receiver" rather than the "doer" of an action. The direct object of an active construction becomes the subject of a passive construction.

Active	*Passive*
Mario **ha preparato** il menu.	Il menu **è stato preparato** da Mario.
Lo studente **ha finito** il compito.	Il compito **è stato finito** dallo studente.

If the "doer" is expressed, it is preceded by the preposition **da.**

H. Mettere in rilievo (*emphasize*) chi o cosa riceve l'azione, riscrivendo le seguenti frasi nella voce passiva.

▶ Aldo ha scritto la poesia.   *La poesia è stata scritta da Aldo.*

1. La libreria ha fatto la ricerca di mercato.
2. Il professore ha pagato la cassiera.
3. Paola e Maria hanno preparato la tavola.
4. Organizzerà la festa per domenica.
5. Moravia ha scritto molti romanzi.
6. Molta gente ha visto la partita.
7. Il regista ha diretto il film.
8. Il professore ha stabilito il giorno dell'esame.

I. Mettere in rilievo chi o cosa fa l'azione, riscrivendo le seguenti frasi nella voce attiva.

▶ La poesia è stata scritta da Aldo.   *Aldo ha scritto la poesia.*

1. Le signorine sono state presentate da me.
2. Il film è stato diretto da Antonioni.
3. La finestra è stata aperta da Giovanni.
4. La crisi è stata analizzata dagli studenti.
5. Le lettere sono state mandate da loro.

Ripasso

A. Completare logicamente le frasi della colonna A, usando la preposizione corretta ed un infinito appropriato della colonna B.

A	B
1. Suggeriamo a Marta	studiare il russo
2. Cominciamo	guardare il film
3. Si mettono	vendere la macchina
4. Mi permetti	ballare
5. Tina si preoccupa	finire il lavoro
6. Non riesco	giocare a pallone
7. Non ti dimenticare	studiare troppo
8. Imparano	portare l'ombrello

B. Completare le seguenti frasi con infiniti appropriati.

▶ Cosa hai da ...?   *Cosa hai da fare?*

1. Non trovo una rivista buona da ...
2. Mia madre mi prepara qualcosa da ...

3. Quando facciamo le spese abbiamo molto da ...
4. Maria non parla mai perché non ha niente da ...
5. Alla televisione non c'è molto da ...
6. Non ho soldi e quindi non ho niente da ...
7. Mi presti la tua macchina da ...?
8. Invece di un'aranciata voglio qualcos'altro da ...

C. Dire le cose che si fanno o non si fanno durante le vacanze. Usare la costruzione impersonale con *si*.

▶ andare spesso al cinema   *Si va spesso al cinema.*
▶ non lavorare   *Non si lavora.*

1. leggere romanzi	5. andare spesso al teatro
2. nuotare spesso in piscina	6. non studiare
3. praticare molti sport	7. fare lunghe passeggiate
4. visitare molti musei	8. non lavare i piatti

D. Gianpaolo fa delle osservazioni mentre parla con Gina. Fare la parte di Gianpaolo, formando delle frasi nella voce passiva.

▶ il pranzo / preparare / mio fratello   *Il pranzo è stato preparato da mio fratello.*

1. lo spettacolo / vedere / molta gente
2. i Musei Vaticani / visitare / turisti
3. il romanzo / leggere / critici letterari
4. la nuova macchina / guidare / mia sorella
5. i biglietti per la partita / comprare / Anita
6. il viaggio / fare / i miei genitori
7. l'ecologia / studiare / i professori universitari
8. il pesce / mangiare / Giovanni

E. Esprimere in italiano.
In Florence, there is much for a tourist to see and to do. One can visit the many museums to see famous paintings, or one can go to the churches to see many beautiful statues and monuments. When the weather is nice, one can take long walks along the Arno or along the many interesting streets. One can shop on Ponte Vecchio or in the stores and markets of the city. One can also go with friends to the movies, to the theatres, or enjoy oneself by walking in the parks or drinking an *aperitivo* in one of the bars in the many squares.

LEZIONE 28ª

Marisa scrive una lettera al cugino Luigi, studente di architettura a Padova, per invitarlo ad una mostra.

Caro Luigi,

l'ultima volta che ti telefonai mi dicesti che ti sarebbe piaciuto andare a vedere una mostra sull'architettura. Ti scrivo appunto per farti sapere che al Palazzo dei Congressi all'EUR° hanno aperto una mostra intitolata "Architettura 2000".

° elegant, modern section of Rome

5   Sono sicura che ti piacerà vederla e quindi non appena puoi, prendi
il treno e vieni a Roma. Io e la mia amica Luciana andammo a visitarla
la settimana scorsa e non mi è possibile descriverti tutto quello che
vedemmo. Pensa che la mostra è divisa in tanti settori ed ognuno di
essi è dedicato alla casa, all'arredamento, ai nuovi disegni urbanistici,
alle future linee architettoniche. È una cosa proprio meravigliosa. Tra
10 l'altro, le maggiori industrie nazionali hanno anche presentato le ultime novità e creazioni dei migliori architetti e disegnatori. Io e Lu-
ciana rimanemmo così sbalordite che, senza volerlo,° passammo tutta   without realizing it
la giornata là dentro.
       Credo di averti incuriosito abbastanza e spero quindi di rivederti
15 quanto prima. Saluta gli zii da parte mia e a te un caro abbraccio. Con
affetto.

Marisa

Domande

Generali

1. Che cosa studia Luigi?
2. Che cosa sarebbe piaciuto vedere a Luigi?
3. Come si chiama la mostra che hanno aperto al Palazzo dei Congressi?
4. Con chi è andata a vedere la mostra Marisa?
5. Quali sono alcuni dei settori della mostra?
6. Che cosa hanno presentato le maggiori industrie nazionali?

Personali

7. Va a vedere spesso le mostre?
8. Quali mostre le piacciono? le mostre di architettura? di pittura? di fotografia? di automobili?
9. Come descriverebbe una mostra che ha visto? era bella? brutta? meravigliosa?
10. Che tipo di arredamento preferisce? moderno? antico? Perché?

Pratica

A. Scrivere un dialogo fra lei ed un amico (un'amica). Lei lo (la) invita ad andare ad una mostra. Dire di che cosa tratta la mostra, dov'è, e quando incomincia.

B. Scrivere una lettera ad un amico (un'amica) invitandolo(a) ad una mostra interessante nella propria città. Basare la lettera su quella di Marisa a Luigi.

Vocabolario

Nomi

l'**abbraccio** hug
l'**arredamento** interior decoration,
  furniture
il **disegnatore** designer
il **disegno** design
la **mostra** exhibition
la **novità** novelty
il **settore** sector

Aggettivi

architettonico, -a architectural
caro, -a dear
meraviglioso, -a marvelous
sbalordito, -a amazed
urbanistico, -a urban

Verbi

descrivere (descritto) to describe
incuriosire to make curious
intitolare to title

Altre parole ed espressioni

appunto just
per in order to
quindi therefore

con affetto affectionately
là dentro in there
Palazzo dei Congressi Convention
  Hall
quanto prima as soon as possible
saluta gli zii da parte mia say hello
  to uncle and aunt for me

Modificazioni

1. Ti sarebbe piaciuto **andare alla mostra?**
   fare dei disegni
   vedere l'arredamento della lora casa
   sapere le ultime novità

2. Prendi **il treno e vieni.**
   il bicchiere e bevi
   la penna e scrivi
   il libro e leggi

3. Non mi è possibile **descriverti tutto.**
   andare al mare
   aspettare di più
   rivederti domani

4. Credo di averti **incuriosito.**
   visto
   telefonato
   disturbato

NOTA CULTURALE: L'arte ed il disegno in Italia

L'Italia ha una lunga e ricca tradizione artistica. Giotto, Leonardo, Michelangelo e molti altri pittori, scultori ed architetti dei secoli passati sono stati riconosciuti come i più grandi artisti che siano mai esistiti. Alcuni artisti italiani contemporanei come il pittore Renato Guttuso e lo scultore Giacomo Manzú sono anche conosciuti in tutto il mondo.

Questa lunga tradizione nell'arte, nello stile e nell'artigianato[1] ha contribuito a dare all'Italia un posto prominente nel mondo del disegno moderno. Negli ultimi anni il disegno ha subito una rinascita grazie alla ricerca tecnologica ed ai nuovi prodotti industriali. Oggi l'Italia è all'avanguardia nel disegno di qualità: è il risultato di un'antica esperienza artistica combinata con la necessità di produrre allo stesso tempo prodotti funzionali e di alta qualità.

La creatività raffinata dei disegnatori italiani si può osservare in oggetti come mobili[2] moderni, stoffe[3] eleganti, automobili ben disegnate, macchine da scrivere, elettrodomestici, e mattonelle[4] artistiche di ceramica. Alcuni prodotti tipici del disegno contemporaneo italiano sono stati scelti[5] a fare parte della mostra permanente del Museo di Arte Moderna, nella città di Nuova York.

1 handicraft   2 furniture   3 fabrics   4 tiles   5 chosen

Ampliamento del vocabolario

Word families

Nouns, verbs, adjectives, and sometimes adverbs are often related in sets referred to as word families. If you know one of the items in a word set, you are often able to recognize or to form the others.

noun	verb	adjective	adverb
studio	studiare	studioso, -a	studiosamente
interesse	interessare	interessante	interessantemente

Dare il maggior numero possibile di parole derivate dalle seguenti.

1. divertimento   4. eleggere   6. produrre
2. viaggiatore   5. impiego   7. fine
3. lavorare

Stuttura ed uso

I The preterit tense

1. The preterit tense (**passato remoto**) is a tense that consists of one
   word. It is used most often to express actions that took place in a
   period of time entirely completed, whether in the near past or in the
   distant past.

Domenica scorsa **finii** il quadro per la mostra.	Last Sunday, I *completed* the painting for the exhibit.
Il mese scorso **andammo** al Palazzo dei Congressi.	Last month we *went* to the Convention Hall.
L'inverno scorso Mariella **andò a sciare** a Campo Imperatore.	Last winter, Mariella *went skiing* at Campo Imperatore.

2. The preterit is also referred to as the "historical past" because it is
   used by writers or speakers in referring to historical events or to
   events that took place a long time before.

Dante Alighieri **incontrò** Beatrice vicino al fiume Arno.	Dante Alighieri *met* Beatrice near the Arno River.
Tre anni fa **visitai** mio zio a Firenze.	Three years ago I *visited* my uncle in Florence.
Il direttore **organizzò** la mostra nel 1975.	The director *organized* the exhibit in 1975.

3. The preterit is used to refer to a completed action that occurred during
   an ongoing action in the distant past. The ongoing action is expressed
   in the imperfect tense.

Andai in Francia con i miei genitori quando avevo dieci anni.	*I went* to France with my parents when I was ten years old.
Mangiarono dei panini mentre aspettavano il treno.	*They ate* some sandwiches while they were waiting for the train.

The preterit tense is formed by adding the preterit endings to the infinitive stem. Here are the preterit forms of a regular **-are**, **-ere**, and **-ire** verb.

	comprare	temere	finire
io	compra**i**	tem**ei**	fin**ii**
tu	compra**sti**	tem**esti**	fin**isti**
lui/lei	compr**ò**	tem**è**	fin**ì**
noi	compr**ammo**	tem**emmo**	fin**immo**
voi	compra**ste**	tem**este**	fin**iste**
loro	compra**rono**	tem**erono**	fin**irono**

A. Chiedere a un compagno (una compagna) se fece le seguenti cose quando andò in Italia cinque anni fa. Usare il passato remoto.

▶ Partisti da New York?   *Sì, partii da New York.*

1. Andasti in aereo?
2. Arrivasti a Roma in otto ore?
3. Visitasti i Musei Vaticani?
4. Dormisti all'albergo Bernini?
5. Uscisti spesso la sera?
6. Potesti entrare al Quirinale?
7. Vedesti la mostra di quadri?
8. Mandasti molte cartoline agli amici?
9. Ripartisti da Roma?

B. Creare delle frasi con le parole indicate, usando la forma appropriata del passato remoto.

▶ Luisa e Laura / temere / arrivare tardi   *Luisa e Laura temerono di arrivare tardi.*

1. Roberto / parlare / avvocato
2. bambini / dormire / a casa / nonni
3. zia / andare / medico
4. Franco / vendere / macchina / Luigi
5. noi / finire / pulire / casa
6. tu / credere / pòtere partire / il giorno dopo
7. tu e Viola / passare / alcuni giorni / Firenze
8. i miei amici / suggerire / fare una gita
9. Tina ed io / decidere / mettersi l'impermeabile
10. Susanna / cercare / telefonare alle sorelle

C. Proporre delle conclusioni appropriate con il verbo al passato remoto.

1. L'anno scorso, i miei amici ed io ...
2. Nel 1945, la nostra città ...
3. Due anni fa, il mio papà ...
4. Tre anni fa, io ...
5. Il mio nonno ...
6. Nel 1900, la gente ...

II Verbs with irregular preterits

The following verbs have irregular preterit forms. A more complete list is given in the Appendix.

Infinitive	Preterit
avere	ebbi, avesti, ebbe, avemmo, aveste, ebbero
conoscere	conobbi, conoscesti, conobbe, conoscemmo, conosceste, conobbero
dare	diedi, desti, diede, demmo, deste, diedero
essere	fui, fosti, fu, fummo, foste, furono
fare	feci, facesti, fece, facemmo, faceste, fecero
leggere	lessi, leggesti, lesse, leggemmo, leggeste, lessero
nascere	nacqui, nascesti, nacque, nascemmo, nasceste, nacquero
prendere	presi, prendesti, prese, prendemmo, prendeste, presero
sapere	seppi, sapesti, seppe, sapemmo, sapeste, seppero
scrivere	scrissi, scrivesti, scrisse, scrivemmo, scriveste, scrissero
vedere	vidi, vedesti, vide, vedemmo, vedeste, videro
venire	venni, venisti, venne, venimmo, veniste, vennero
volere	volli, volesti, volle, volemmo, voleste, vollero

D. Cambiare le seguenti frasi al passato remoto.

▶ Ho visto delle ragazze americane a Roma.   *Vidi delle ragazze americane a Roma.*

1. Mario e Gerardo vogliono partire per Venezia.
2. Teresa è venuta a Milano.
3. Carlo ed io prendiamo l'aereo per Torino.
4. Tina legge un romanzo di Pavese.
5. I nostri amici fanno una gita in montagna.
6. Dovevo salutare mia zia a Palermo.
7. Ho dato dei fiori a Mirella.

E. Dire cosa fece Marco mentre era a Roma. Usare il passato remoto.

▶ fare una gita   *Mentre era a Roma, fece una gita.*

1. visitare i Musei Capitolini
2. incontrare alcuni amici
3. scrivere cartoline a tutti
4. vedere uno spettacolo divertente al Teatro Eliseo
5. conoscere un artista famoso
6. prendere delle lezioni di musica
7. venire a visitarmi
8. volere andare a vedere le catacombe

III *The future perfect tense*

The future perfect (**il futuro anteriore**) consists of the future of **avere** or **essere** plus the past participle of the main verb. The future perfect is used to express a future action that will be completed *before* another future action takes place.

Quando ritorneremo a casa, la mamma **avrà finito** di cucinare.	When we return home, mother *will have finished* cooking.
Si saranno già **alzati** quando arriverete da loro.	They *will have* already *gotten up*, when you arrive at their house.
Partiranno per Venezia appena **sarà venuta** Carla.	They will leave for Venice, as soon as Carla *has arrived*.

The future perfect tense is also used to express probability in the past.

Franca **avrà** già **mangiato.**	Franca *has probably* already *eaten.*
Maria **sarà andata** a Roma.	Maria *must have gone* to Rome.

Here are the forms of the future perfect of **parlare** and **andare**. Note that the past participle agrees with the subject when the verb is conjugated with **essere.**

	parlare	andare
io	avrò parlato	sarò andato, -a
tu	avrai parlato	sarai andato, -a
lui/lei	avrà parlato	sarà andato, -a
noi	avremo parlato	saremo andati, -e
voi	avrete parlato	sarete andati, -e
loro	avranno parlato	saranno andati, -e

F. Dire ad un amico quello che avranno fatto le seguenti persone per le cinque.

▶ Lisa / telefonare a Luisa   *Lisa avrà telefonato a Luisa.*

1. Giorgio / uscire
2. Paolo / andare al bar
3. voi / mangiare
4. Maria / tornare a casa
5. i miei nonni / arrivare
6. mia sorella / scrivere due lettere
7. tuo padre / guardare la partita
8. i nostri amici / finire le spese
9. tu / finire di lavorare
10. mia sorella / comprare i biglietti

G. Dire cosa avranno fatto le seguenti persone quando arriverà lei.

▶ Giorgio / organizzare la festa   *Quando arriverò, Giorgio avrà organizzato la festa.*

1. Carlo / telefonare a Lidia
2. i miei genitori / uscire
3. tu / ricevere la sua lettera
4. Piera e tu / tornare da Milano
5. mio padre / partire per Londra
6. le mie sorelle / fare le valigie

H. Usando il futuro anteriore, rispondere alle seguenti domande in maniera logica.

▶ Dov'è andata Maria?   *Sarà andata da Paolo.*

1. Dove sono andati i ragazzi?
2. Cosa ha preparato sua madre?
3. A che ora è partito il rapido?
4. Com'è venuto il suo amico a scuola?
5. Che cosa ha bevuto Gianni al bar?
6. A che ora è arrivato Roberto?
7. Cosa hanno visto al museo?
8. Chi ha diretto quel film?

IV The conditional perfect tense

The conditional perfect (**il condizionale passato**) consists of the conditional of **avere** or **essere** plus the past participle of the main verb.

1. The conditional perfect is usually translated as *would have.*

> **Sarei andato** con Michele.   *I would have gone* with Michele.
> Invece di camminare, **avrei preso** l'autobus.   Instead of walking, *I would have taken* the bus.

2. The conditional perfect is used in dependent clauses to show an action that was considered future as seen from the past. In English, the simple conditonal is used, but Italian requires the conditional perfect.

> Ero sicuro che **saremmo partiti** in orario.   I was sure *we would leave* on time.
> Hanno detto che **sarebbe arrivato** alle otto.   They said *he would arrive* at eight o'clock.

3. The conditional perfect of **dovere** + the infinitive is translated as *should have* or *ought to have.*

> **Avrei dovuto parlare** con Laura.   *I should have spoken* with Laura.
> **Sarebbero dovuti venire** prima.   *They ought to have come* earlier.

4. The conditional perfect of **potere** + the infinitive is translated as *would have (might have).*

> **Avrebbe potuto scrivere** alla mamma?   *Could he have written* to his mother?
> **Saresti potuto uscire** un po' prima.   *You might have gone out* a bit sooner.

5. The conditional perfect is also used in contrary-to-fact **se-**clauses when the sentence refers to a past action. In such cases, the pluperfect subjunctive is used in the **se-**clause and the conditional perfect is used in the main clause.

se-clause	main clause
se + pluperfect subjunctive	conditional perfect

Se mi **avessero aspettato sarei andato** con loro.   If they *had waited* for me I *would have gone* with them.

Sarebbero usciti più tardi se **avessero saputo** che pioveva.   They *would have gone* out later if *they had known* that it was raining.

Saresti venuto se ti **avessero telefonato?**   *Would* you *have come* if they *had phoned* you?

Here are the forms of the conditional perfect of **parlare** and **andare.** Note that the past participle agrees with the subject when the verb is conjugated with **essere.**

	parlare	andare
io	avrei parlato	sarei andato, -a
tu	avresti parlato	saresti andato, -a
lui/lei	avrebbe parlato	sarebbe andato, -a
noi	avremmo parlato	saremmo andati, -e
voi	avreste parlato	sareste andati, -e
loro	avrebbero parlato	sarebbero andati, -e

I. Chiedere al proprio amico, se avrebbe fatto le seguenti cose.

▶ alzarsi presto   *Ti saresti alzato presto?*

1. andare al mare
2. rispondere a quella domanda
3. riuscire a trovare la macchina
4. aiutare la professoressa di francese
5. trovare il tempo per studiare
6. spendere i soldi per un cappotto nuovo

J. Formulare delle frasi con il condizionale passato.

▶ Carlo / dovere lavorare di più   *Carlo avrebbe dovuto lavorare di*
                                       più.

1. Margherita e Luisa / potere partire con Anna
2. (io) / tornare dalla Francia a febbraio
3. (tu) / dovere pagare i biglietti
4. (noi) / potere andare alla mostra di fotografia
5. Lina / dovere andare da sola in Inghilterra
6. la signorina / organizzare una festa per tutti

K. Riferire quello che hanno detto le seguenti persone. Usare il condizionale passato.

▶ Roberto: "Partirò con Clara."   *Ha detto che sarebbe partito con*
                                     Clara.

1. Carlo e Gianna: "Andremo alla mostra di architettura."
2. mia sorella: "Telefonerò ai nonni domani."
3. il signor Milani: "Prenderò l'aereo a mezzogiorno."

4. mia madre: "Visiterò la mostra con la mia amica."
5. Lisa: "I miei amici faranno un viaggio in Spagna."
6. Maria e Diana: "Resteremo a Firenze per tre giorni."

L. Dire cosa avrebbero fatto le seguenti persone se avessero potuto.

▶ Roberto: studiare musica   *Se avesse potuto, avrebbe studiato musica.*

1. Luciana e Stefano: andare alla mostra
2. io: giocare a tennis con te
3. Teresa: venire a Parigi con me
4. Patrizia ed io: arrivare più presto
5. tu: rispondere alla domanda del professore
6. mia cugina: guidare la macchina di suo padre
7. i suoi zii: prendere il treno delle nove
8. Marcello e tu: dare un passaggio a Luisa

Ripasso

A. Riscrivere questa storia, cambiando il verbo al passato remoto.

▶ Marco ed io andiamo al cinema.   *Marco ed io andammo al cinema.*

1. Vediamo un bel film di avventure.
2. Nel cinema incontro la mia amica Laura.
3. Laura mi saluta.
4. Io la presento a Marco.
5. Quando usciamo dal cinema, prendiamo un caffè insieme.
6. Poi Laura prende la metropolitana per tornare a casa.
7. Marco ed io camminiamo un po' per le vie del centro.
8. Torniamo a casa verso le undici.

B. Dire dove saranno andate le seguenti persone. Usare il futuro anteriore per esprimere probabilità nel passato.

▶ Marta e Tina / all'università   *Marta e Tina saranno andate all'università.*

1. Paola / in centro
2. i ragazzi / al parco
3. Luigi / in piscina
4. la nonna / al mercato
5. il signor Ciccone / al ristorante
6. le signorine Conti / al teatro

C. Teresa fa le seguenti domande a Giovanni. Fare la parte di Giovanni, usando il futuro anteriore nelle risposte.

▶ Chi ha visto la mostra? (Luigi)   *Luigi l'avrà vista.*

1. Quando è arrivato il professore? (alle sette)
2. Cosa ha preparato tua madre per colazione? (i panini al prosciutto)
3. Cosa si è messo Paolo? (la giacca di lana)
4. Quale film ha visto Gianna? (un film tedesco)
5. Con chi è partito tuo zio? (con il dottor Lanza)
6. Quando ha scritto tuo fratello? (due giorni fa)
7. Chi è andato alla mostra con Luigi? (mia sorella)
8. Come sono partiti i signori Martinelli? (in aereo)

D. Trasformare (*change*) le seguenti frasi al passato, usando il condizionale trapassato ed il congiuntivo.

▶ Pagherei il conto se potessi.   *Avrei pagato il conto se avessi potuto.*

1. Vedrei quel film se fosse di Fellini.
2. Se avesse molti soldi, Maria viaggerebbe continuamente.
3. Se avessi un gettone telefonerei a Dora.
4. Incominceremmo a giocare se avessimo il pallone.
5. Ci farebbero questo favore se potessero.
6. Darei il compito a Paolo se me lo chiedesse.
7. Se ti invitassero andresti da loro?
8. Verrebbe a casa mia se non facesse tanto freddo.

E. Esprimere in italiano il dialogo fra Paolo e Franco che sono al telefono.

Paolo: Would you like to go (*venire*) with us to the new automobile exhibit at the Palazzo dei Congressi on Saturday?

Franco: Who's going?

Paolo: Everybody! You remember we all went last year and we enjoyed it quite a bit. Why don't you ask Marilena to come?

Franco: I would have asked her if I had known sooner. She's going to Milan for the weekend. She would have liked to go.

Paolo: Well, are you going to come?

Franco: Of course. I'll ask my cousin Antonio who just arrived from Palermo. He loves cars and he may have seen the same exhibit in Palermo. But I'm sure he'll come with us. I'll call you when I arrive home. So long.

ATTUALITÀ 7

UN'INTERVISTA

Paolo Lisi, giornalista della televisione, intervista la famosa regista Mirella Pavoni. I due si trovano nell'atrio° di un noto cinema del centro, al termine della ''Prima''° dell'ultimo film diretto dalla regista.

lobby
preview

Lisi: Buona sera, signora Pavoni. Innanzitutto° le mie congratulazioni per il film appena proiettato°. È stata davvero una rappresentazione molto interessante.   *first of all / shown*

Pavoni: Grazie, lei è molto gentile.

Lisi: Mi dica, pensa che anche questo suo film avrà successo come i due precedenti?

Pavoni: Lo spero proprio. Come ha visto, il film riprende ed espande alcuni dei motivi° trattati° in precedenza. Sono sicura che il pubblico apprezzerà° molto questa mia nuova produzione.   *themes / treated / will appreciate*

Lisi: Ancora una volta lei ha presentato argomenti° che interessano da vicino la donna ed il suo ruolo nella società moderna. Perché tanta insistenza?   *topics*

Pavoni: Sono convinta che non è stata ancora discussa a fondo° la posizione sociale della donna. Sebbene molti aspetti siano stati già esaminati, penso che ancora ci sia molto da dire e da presentare al pubblico.   *in depth*

Lisi: Continuerà in futuro a produrre film di questo genere?

Pavoni: Sì, certamente. Fino a quando la gente mostrerà di gradire° questi miei film, non sarò io a lasciar passare inosservati questi aspetti importantissimi della vita della donna nella società di oggi.   *enjoy*

Lisi: Pensa che solo le donne registe siano capaci di produrre ottimi film come questo?

Pavoni: No, credo che qualsiasi° regista potrebbe fare film altrettanto discreti°. Comunque per una donna è sempre più·facile analizzare e discutere certi aspetti femminili.   *any / just as good*

Lisi: Nel mondo del cinema non ci sono oggi molte donne registe. Crede che la situazione possa cambiare?

Pavoni: Certamente. Oggi molte giovani donne sono attratte ed interessate sia al cinema che al teatro. Senz'altro tra pochi anni il pubblico avrà modo° di conoscere qualche giovane e promettente regista.   *will be able*

Lisi: Signora Pavoni, grazie molto per l'intervista. È stato un vero piacere parlare con lei.

Pavoni: Non c'è di che°. Arrivederla.   *don't mention it*

Giacomo Manzù è un famoso scultore italiano, nato a Bergamo nel 1908. Alcune sue opere sono la porta laterale[1] in bronzo di San Pietro a Roma (1962), e quella del Duomo[2] di Rotterdam (1968). In questa foto è rappresentata una delle sue sculture, situata nei giardini del Pincio, a Roma.

1 side   2 cathedral

Che bella scultura!

INFORMAZIONI E CURIOSITÀ

— La Biennale di Venezia è un'esposizione d'arte a carattere internazionale, che si svolge ogni due anni. La prima biennale ebbe luogo nel 1895.

— Il primo festival del cinema è stato la Mostra d'arte cinematografica di Venezia, che **iniziò** nel 1932. Questa prestigiosa manifestazione del cinema internazionale ha luogo ogni anno al Palazzo del Cinema, al Lido di Venezia.

— L'industria dell'arredamento[1] è molto sviluppata in Italia, e molti dei suoi prodotti sono all'avanguardia[2]. Negli ultimi anni, lo stile dei mobili[3] italiani si è imposto[4] anche all'estero. I disegnatori dell'arredamento italiano sono riusciti ad armonizzare la funzionalità e la praticità con il buon gusto[5], che caratterizza tanta parte dei prodotti italiani.

— Un architetto italiano di fama internazionale è Renzo Piano, noto soprattutto[6] per aver ideato e costruito il **Beauburg**, il nuovo museo di Parigi.

1 decorating   2 avant-garde   3 furniture   4 imposed   5 good taste   6 above all

FEDERICO FELLINI

Uno dei più grandi maestri del cinema contemporaneo italiano e mondiale è, senza dubbio, Federico Fellini. Nelle sue composizioni artistiche, il tema principale è quasi sempre l'uomo che si sente solo ed incapace[1] di comunicare con i suoi simili[2]. Queste sue creazioni rivelano uno stile molto originale. I conflitti psicologici sono presentati in modo alquanto[3] barocco, attraverso elementi simbolici e fantastici. Tutti i suoi film hanno avuto un enorme successo sia in Italia che all'estero. Fra i più famosi ricordiamo **La dolce vita**, **8 ½**, **Giulietta degli spiriti**, **Casanova**, e **La città delle donne**.

1 incapable   2 peers (fellow men and women)   3 somewhat

UN CLASSICO CONTEMPORANEO

Italo Calvino è uno dei migliori scrittori italiani contemporanei. È l'autore di romanzi quali[1] IL VISCONTE DIMEZZATO, IL BARONE RAMPANTE, e LE COSMICOMICHE, che rivelano un estro[2] fantastico strabiliante[3]. Nel 1956, ha pubblicato FIABE ITALIANE, che negli ultimi decenni ha avuto un notevole successo. Questo libro è una raccolta di fiabe[4] di tutte le regioni d'Italia, che l'autore ha trascritto e curato[5]. Sono fiabe tramandate[6] oralmente di generazione in generazione, e quasi tutti i bambini italiani le hanno sentite raccontare[7] dai loro nonni o genitori. Questo libro di Italo Calvino è la prima raccolta scritta del racconto folcloristico italiano ed è ormai diventato un classico della letteratura italiana contemporanea. Quest'opera come altre del Calvino, non solo ha avuto molto successo in Italia, ma anche all'estero.

1 such as   2 inspiration   3 astonishing   4 collection of fables
5 edited   6 handed down   7 have heard them told

Alcuni proverbi italiani

I seguenti proverbi italiani sono usati spesso dagli Italiani. Si usano per dare enfasi a quello che si dice.

Chi molto parla, spesso falla.	Actions speak louder than words.
Chi dorme non piglia pesci.	The early bird catches the worm.
Chi tardi arriva male alloggia.	He who hesitates is lost.
Quando il gatto non c'è, i topi ballano.	While the cat's away, the mice will play.
Uomo avvisato mezzo salvato.	A word to the wise is sufficient.
Una rondine non fa primavera.	One swallow doesn't make a spring.

Appendices

A. Expressions for class

Aprire il libro a pagina ... Chiudere il libro.	Open the book to page ... Close the book.
Ascoltare (Ripetere, Scrivere) le seguenti parole.	Listen to (Repeat, Write) the following words.
Abbinare le parole di significato contrario.	Match the words with opposite meanings.
Cambiare le frasi sostituendo le parole indicate.	Change the sentences, substituting the cued words.
Chiedere ad un altro studente le seguenti cose.	Ask another student the following things.
Completare ciascuna frase con parole appropriate.	Complete each sentence with appropriate words.
Consigliare agli amici di fare le seguenti cose.	Advise your friends to do the following things.
Comporre un dialogo simile a quello di pagina ...	Make up a dialogue similar to the one on page ...
Dare la forma appropriata del (verbo).	Give the appropriate form of the (verb).
Dare la propria opinione sulle seguenti frasi.	Give your own opinion on the following sentences.
Descrivere le seguenti persone.	Describe the following people.
Dire (Riferire) che le seguenti persone fanno le cose indicate.	Say (Report) that the following people do the things indicated.
Domandare ad un amico se ...	Ask a friend if ...
Esprimere in italiano.	Express in Italian.
Fare la parte di ...	Play the role of ...
Incominciare ogni frase con ...	Begin each sentence with ...
Leggere ad alta voce.	Read aloud.
Reagire alle seguenti opinioni.	React to the following opinions.
Rispondere alle seguenti domande.	Answer the following questions.
Scegliere la risposta appropriata.	Choose the appropriate answer.
Scrivere un paragrafo basato su ...	Write a paragraph based on ...
Sostituire alle parole in corsivo le parole indicate.	Substitute the indicated words for the words in italics.
Suggerire alle seguenti persone di fare le cose indicate.	Suggest to the following people to do the indicated things.
Volgere al plurale.	Change to the plural.

B. English equivalents of dialogues

The English equivalents (not literal translations) of the core material in *Lezione 1ª* to *Lezione 9ª* are provided in this appendix for out-of-class reference.

Lezione 1ª

AN UNEXPECTED MEETING

Stefano meets a friend near the Trevi fountain.

Stefano Hi, Luciana. How are you?
Luciana Fine, thanks, and you?
Stefano Just fine, thanks!
Luciana Where are you going in such a hurry?
Stefano To the stadium. And what are you doing here?
Luciana I have a date with a friend. We're going to the Vatican Museums.

Lezione 2ª

WHAT'S NEW?

Franco Benotti, a student at the University of Rome, is talking with Marisa Martinelli, a student at the scientific high school. Franco is twenty years old and Marisa is eighteen.

Marisa Hi Franco, what's new?
Franco I'm going to the university now.
Marisa You are? Which department?
Franco Law school. And you? Are you still attending high school?
Marisa Yes, the last year.
Franco Do you still live on Nazionale Street?
Marisa No, I live on Vittorio Avenue now . . . Excuse me, what time is it, please?
Franco It's ten-thirty. Why?
Marisa Oh, it's late! I have to go. I have an important appointment at eleven.
Franco All right, see you later then.
Marisa Bye.

Lezione 3ª

A QUESTIONNAIRE

Marisa Martinelli lives with her family in Rome on Italia Avenue, Number 28. Marisa's father is a doctor and works in a hospital in the city. Her mother is a teacher and teaches Italian in a junior high school.

One evening, Marisa's father returns home and finds a questionnaire for the new census. The head of the family must respond to the questions and return the questionnaire to city hall.

Lezione 4ª

WHAT ARE YOU DOING THIS EVENING?

Franco wants to phone Marisa. He enters a bar, buys a token, and dials the number. Marisa answers.

Marisa Hello?
Franco Hi, Marisa. It's me, Franco. What are you doing this afternoon?
Marisa Homework, unfortunately. I also have to study my lessons for tomorrow.
Franco And this evening?
Marisa I don't have anything to do.
Franco Do you want to come have a cup of coffee with me?
Marisa I like the idea. At what time?
Franco At seven.
Marisa Where?
Franco At the bar *"Gli Sportivi"* near the train station.
Marisa See you this evening.

Lezione 5ª

WHAT WOULD YOU LIKE?

Franco and Marisa are at the bar "Gli Sportivi."

Waiter Would you like to order something?
Marisa Yes, an orangeade, please.
Waiter And you, sir?
Franco A cup of coffee, with lots of milk.
Waiter Fine, right away.
Franco Well, Marisa, what's new?
Marisa Nothing special. Every day I go to school, in the evening I read, and sometimes I go out with my friends.
Franco As for me, I have lots of free time. You know, I don't have to attend classes at the university.
Marisa What do you do, then?
Franco I often go to the movies, or the theater, or take trips with friends.
Marisa You're really lucky!

Lezione 6ª

A DATE FOR SUNDAY EVENING

While the waiter serves the cappuccino and the orangeade, Marisa and Franco continue the conversation at the bar "Gli Sportivi."

Franco What are you doing next Sunday? Are you free?
Marisa I think so. Why?
Franco I have two tickets for the Eliseo Theater. Would you like to go with me?
Marisa Yes, I'd love to. What's playing?
Franco A play by Pirandello. It's very interesting.
Marisa What time does the show begin?
Franco At nine. Aren't you going to finish your orangeade?
Marisa No, I'm not very thirsty.
Franco Waiter, the check, please.
Waiter Right away, sir. Here it is!

Lezione 7ª

AT PORTA PORTESE

Marisa and her friend Paola are at the Porta Portese market and are going from one stall to the next.

Marisa What are you going to buy?
Paola I don't know. I'd like to decorate my room with some original paintings.
Marisa As for me, I'd like to find an inexpensive dress.
Paola Then let's look around very carefully.
Marisa Fine. Besides, it's a beautiful day and we're not in a hurry.
Paola Do you have any particular color in mind for your dress?
Marisa Yes, I'd like a red or green wool skirt and a blue velvet jacket. If it's possible, also a white sweater with a turtle neck.
Paola Hmm. That's really an elegant outfit!
Marisa Yes, but I don't want to spend much money. That's the reason we're here at Porta Portese.

Lezione 8ª

CAN YOU GIVE ME A RIDE?

Franco is talking with his brother Enrico.

Franco Enrico, where are you going this morning?
Enrico To work, like every day, naturally. Don't you know that?
Franco Yes, I do, I didn't mean to be funny.
Enrico Then what do you want?
Franco Can you give me a ride on your motorcycle?
Enrico And where's your car?
Franco At the repair shop. It's in that garage in front of the trolley stop.
Enrico Where do you have to go?
Franco To the doctor's. I have an appointment for nine o'clock.
Enrico OK, but hurry up. I don't want to be late.
Franco I'm almost ready. I'll get my jacket and come.

Lezione 9^a

THE SAME OLD BUREAUCRACY!

Stefano is in the registrar's office at the University of Rome.

Stefano	Pardon me, I need a registration certificate.
Employee	Why do you need the certificate?
Stefano	To postpone military service for a year.
Employee	You must present a written request on a sheet of government-stamped paper.
Stefano	When can I come pick up the certificate?
Employee	At the end of the month.
Stefano	But excuse me, why so late? I just don't understand.
Employee	At this time we have lots of work to do and much paper work to finish.
Stefano	I understand. There's nothing that can be done, it's the same old bureaucracy. Good-by.

C. Sound-spelling correspondences

	Suono	Ortografia	Esempi
Vocali	/a/	*a*	casa
	/e/	*e*	bene
	/i/	*i*	incontro
	/o/	*o*	poco
	/u/	*u*	uno
Consonanti	/b/	*b*	banco
	/č/	*c* before *e* and *i*	cento, ciao
	/k/	{ *ch* before *e* and *i*	che, chi
		{ *c* before *a, o* and *u*	amico, amica, culturale
	/d/	*d*	dieci
	/f/	*f*	favore
	/ǧ/	*g* before *e* and *i*	gennaio, gita
	/g/	{ *gh* before *e* and *i*	lunghe, dialoghi
		{ *g* before *a, o* and *u*	Garibaldi, governo, gusto
	no sound	*h*	ha, hanno
	/l/	*l*	lettera
	/m/	*m*	mano
	/n/	*n*	nome
	/p/	*p*	pratica
	/kw/	*qu*	qui
	/r/	*r*	radio
	/s/	*s*	signore
	/z/	*s*	rosa
	/t/	*t*	telefono
	/v/	*v*	venire
	/ts/	*z*	zucchero, piazza
	/dz/	*z*	zero, azzurro
	/ʃ/	*sc* before *e* and *i*	scientifico, conoscere
	/sk/	{ *sc* before *a, o* and *u*	scarpa, esco, scusa
		{ *sch* before *e* and *i*	fresche, freschi
	/ʎ/	*gli*	gli, egli, luglio
	/ŋ/	*gn*	signore

D. Regular verbs

-are	*-ere*	*-ire*	*-ire (isc)*
comprare	vendere	partire	finire

Present Indicative

compro	vendo	parto	finisco
compri	vendi	parti	finisci
compra	vende	parte	finisce
compriamo	vendiamo	partiamo	finiamo
comprate	vendete	partite	finite
comprano	vendono	partono	finiscono

Imperfect

compravo	vendevo	partivo	finivo
compravi	vendevi	partivi	finivi
comprava	vendeva	partiva	finiva
compravamo	vendevamo	partivamo	finivamo
compravate	vendevate	partivate	finivate
compravano	vendevano	partivano	finivano

Future

comprerò	venderò	partirò	finirò
comprerai	venderai	partirai	finirai
comprerà	venderà	partirà	finirà
compreremo	venderemo	partiremo	finiremo
comprerete	venderete	partirete	finirete
compreranno	venderanno	partiranno	finiranno

Conditional

comprerei	venderei	partirei	finirei
compreresti	venderesti	partiresti	finiresti
comprerebbe	venderebbe	partirebbe	finirebbe
compreremmo	venderemmo	partiremmo	finiremmo
comprereste	vendereste	partireste	finireste
comprerebbero	venderebbero	partirebbero	finirebbero

Preterit

comprai	vendei	partii	finii
comprasti	vendesti	partisti	finisti
comprò	vendè	partì	finì
comprammo	vendemmo	partimmo	finimmo
compraste	vendeste	partiste	finiste
comprarono	venderono	partirono	finirono

Commands

compra	vendi	parti	finisci
comprate	vendete	partite	finite
compri	venda	parta	finisca
comprino	vendano	partano	finiscano
compriamo	vendiamo	partiamo	finiamo

Present Subjunctive

compri	venda	parta	finisca
compri	venda	parta	finisca
compri	venda	parta	finisca
compriamo	vendiamo	partiamo	finiamo
compriate	vendiate	partiate	finiate
comprino	vendano	partano	finiscano

Imperfect Subjunctive

comprassi	vendessi	partissi	finissi
comprassi	vendessi	partissi	finissi
comprasse	vendesse	partisse	finisse
comprassimo	vendessimo	partissimo	finissimo
compraste	vendeste	partiste	finiste
comprassero	vendessero	partissero	finissero

Past Participles

comprato	venduto	finito	partito

Present Perfect Indicative

ho				sono
hai				sei } partito (-a)
ha	comprato	venduto	finito	è
abbiamo				siamo
avete				siete } partiti (-e)
hanno				sono

Pluperfect

avevo				ero
avevi				eri } partito (-a)
aveva	comprato	venduto	finito	era
avevamo				eravamo
avevate				eravate } partiti (-e)
avevano				erano

Future Perfect

avrò
avrai
avrà   } comprato   venduto   finito
avremo
avrete
avranno

sarò
sarai   } partito (-a)
sarà

saremo
sarete   } partiti (-e)
saranno

Conditional Perfect

avrei
avresti
avrebbe   } comprato   venduto   finito
avremmo
avreste
avrebbero

sarei
saresti   } partito (-a)
sarebbe

saremmo
sareste   } partiti (-e)
sarebbero

Present Perfect Subjunctive

abbia
abbia
abbia   } comprato   venduto   finito
abbiamo
abbiate
abbiano

sia
sia   } partito (-a)
sia

siamo
siate   } partiti (-e)
siano

Pluperfect Subjunctive

avessi
avessi
avesse   } comprato   venduto   finito
avessimo
aveste
avessero

fossi
fossi   } partito (-a)
fosse

fossimo
foste   } partiti (-e)
fossero

E. *Avere* and *essere*

avere to have

Present	Imperfect	Future	Conditional
ho	avevo	avrò	avrei
hai	avevi	avrai	avresti
ha	aveva	avrà	avrebbe
abbiamo	avevamo	avremo	avremmo
avete	avevate	avrete	avreste
hanno	avevano	avranno	avrebbero

Preterit	Commands	Present Subjunctive	Imperfect Subjunctive
ebbi	abbi	abbia	avessi
avesti	abbiate	abbia	avessi
ebbe	abbia	abbia	avesse
avemmo	abbiano	abbiamo	avessimo
aveste	abbiamo	abbiate	aveste
ebbero		abbiano	avessero

Pres. Perf. Indicative

ho	
hai	
ha	avuto
abbiamo	
avete	
hanno	

Pluperfect

avevo	
avevi	
aveva	avuto
avevamo	
avevate	
avevano	

Future Perfect

avrò	
avrai	
avrà	avuto
avremo	
avrete	
avranno	

Conditional Perfect

avrei	
avresti	
avrebbe	avuto
avremmo	
avreste	
avrebbero	

Present Perfect Subjunctive

abbia	
abbia	
abbia	avuto
abbiamo	
abbiate	
abbiano	

Pluperfect Subjunctive

avessi	
avessi	
avesse	avuto
avessimo	
aveste	
avessero	

essere to be

Present	Imperfect	Future	Conditional
sono	ero	sarò	sarei
sei	eri	sarai	saresti
è	era	sarà	sarebbe
siamo	eravamo	saremo	saremmo
siete	eravate	sarete	sareste
sono	erano	saranno	sarebbero

Preterit	Commands	Present Subjunctive	Imperfect Subjunctive
fui	sii	sia	fossi
fosti	siate	sia	fossi
fu	sia	sia	fosse
fummo	siano	siamo	fossimo
foste	siamo	siate	foste
furono		siano	fossero

Pres. Perf. Indicative

sono
sei } stato (-a)
è

siamo
siete } stati (-e)
sono

Pluperfect

ero
eri } stato (-a)
era

eravamo
eravate } stati (-e)
erano

Future Perfect

sarò
sarai } stato (-a)
sarà

saremo
sarete } stati (-e)
saranno

Conditional Perfect

sarei
saresti } andato (-a)
sarebbe

saremmo
sareste } andati (-e)
sarebbero

Present Perfect Subjunctive

sia
sia } stato (-a)
sia

siamo
siate } stati (-e)
siano

Pluperfect Subjunctive

fossi
fossi } stato (-a)
fosse

fossimo
foste } stati (-e)
fossero

F. Verbs conjugated with *essere*

In addition to the verbs listed below, all reflexive verbs are conjugated with *essere.*

andare to go
arrivare to arrive
cadere to fall
diventare to become
entrare to enter
essere to be
morire to die
nascere to be born
partire to depart
piacere to like

restare to remain
rimanere to remain
ritornare to return
riuscire to succeed
salire* to climb up
scendere to descend
stare to be
tornare to return
uscire to go out
venire to come

* Conjugated with *avere* when used with a direct object.

G. Verbs with irregular past participles

aggiungere to add	**aggiunto**	**nascere** to be born	**nato**
apparire to appear	**apparso**	**offrire** to offer	**offerto**
appendere to hang	**appeso**	**perdere** to lose	**perso** or **perduto**
aprire to open	**aperto**	**porre** to place	**posto**
bere to drink	**bevuto**	**prendere** to take	**preso**
chiedere to ask	**chiesto**	**promettere** to promise	**promesso**
chiudere to close	**chiuso**	**proporre** to propose	**proposto**
cogliere to gather	**colto**	**proteggere** to protect	**protetto**
comprendere to understand	**compreso**	**raggiungere** to arrive, reach	**raggiunto**
concludere to conclude	**concluso**	**ridere** to laugh	**riso**
conoscere to know	**conosciuto**	**rimanere** to remain	**rimasto**
convincere to convince	**convinto**	**rispondere** to answer	**risposto**
coprire to cover	**coperto**	**rompere** to break	**rotto**
correre to run	**corso**	**scegliere** to select	**scelto**
correggere to correct	**corretto**	**scendere** to get off, descend	**sceso**
cuocere to cook	**cotto**	**scrivere** to write	**scritto**
decidere to decide	**deciso**	**soffrire** to suffer	**sofferto**
dire to say	**detto**	**sorridere** to smile	**sorriso**
discutere to discuss	**discusso**	**spendere** to spend	**speso**
essere to be	**stato**	**succedere** to happen	**successo**
fare to do, to make	**fatto**	**togliere** to remove	**tolto**
leggere to read	**letto**	**vedere** to see	**visto** or **veduto**
mettere to put	**messo**	**venire** to come	**venuto**
morire to die	**morto**	**vincere** to win	**vinto**
muovere to move	**mosso**		

H. Irregular verbs

These verbs are irregular in the following forms only:

andare *to go*
Pres. Ind.: vado, vai, va, andiamo, andate, vanno
Future: andrò, andrai, andrà, andremo, andrete, andranno
Conditional: andrei, andresti, andrebbe, andremmo, andreste, andrebbero
Commands: va', andate, vada, vadano, andiamo
Pres. Sub.: vada, vada, vada, andiamo, andiate, vadano

bere *to drink*
Pres. Ind.: bevo, bevi, beve, beviamo, bevete, bevono
Imperfect: bevevo, bevevi, beveva, bevevamo, bevevate, bevevano
Preterite: bevvi, bevesti, bevve, bevemmo, beveste, bevvero
Future: berrò, berrai, berrà, berremo, berrete, berranno

Conditional: berrei, berresti, berrebbe, berremmo, berreste, berrebbero
Commands: bevi, bevete, beva, bevano, beviamo
Pres. Subj.: beva, beva, beva, beviamo, beviate, bevano
Imp. Subj.: bevessi, bevessi, bevesse, bevessimo, beveste, bevessero

chiudere   *to close*
Preterite: chiusi, chiudesti, chiuse, chiudemmo, chiudeste, chiusero

conoscere   *to know*
Preterite: conobbi, conoscesti, conobbe, conoscemmo, conosceste, conobbero

dare   *to give*
Pres. Ind.: do, dai, dà, diamo, date, danno
Preterite: diedi, desti, diede, demmo, deste, diedero
Commands: da', date, dia, diano, diamo
Pres. Subj.: dia, dia, dia, diamo, diate, diano
Imp. Subj.: dessi, dessi, desse, dessimo, deste, dessero

dire   *to say, tell*
Pres. Ind.: dico, dici, dice, diciamo, dite, dicono
Commands: di', dite, dica, dicano, diciamo
Imperfect: dicevo, dicevi, diceva, dicevamo, dicevate, dicevano
Preterite: dissi, dicesti, disse, dicemmo, diceste, dissero
Pres. Subj.: dica, dica, dica, diciamo, diciate, dicano
Imp. Subj.: dicessi, dicessi, dicesse, dicessimo, diceste, dicessero

dovere   *to have to, must*
Pres. Ind.: devo, devi, deve, dobbiamo, dovete, devono
Future: dovrò, dovrai, dovrà, dovremo, dovrete, dovranno
Conditional: dovrei, dovresti, dovrebbe, dovremmo, dovreste, dovrebbero
Pres. Subj.: debba, debba, debba, dobbiamo, dobbiate, debbano

fare   *to do, make*
Pres. Ind.: faccio, fai, fa, facciamo, fate, fanno
Imperfect: facevo, facevi, etc.
Preterite: feci, facesti, fece, facemmo, faceste, fecero
Commands: fa', fate, faccia, facciano, facciamo
Pres. Subj.: faccia, faccia, faccia, facciamo, facciate, facciano
Imp. Subj.: facessi, facessi, etc.

leggere   *to read*
Preterite: lessi, leggesti, lesse, leggemmo, leggeste, lessero

mettere   *to place*
Preterite: misi, mettesti, mise, mettemmo, metteste, misero

morire *to die*
Pres. Ind.: muoio, muori, muore, moriamo, morite, muoiono
Future: morrò, morrai, morrà, etc.
Pres. Subj.: muoia, muoia, muoia, moriamo, moriate, muoiano

nascere *to be born*
Preterite: nacqui, nascesti, nacque, nascemmo, nasceste, nacquero

potere *to be able*
Pres. Ind.: posso, puoi, può, possiamo, potete, possono
Future: potrò, potrai, potrà, etc.
Conditional: potrei, potresti, etc.
Pres. Subj.: possa, possa, possa, possiamo, possiate, possano

prendere *to take*
Preterite: presi, prendesti, prese, prendemmo, prendeste, presero

rimanere *to remain*
Pres. Ind.: rimango, rimani, rimane, rimaniamo, rimanete, rimangono
Preterite: rimasi, rimanesti, rimase, rimanemmo, rimaneste, rimasero
Future: rimarrò, rimarrai, etc.
Conditional: rimarrei, rimarresti, etc.
Commands: rimani, rimanete, rimanga, rimangano, rimaniamo
Pres. Subj.: rimanga, rimanga, rimanga, rimaniamo, rimaniate, rimangano

rispondere *to answer*
Preterite: risposi, rispondesti, rispose, rispondemmo, rispondeste, risposero

salire *to go up*
Pres. Ind.: salgo, sali, sale, saliamo, salite, salgono
Pres. Subj.: salga, salga, salga, saliamo, saliate, salgano

sapere *to know*
Pres. Ind.: so, sai, sa, sappiamo, sapete, sanno
Preterite: seppi, sapesti, seppe, sapemmo, sapeste, seppero
Future: saprò, saprai, etc.
Conditional: saprei, sapresti, etc.
Commands: sappi, sappiate, sappia, sappiano, sappiamo
Pres. Subj.: sappia, sappia, sappia, sappiamo, sappiate, sappiano

scegliere *to choose*
Pres. Ind.: scelgo, scegli, sceglie, scegliamo, scegliete, scelgono
Preterite: scelsi, scegliesti, scelse, scegliemmo, sceglieste, scelsero
Commands: scegli, scegliete, scelga, scelgano, scegliamo
Pres. Subj.: scelga, scelga, scelga, scegliamo, scegliate, scelgano

scrivere *to write*
Preterite: scrissi, scivesti, scrisse, scrivemmo, scriveste, scrissero

sedere *to sit*
Pres. Ind.: siedo, siedi, siede, sediamo, sedete, siedono
Commands: siedi, sedete, sieda, siedano, sediamo
Pres. Subj.: sieda, sieda, sieda, sediamo, sediate, siedano

stare *to be*
Preterite: stetti, stesti, stette, stemmo, steste, stettero
Commands: sta', state, stia, stiano, stiamo
Pres. Subj.: stia, stia, stia, stiamo, stiate, stiano
Imp. Subj.: stessi, stessi, stesse, stessimo, steste, stessero

tenere *to keep*
Pres. Ind.: tengo, tieni, tiene, teniamo, tenete, tengono
Preterite: tenni, tenesti, tenne, tenemmo, teneste, tennero
Future: terrò, terrai, etc.
Conditional: terrei, terresti, etc.
Commands: tieni, tenete, tenga, tengano, teniamo
Pres. Subj.: tenga, tenga, tenga, teniamo, teniate, tengano

uscire *to go out*
Pres. Ind.: esco, esci, esce, usciamo, uscite, escono
Commands: esci, uscite, esca, escano, usciamo
Pres. Subj.: esca, esca, esca, usciamo, usciate, escano

vedere *to see*
Preterite: vidi, vedesti, vide, vedemmo, vedeste, videro
Future: vedrò, vedrai, etc.
Conditional: vedrei, vedresti, etc.

venire *to come*
Pres. Ind.: vengo, vieni, viene, veniamo, venite, vengono
Preterite: venni, venisti, venne, venimmo, veniste, vennero
Future: verrò, verrai, etc.
Conditional: verrei, verresti, etc.
Commands: vieni, venite, venga, vengano, veniamo
Pres. Subj.: venga, venga, venga, veniamo, veniate, vengano

vivere *to live*
Preterite: vissi, vivesti, visse, vivemmo, viveste, vissero
Future: vivrò, vivrai, etc.
Conditional: vivrei, vivestri, etc.

volere *to want*
Pres. Ind.: voglio, vuoi, vuole, vogliamo, volete, vogliono
Preterite: volli, volesti, volle, volemmo, voleste, vollero
Future: vorrò, vorrai, etc.
Conditional: vorrei, vorresti, etc.
Pres. Subj.: voglia, voglia, voglia, vogliamo, vogliate, vogliano

Italian-English vocabulary

The Italian-English vocabulary contains most of the basic words and expressions included in the lessons, and many non-guessable words and expressions that appear in the photo captions and supplementary readings.

Stress is indicated with a dot under the stressed letter of the main entry when it does not fall on the next-to-last syllable. A tilde (~) is used to indicate repetition of a main entry; for example, **d'**~ under **accordo** means **d'accordo**.

The following abbreviations are used:

n. = noun	*pl.* = plural	*adv.* = adverb
m. = masculine	*pron.* = pronoun	*v.* = verb
f. = feminine	*adj.* = adjective	*inf.* = infinitive

a at, to; **a causa di** because of
abbastanza quite, quite a lot of, enough; ~ **bene** quite well
abbellire to decorate
abbraccio hug
abitare to live
abituarsi to get used to
abruzzese living in the Abruzzi
accademia: Accademia delle Belle Arti Fine Arts Academy
accelerato slow train
accettabile acceptable
accompagnare to accompany, to go with
accordo: d'~ agreed; **essere d'**~ to agree
acqua water; **un bicchiere d'**~ **minerale** a glass of mineral water
acquistare to acquire, to buy
acquolina: mi viene l'~ **in bocca** makes my mouth water
ad to (before word beginning with vowel)

addirittura completely
addormentarsi to fall asleep
adeguato, -a adequate
adesso now, at present
adottare to adopt
aereo airplane
aereo, -a air
aeronautica: Servizio meteorologico dell'Aeronautica official weather bureau
aeroporto airport
affacciarsi to look out
affatto at all; **non ... **~ not ... at all
affetto: con ~ affectionately
affinché so that
affrettarsi to hurry
afoso, -a stuffy
agenzia; ~ **di viaggi** travel agency
aggiustare to fix
agnello lamb
agonistico, -a athletic
agosto August

agricolo, -a agricultural
agricoltura agriculture
ah ah
ai to the
aiuola flower bed
aiutare to help; **aiutarsi** to help one another
aiuto help
al to the; ~ **cinema** to the movies
albergo hotel
albero tree
alcuni, -e some
alle to the; ~ **sette** at seven o'clock
allegramente cheerfully
allegro, -a cheerful
allevare to bring up, raise
allo to the; ~ **stadio** to the stadium
alloggiare to lodge
allora then, well
almeno at least
alterato, -a altered

alto, -a   tall; high; **collo alto** turtle neck

altrimenti   otherwise

altro, -a   other; **chi ~?**   who else? **tra l'~**   besides; **un altro, un'altra**   another

altura   height

alzarsi   to get up

amare   to love

ambasciata   embassy

ambientamento   adjustment

ambiente *m.*   environment; atmosphere

ambizioso, -a   ambitious

americano, -a   American

amica   friend *f.*

amico   friend *m.*

amore *m.*   love

ampio, -a   wide

ampliamento   enrichment

analizzare   to analyze

anche   also, too; **~ se**   even if

ancora   still; yet; again, more; **non ... ~**   not ... yet

andare   to go; **~ a cavallo**   to go horseback riding; **~ al mare**   to go to the beach; **~ a piedi**   to go on foot; **~ con la nave**   to go by ship; **~ in aereo**   to go by plane; **~ in autobus**   to go by bus; **~ in barca**   to go sailing; **~ in campagna**   to go to the country; **~ in centro**   to go downtown; **~ in giro**   to go around; **~ in macchina**   to go by car; **~ in montagna**   to go to the mountains; **~ in vacanza**   to go on vacation

andata: ~ e ritorno   round trip

animale *m.*   animal

anno   year

annunciatore *m.*   announcer, news reporter

annuncio: ~ di matrimonio   wedding invitation; **~ economico**   advertisement

ansia: con ~   anxiously

anticipato, -a: anticipate di un anno   one year in advance

antico, -a   ancient

antipatico, -a   disagreeable

aperitivo   aperitif

appartenere   to belong

appassionato, -a   passionate

appena   just, as soon as; scarcely; **~ diciottenne**   just eighteen years old

Appennini *m. pl.*   Apennines

appetito   appetite

applicazione *f.*   application

apprendere   to learn

appuntamento   appointment

appunto   just

aprile *m.*   April

aprire (aperto)   to open

aragosta   lobster

arancia: spremuta d'~   orange juice

aranciata   orangeade

arancione (*invariable*)   orange (color)

archeologico, -a   archeological

architetto   architect

architettonico, -a   architectural

architettura   architecture

arco   arch

aria   air, appearance

arrabbiato, -a   angry

arrangiarsi   to make do

arrecare   to cause

arredamento   interior decorating, furniture

arrivare   to arrive

arrivederci   good-by; **arrivederla**   good-by

arrivo   arrival

arte *f.*   art; **Accademia delle Belle Arti**   Fine Arts Academy

asciutto, -a   dry; **pasta asciutta**   pasta in non-liquid form

ascensore *m.*   elevator

ascoltare   to listen to

asino   donkey

aspettare   to wait for

assaggiare   to sample

assolutamente   absolutely

assordante   deafening

assurdo   absurd

Atene   Athens

attentamente   attentively

attentato   crime

attenuare   to lessen

attenzione   attention; **con ~**   carefully; **fare ~**   to pay attention

attesa   waiting

attivo, -a   active

attore *m.*   actor

attribuire   to attribute

attrice *f.*   actress

attuale   present; current; **l'~ indirizzo di governo**   the present government direction

attualità   topic (event) of the day

attuazione *f.*   putting into effect

attualmente   actually, at present

audace   bold

aula   classroom

aumento   increase

auto   car

autobus   bus

autocarro   truck

automobile *f.*   automobile

automobilistico, -a   car-related

autore *m.*   author

autorità   authority

autostrada   highway

autunno   fall

avere   to have; **~ fretta**   to be in a hurry; **~ in mente**   to have in mind; **~ pazienza**   to be patient; **~ ragione**   to be right; **~ paura**   to be afraid; **~ sete**   to be thirsty; **~ fame**   to be hungry; **~ voglia di**   to feel like

avviarsi   to start out

avvicinarsi   to approach

avvisare   to inform

avvocato lawyer
azzurro sky blue

bagaglio luggage
bagno bath; **fare/farsi il** ~ to take a bath
ballare to dance
ballo dance
bambina little girl, child
bambino little boy, child
banca bank
bancarella stall, booth
banco student bench
bandiera banner, flag
bar *m.* bar, café
bara coffin
barca boat; **andare in** ~ to go sailing
barriera barrier; ~ **doganale** customs barrier
basso, -a short; low
basta che as long as
battere to beat
battuto beaten
Belgio Belgium
Belgrado Belgrade
Belle Arti Fine Arts
bellezza beauty
bellissimo, -a very beautiful
bello, -a beautiful, good-looking; **che cosa fai di** ~? what's new? what are you up to? **fa bel tempo** the weather is nice
benché although
bene well; **va bene** fine, OK
benissimo very well
benzina gasoline
bere (bevuto) to drink; **qualcosa da** ~ something to drink
bevanda drink
bianco, -a white
biblioteca library
bicchiere *m.* glass; **un** ~ **di acqua minerale** a glass of mineral water

bicicletta bicycle
biglietteria ticket office
biglietto ticket; ~ **di andata e ritorno** round-trip ticket
binario track
biologo biologist
biondo, -a blond
bisognare to be necessary
bistecca steak
bloccato, -a blocked, stopped
blu (*invariable*) blue
bocca mouth; **mi viene l'acquolina in** ~ makes my mouth water
bollato, -a stamped; **carta bollata** government stamped paper
bollente boiling
bomba bomb
borsa handbag, purse
bottega shop
bottiglia bottle
braccio (braccia *f. pl.***)** arm
bravura skill
breve brief, short; **in** ~ **tempo** in a short time; **corsi a** ~ **scadenza** short-term courses
brodo broth
brutto, -a ugly
buffo, -a funny
bugia lie
buono, -a good; **buon giorno** good morning (day); **a buon mercato** inexpensive
burocrazia bureaucracy
burro butter
busta envelope
buttare to throw

cadere to fall
caduta fall
caffè *m.* coffee; café; coffee shop
calcio soccer; **partita di** ~ soccer game
calcolatrice *f.* calculator

caldo, -a hot; *m.* heat; **fa** ~ it's hot
calendario calendar
calmo, -a calm
calza stocking
calzino sock
calzolaio shoemaker
cambiare to change
camera: ~ **da letto** bedroom; ~ **dei deputati** chamber of deputies
cameriere *m.* waiter; **cameriera** *f.* waitress
camicetta blouse
camicia shirt
camminare to walk
campagna campaign, country; ~ **elettorale** electoral campaign; **andare in** ~ to go to the country
campo field
canadese Canadian
canale *m.* channel
cancellino eraser
cane *m.* dog
cantare to sing
canzone *f.* song
caos *m.* chaos
capelli *m. pl.* hair
capire to understand; **non capisco proprio** I just don't understand
capitale *f.* capital city; *m.* money
capo di vestiario article of clothing
capofamiglia *m., f.* head of house
capolavoro masterpiece
capoluogo capital city (region)
cappello hat
cappotto coat
cappuccino expresso coffee with hot milk
carabiniere *m.* police officer
caratteristica: caratteristiche personali personal characteristics

carbonara: spaghetti alla ~ spaghetti carbonara style

cardinale: punti cardinali cardinal points

carica: in carica in charge

carne *f.* meat

caro, -a dear; expensive

carovita cost of living

carrello carriage

la carriera career

carta paper; **foglio di ~** piece of paper; **~ bollata** government stamped paper; **~ d'identità** identification card; **~ geografica** map

cartolina post card

casa house, home; **a ~** at home; **vicino di ~** neighbor; **a ~ di Antonio** at Antonio's house

casetta little house

caso: nel ~ che in case that; **per ~** by chance

casone *m.* big house

cassiera cashier

castano, -a brown (*hair, eyes*)

casuale: incontro ~ chance meeting

catena: ~ di montaggio assembly line

cattedra teacher's desk

cattivo, -a bad; **fa cattivo tempo** the weather is bad

causa: a ~ di because of

causare to cause

cavallo horse; **andare a ~** to go horseback riding

c'è there is; **c'è il sole** it is sunny

censimento census

centigrado, -a centigrade

cento one hundred; **centouno** one hundred one; **centoventi** one hundred twenty; **centocinquanta** one hundred fifty

centomila one hundred thousand

centro center; **in ~** downtown

cercare to look for

certamente certainly

certificato certificate; **~ d'iscrizione** registration certificate; **~ di nascita** birth certificate

certo, -a certain; *adv.* certainly

cessare to cease, stop

cestino wastebasket

che: (~) cosa? what? **~ cosa c'è di nuovo?** what's new?; **~ cosa fai di bello?** what's new?; **~ cosa fai qui?** what are you doing here?; **~ ora è? ~ ore sono?** what time is it?; **~ tempo fa?** how is the weather?

che who, that, which

chi who; whom; **~ è lei?** who are you?; **~ altro?** who else?; **di ~?** whose?

chiamare to call; **chiamarsi** to be called, to be named

chiaramente clearly

chiaro, -a clear; **verde chiaro** light green

chiedere (chiesto) to ask, ask for

chiesa church

chimica chemistry

chiudere (chiuso) to close

ci us, ourselves, to us; there; **ci sono** there are

ciao hi, good-by

cibo food

cielo sky

cifra amount

cinema *m.* cinema, movies

cinico, -a cynical

cinquanta fifty

cinquantamila fifty thousand

cinque five

cinquecento five hundred

cinquemila five thousand

cinta enclosure

ciò this (thing)

circa about, approximately

circolazione: in ~ in circulation

circondare to surround

ci sono there are

città city

cittadina small city

clacson *m.* horn

classe *f.* class

classico, -a classical

clima climate

coalizione *f.* coalition

cognome *m.* last name

colazione *f.* breakfast, lunch; **fare ~** to have breakfast (lunch)

colle *m.* hill

collo neck; **~ alto** turtle neck

colore *m.* color; **di che ~ è ... ?** what is the color of ... ?

colpa fault

colpire to impress

coltello knife

coltivare to cultivate

coltivazione *f.* cultivation

come how, like, as; **~ stai (sta)?** how are you?; **com'è complicato!** how complicated!

cominciare (a + inf.) to begin

commedia comedy, play

commercialista graduate in commerce

commerciante small businessman or businesswoman

commercio commerce

comodo, -a comfortable, convenient

il compagno/la compagna companion

compito homework

compleanno birthday

complicato, -a complicated; **com'è ~** how complicated!

complimento compliment; **complimenti!** congratulations!

comprare to buy

comprendere to understand

compromesso compromise

comune common; *m.* city hall
comunità community
con with
concentramento concentration
concerto concert
concreto, -a concrete
condizione *f.* condition
conducente *m.* conductor
conferenza lecture
conferma confirmation
confinare to border
confusione *f.* confusion, disorder
conoscere (conosciuto) to know, to be acquainted with, to meet; ~ **a fondo** to know in depth; **molto lieto di conoscerla** very glad to meet you
considerare to consider
consigliare (di) to advise
consiglio advice; ~ **dei ministri** council of ministers
consumatore *m.* consumer
consumo: società di ~ consumer society
contadino farmer
contare to count
contatto contact
contemporaneo, -a contemporary
contento, -a glad
continuare to continue
continuo, -a continuous
conto bill, check
contrario, -a contrary
contrattempo inconvenience: **è un vero** ~ it is a real inconvenience
contratto contract; ~ **di lavoro** work contract
contribuire to contribute
contro against
conversazione *f.* conversation
corpo body
corso avenue, course; **corsi a breve scadenza** short-term courses

cosa thing; ~ **fai di bello?** what are you up to?
così such, so; ~ **tardi** so late
cosiddetto, -a so-called
costare to cost; **quanto costa?** how much is it?
costituzione *f.* constitution
costruire to build
costume: ~ **sardo** Sardinian costume; ~ **regionale** regional costume
cravatta tie
creazione *f.* creation
credere to believe; to think; **credo di sì** I believe (think) so
cristiano, -a Christian; **Democrazia Cristiana** Christian Democracy (political party)
critica criticism
criticare to criticize
critico critic
cruciverba *m.* crossword puzzle
crisi *f.* crisis
cucchiaio spoon
cucina kitchen; cooking
cucinare to cook
cugina (girl) cousin
cugino (boy) cousin
cui to (with, of, etc.) whom (which)
culturale cultural
cuocere to cook
cupola dome
curioso, -a curious
curva curve

da from, by, at
d'accordo agreed
Danimarca Denmark
danno harm
dappertutto everywhere
dare to give; ~ **del tu** to use *tu* when addressing someone
data (calendar) date

davanti a in front of
davvero really
decidere (deciso) to decide
decimo, -a tenth
deciso, -a decisive
dedicare to dedicate
delizioso, -a delicious
del, dell', della of the
Democrazia Cristiana Christian Democracy (political party)
dente *m.* tooth
dentista *m., f.* dentist
dentro in, inside; **là** ~ in there
depresso, -a depressed
deputato deputy, representative; **camera dei deputati** chamber of deputies
derivare to derive
descrivere to describe
desiderare to desire, want
destro, -a right (side)
di of; ~ **chi?** whose?; ~ **fronte a** in front of
dialogo dialogue
diapositiva slide
dibattito discussion
dicembre *m.* December
diciannove nineteen
diciassette *m.* seventeen
diciottenne eighteen-year old
diciotto eighteen
dieci ten
diecimila ten thousand
difficile difficult
difficilmente hardly
difficoltà difficulty
dilettantistico, -a amateurish
dimenticare to forget
dimettersi to resign
dimostrazione *f.* demonstration
dinamico, -a dynamic
Dio God; ~ **solo lo sa** God only knows
diplomato graduate
dire (detto) to say, tell
direttamente directly

direttissimo (type of) train
direttiva direction, policy
diretto (type of) train
dirigente *m., f.* executive
disagio discomfort
disciplina: discipline; ~ **sportiva** type of sport
disco record
discutere (discusso) to discuss
disegnatore *m.* designer
disegno design
disoccupazione *f.* unemployment
disonesto, -a dishonest
dispiacere (dispiaciuto) to mind, to be sorry; **mi dispiace** I'm sorry; **ti dispiace?** do you mind?
distinguere (distinto) to distinguish
dito (*f. pl.* **le dita**) finger
ditta firm
divano couch
diventare to become
diverso, -a different; *pl.* several
divertente amusing
divertimento fun; **buon** ~! have a good time!
divertirsi to have a good time, enjoy oneself
diviso divided (*math operation*)
dizionario dictionary
doccia shower; **fare/farsi la** ~ to take a shower
dodicesimo, -a twelfth
dodici twelve
doganale: barriere doganali customs barriers
doganiere *m.* customs officer
dolce *m.* sweet, dessert
domanda question, petition, request; ~ **d'impiego** job application; **fare una** ~ to ask a question
domandare to ask
domani tomorrow; **a** ~ see you tomorrow
domattina tomorrow morning

domenica Sunday
dominante dominating
donna woman
dopo after
dopodomani the day after tomorrow
dopoguerra *m.* postwar
dormire to sleep
dose *f.* dose
dottore doctor (man)
dottoressa doctor (woman)
dove where; ~ **vai così in fretta?** where are you going in such a hurry?
dovere *v.* to have to, must; *m.* duty
dramma *m.* drama
drogheria grocery
droghiere *m.* grocer
dubitare to doubt
due two
duecento two hundred
duecentomila two hundred thousand
duemila two thousand
durante during
durare to last

e and
è is; **è l'una** it is one o'clock
ebbene well, then
ecco here is, here are, there is, there are; **eccolo** here it is
ecologia ecology
ecologico, -a ecological
economia economics; ~ **e commercio** economics and commerce
economico, -a economic
ed and (before words beginning with a vowel)
edicola newsstand
edificio building
efficace efficient
egli he
elegante elegant

eleggere to elect
elettorale electoral; **campagna** ~ electoral campaign; **scheda** ~ voting ballot
elettricista electrician
elettrodomestici electrical appliances
elezione *f.* election
eliminazione *f.* elimination
ella she
emergenza *f.* emergency; **misure di** ~ emergency measures
emigrazione *f.* emigration
energico, -a energetic
enorme enormous
ente *m.* organization
entrambi, -e both
entrare to enter; ~ **in funzione** to go into effect
erba grass
esistere (esistito) to exist
esso, essa it
esperto expert
esplodere to explode
espressione *f.* expression
espresso express
esprimere to express
esse they
essere to be; ~ **d'accordo** to agree; ~ **di mezzo** to be involved; ~ **in gioco** to be at stake; ~ **in ritardo** to be late
essi they
est *m.* east
estate *f.* summer
estero: all'~ abroad
estivo, -a summer
etrusco, -a Etruscan
età *f.* age
europeo, -a European
evidente evident
evitare to avoid

fa: due giorni ~ two days ago
fabbrica factory
facchino porter

faccia face
facile easy
facilmente easily
facoltà university department
fagiolino string bean
falegname *m.* carpenter
falso, -a insincere
fame: avere ~ to be hungry
famiglia family
famoso, -a famous
fare (fatto) to make, do; **non c'è niente da** ~ there is nothing to do; **quanto fa?** how much is it? **che tempo fa?** how is the weather?; **fa bel tempo** the weather is nice; **fa cattivo tempo** the weather is bad; **fa freddo** it is cold; **fa fresco** it is cool; **fa caldo** it is warm; ~ **attenzione** to pay attention; ~ **colazione** to have lunch (breakfast); ~ **dello spirito** to be witty; ~ **dello sport** to practice sports; ~ **gite** to take trips; ~/**farsi il bagno** to take a bath; ~ **il numero** to dial the number; ~ **in fretta** to hurry; ~/**farsi la doccia** to take a shower; ~ **le spese** to go shopping; ~ **male** to hurt, harm; **farsi male** to get hurt; ~ **una domanda** to ask a question; ~ **una passeggiata** to take a walk; ~ **una telefonata** to make a phone call; ~ **una visita** to pay a visit; ~ **un piacere** to do a favor; ~ **polemica** to be controversial; ~ **fare** to have someone do; ~ **a meno** to do without; ~ **le valigie** to pack the suitcases
farmacia pharmacy
farmacista *m., f.* pharmacist
fatto fact
favore *m.* favor; **per** ~ please
febbraio February
felice happy

femminista feminist
fenomeno phenomenon
fermarsi to stop
fermata stop
fermo, -a closed, shut down, stopped
ferrovia railroad; **ferrovie dello stato** state-run railroads
ferroviario, -a railroad
fertilità fertility
festa party
festoso, -a merry
figli children
figlia daughter
figlio son
fila line
filosofia philosophy
finale final
finalmente finally
finanziario, -a financial
finché until
fine *f.* end
fine-settimana weekend
finestra window
finire to finish
fino a until
finora until now
fiore *m.* flower
firma signature
fischiare to whistle
fisica physics
fissare to fix, to make
fiume *m.* river
foglio sheet; ~ **di carta** sheet of paper
fondo: a ~ in depth
fontana fountain
forchetta fork
formaggio cheese
formare to form
forse perhaps
forte strong
fortuna luck; **per** ~ fortunately
fortunato, -a lucky
forza Napoli go ahead Naples
(foto)grafia photo
fra among, between

francese French
Francia France
fratello brother
frattempo: nel ~ in the meantime
freddo, -a cold, iced; **fa** ~ it's cold; **tè** ~ iced tea
frequentare to attend
frequenza attendance; ~ **obbligatoria** required attendance
fresco cool; **fa** ~ it's cool
fretta hurry; **avere** ~ to be in a hurry; **dove vai così in** ~? where are you going in such a hurry? **fare in** ~ to hurry; **in** ~ **e furia** in great haste
frigorifero refrigerator
fronte: di ~ **a** in front of
frutta fruit
frutteria fruit shop
fruttivendolo fruit seller
funzione *f.*: **entrare in** ~ to go into effect
fuochi artificiali fireworks
furia: in fretta e ~ in great haste
futuro, -a future
futuro future

gamba leg
garage *m.* garage
gelato ice cream
generale general
genitore *m.* parent
gennaio January
gentaccia bad people
gente *f.* people
gentile kind
geografia geography
geografico, -a geographic; **carta geografica** map
Germania Germany
gesso chalk
gettone *m.* token
già already, yet
giacca jacket

giallo, -a yellow; **giallorosso, -a** yellow and red

giardino garden; **giardini pubblici** public garden

Ginevra Geneva

ginocchio knee

giocare to play

gioco game; **essere in** ~ to be at stake

giornalaio newspaper vendor

giornale *m.* newspaper

giornalista *m., f.* reporter

giornata day

giorno day; **buon** ~ good morning (day)

giovane *adj.* young; *n.* young person

giovanile young

giovedì Thursday

giradischi record player

giro: in ~ around

gita trip; **fare gite** to take trips

giù down

giugno June

giusto, -a just

gli *pl.* the; to him, to them, to you

gomma eraser

gonna skirt

governo government

grado degree

grammo (gr.) gram

grande big, great

grano wheat

granturco corn

grasso fat

grattugiato, -a grated

grave serious

grazie thank you

Grecia Greece

grigio, -a gray

grosso, -a big, large

gruppo group; ~ **di pressione** pressure group

guanto glove

guardare to look at; **guardare in**

giro to look around; **guardarsi** to look at oneself

guidare to drive

i *m. pl.* the

idea idea

identità identity; **carta d'**~ identification card

idraulico plumber

ieri yesterday; **ieri sera** last night

igiene *f.* hygiene

il the

imbiondire to melt

immediatamente immediately

immediato, -a immediate

imparare to learn

impazzata craziness; **all'**~ like crazy

impermeabile *m.* raincoat

impiegare to employ, to take (time)

impiegato clerk

impiego job, employment; **domanda d'**~ job application

importante important

impossibile impossible

imprenditore *m.* contractor

impressione *f.* impression

improbabile improbable

improprio, -a improper

improvvisamente suddenly

improvviso: all'~ suddenly

in in, at, to

incidente *m.* accident

inadeguato, -a inadequate

inaspettatamente unexpectedly

incerto, -a uncertain

inchiesta inquiry, poll

incominciare to begin

incontrare to meet; **incontrarsi** to meet each other

incontro meeting, match

incoraggiare to encourage

incuriosire to make curious

indescrivibile indescribable

indire to call

indirizzo address, direction

indovinare to guess

industria industry

industriale *adj.* industrial; *n.* industralist

infelice unhappy

infine finally

infiocchettare to tassel

inflazione *f.* inflation

informare to inform

informazione *f.* information; **mezzi d'**~ news media

infranto, -a shattered

ingegnere *m.* engineer

Inghilterra England

inglese English

ingorgo traffic jam

ingrediente *m.* ingredient

inizio beginning

innalzarsi to rise

innanzitutto first of all

inquinamento pollution

inquinato, -a polluted

insalata salad, lettuce

insegnare to teach

insieme *n. m.* outfit, mass; *adv.* together; ~ **a** together with

insopportabile unbearable

intanto meanwhile

intatto, -a intact

intenso, -a intense

intenzione *f.* intention; **avere** ~ **di** to have in mind, to intend

interessante interesting

interessare to interest

interesse *m.* interest

internamente inside

internazionale international

intervista *f.* interview

intitolare to title

invasione *f.* invasion

invece instead, on the other hand

inverno winter

invidiare to envy
invitare to invite
io I
Irlanda Ireland
iscrizione *f.* registration;
  certificato d'~ registration
  certificate
isola island; **~ pedonale**
  pedestrian area
istituto institute; **~ magistrale**
  elementary teachers' institute
istituzione *f.* institution
italiano, -a Italian
Italia Italy

là there
la the; her
laggiù down there
lago lake
lana wool
lasagna lasagna
lasciare to leave
lattaio milkman
latte *m.* milk
latteria dairy
laurea college graduation
laurearsi to graduate (college)
lavagna chalkboard
lavarsi to get washed
lavorare to work
lavoratore *m.* worker
lavoro work; **contratto di ~**
  work contract
le the, to you, to her, them
legge *f.* law
leggere (letto) to read
lei you, she
lentamente slowly
lettera letter
letterario, -a literary
letteratura literature
lettere: **~ e filosofia** humanities
letto bed; **camera da ~**
  bedroom
lettura reading
lezione *f.* lesson, class

li them
lì there; **lì vicino** near there
libero, -a free
libertà freedom
libraio bookseller
libreria bookstore
libro book
liceo high school; **~ classico**
  classical high school; **~
  scientifico** scientific high
  school
lieto, -a glad; **molto ~ di
  conoscerla** very glad to meet
  you
limonata lemonade
linea *f.* line; **~ aerea** airline
lingua language; **lingue moderne**
  modern languages
liquido, -a liquid
lira lira
Lisbona Lisbon
litigare to quarrel
litro liter
livello level
lo it, the, him
locale local
Londra London
lontano far, distant; **~ da** far
  from
loro you, their, them, to them,
  to you
lotta fight
luglio July
lui he
lunedì Monday
lungo, -a long
luogo place
Lussemburgo Luxemburg

ma but
macchina car; machine; **andare
  in ~** to go by car; **~ da
  scrivere** typewriter
macellaio butcher
macelleria butcher shop

madre *f.* mother
maggio May
maggiore bigger, major, greater,
  older
maggiormente to a great degree
maglia sweater
magnifico, -a magnificent
magro, -a skinny, thin
mai never; **non ... ~** not ...
  ever, never
maiale *m.* pork
male badly; poorly; **fare ~** to
  hurt, harm; **farsi ~** to get hurt
malgrado: **~ che** despite
mamma mom
mancanza lack
mancare to lack
mandare to send; **mandare in
  onda** to show on the air
mangiare to eat
manifestare to manifest
manifestazione *f.* display;
  demonstration
manifesto poster
mano *f.* (*pl.* **mani**) hand
mantenere to keep
marca brand name
mare *m.* sea; **andare al mare** to
  go to the beach, seashore
marito husband
marrone (*invariable*) brown
martedì Tuesday
marzo March
maschera mask, masked
  character
maschio male
massimo, -a maximum
matematica math(ematics)
matita pencil
matrimonio: **annuncio di ~**
  wedding invitation
mattina morning; **di ~** A.M., in
  the morning
me me
meccanico mechanic; **dal ~** at
  the mechanic's

media average;
Medio Evo Middle Ages
medicina medicine
medico (medical) doctor
meglio better, best
mela apple
membro member
meno less, minus; ~ **di** less ...
than; **fare a ~ di** to do
without; **a ~ che** unless
mente *f.* mind; **avere in ~** to
have in mind; **venire in ~** to
come to mind
mentre while
menù *m.* menu
meraviglioso, -a marvelous
mercato market; **a buon ~**
inexpensive; **Mercato comune
europeo** European Common
Market; **ricerca di ~** market
survey
mercoledì Wednesday
meridionale southern
meridione *m.* south
merluzzo cod
mese *m.* month
mestiere *m.* occupation, trade
metalmeccanico metal worker
meteorologico: servizio ~
weather service
metropolitana subway
mettere (messo) to put; **mettersi**
to put on; **mettersi a** to begin
to
mezzanotte *f.* midnight
mezzo, -a half; means; **sono le
dieci e ~** it is half past ten;
mezzi pubblici di trasporto
public transportation; **nel ~ di**
in the middle of
mezzogiorno noon; **Mezzogiorno**
South
mi to me, myself; ~ **chiamo**
my name is
mica: non ... ~ not ... really
miglioramento improvement;

miglioramenti salariali wage
improvements
migliore better, best
milione *m.* million
militare *adj.* military; *m.*
military man
mille one thousand; **millecento**
one thousand one hundred
mio, -a my, mine
minerale mineral
minestra soup
minestrone *m.* vegetable soup
minimamente minimally
minimo, -a minimum
ministro minister; **consiglio dei
ministri** council of ministers;
~ **finanziario** finance minister;
primo ~ prime minister
minore younger
minuto minute; **tra qualche ~**
shortly
misura measure; **misure di
emergenza** emergency
measures
mite mild
moda fashion
modello fashion model; **sfilata
dei modelli** fashion show
moderno -a modern
modesto, -a modest
modificazione *f.* modification,
variation
modo way; **allo stesso ~** in the
same way; **in ~ da** so as; **di ~
che** so that
moglie wife
molto (*invariable*) very; ~ **bene**
very well; **molto, -a** much
momento moment
monarchia monarchy
mondo world
monologo monologue
montagna mountain; **andare in
~** to go to the mountains
monumento monument
morire (morto) to die

mostra exhibition, exhibit
mostrare to show
motivo reason, motive
moto(cicletta) motorcycle
movimento movement; ~
femminista feminist
movement
municipio city hall
muratore *m.* bricklayer
muro (*pl. f.* **mura**) wall
museo museum; **ai Musei
Vaticani** to the Vatican
Museums
musica music
musicale musical

napoletano, -a Neapolitan
narrativa narrative, fiction
nascere (nato) to be born
nascita birth
naso nose
natura nature
naturalmente naturally
nave *f.* ship
nazionale national
nazione *f.* nation
ne of it, of them, some of it,
some of them
né ... né neither ... nor
neanche even; **non ... ~** not ...
even
necessario, -a necessary
negozio store
nemmeno even; **non ... ~** not
... even
neppure even; **non ... ~** not ...
even
nero, -a black
nervoso, -a nervous
nessuno no one, anyone, none;
non ... ~ not ... anyone, any
neve *f.* snow
nevicare to show
niente nothing; **non ... ~** not ...
anything; **non c'è ~ da fare**

there is nothing to do about it;
~ **di speciale** nothing special

noi we

noioso, -a boring, annoying

nome *m.* name, noun

non not; ~ **c'è male** not too
bad; ~ **troppo bene** not too
well

nonna grandmother

nonno grandfather

nono, -a ninth

nonostante che although

nord *m.* north; **nord-est** northeast

nostro, -a our

nota note; ~ **culturale** cultural
note

notare to notice

notevole remarkable

notizia news

notte *f.* night

novantamila ninety thousand

nove nine

novecento nine hundred

novembre *m.* November

novità novelty

nulla nothing, anything; **non ...
~** not ... anything

numero number

numeroso, -a numerous

nuotare to swim

nuovo, -a new; **che cosa c'è di
nuovo?** what's new?

nuvoloso, -a cloudy

o or

obbedire to obey

obbligatorio, -a required;
frequenza obbligatoria required
attendance

occidentale western

occorrere to be necessary

occupazione *f.* occupation

offrire (offerto) to offer

oggi today; ~ **pomeriggio** this
afternoon

ogni every

ognuno everyone

oh oh

Olanda Holland

oliva olive; **olio di** ~ olive oil

olivo olive tree

onda: mandare in ~ to broadcast

onesto, -a honest

opera work

operaio laborer, worker

opinione *f.* opinion; **opinione
pubblica** public opinion

opporsi to oppose, object

opuscolo pamphlet

ora hour; now; **che** ~ **è?** what
time is it? **a che** ~? at what
time? ~ **di punta** rush hour

orario timetable, schedule; ~
scolastico course schedule

orecchio ear

organizzare to organize

organizzazione *f.* organization

originale original

originario, -a original

orizzontale horizontal, across

ormai now, by now

orologio clock, watch

ospedale *m.* hospital

osservare to observe

osteria country restaurant

ottanta eighty

ottavo, -a eighth

ottimismo optimism

ottimo, -a excellent

otto eight

ottobre *m.* October

ottocento eight hundred

ovest *m.* west

pacco package

padre *m.* father

paese *m.* country; town

pagare to pay

paio pair

palazzo building, palace

pallacanestro: giocare a ~ to
play basketball

pallone *m.* ball; **giocare a** ~ to
play soccer

pancetta bacon

panchina (park) bench

pane *m.* bread

panetteria bakery

panettiere *m.* baker

panino sandwich; ~ **al
prosciutto** ham sandwich

panna cream

panorama *m.* view, panorama

pantaloni *m. pl.* pants

papa *m.* pope

papà *m.* dad

paragonare to compare

paragone *m.* comparison

parcheggiare to park

parcheggio parking lot (space)

parco park

parecchi (*f.* **parecchie**) several

parente *m., f.* relative

parere (parso) to seem

parete *f.* (inside) wall

Parigi Paris

parlamento parliament

parlare to speak, talk

parmigiano Parmesan cheese

parola word

parte *f.* role, part; **fare** ~ **di** to
belong; **da** ~ **di** on the part of

partecipare to participate

particolare particular

partire to leave, depart

partita game; ~ **di calcio** soccer
game

partito (political) party

passaggio ride

passaporto passport

passare to pass (by); to spend
(time)

passeggero passenger

passeggiata walk; **fare una** ~ to
take a walk

passo step

pasta macaroni
patata potato
patente *f.*: ~ **di guida** driver's license
pattinare to skate
pattino skate
patrizio, -a patrician
paura fear
pazientemente patiently
pazienza patience; **avere ~** to be patient
pedonale pedestrian
peggio worse *adv.*
peggiore worse *adj.*
pendice *f.* slope
penna pen
pensare to think
pensiero thought; **al solo ~** just at the thought
pepe *m.* pepper
per for, by, through, in order to; **~ favore** please
pera pear
perbacco by Jove
perché because, so that; **perché?** why?
perdere (perso or **perduto)** to lose; to miss
periodo period
permettere to allow, to permit
però but, however
persona person
personale *adj.* personal; *n. m.* personnel
pesca peach, fishing
pesce *m.* fish
pescheria fish market
pescivendolo fish seller, fishmonger
petrolio petroleum
pezzetto small piece
pezzo piece
piacere *m.* pleasure; **per ~** please; **fare un ~** to do a favor; *v.* to like
piacevole pleasant
piano: pian ~ little by little

pianta plant
piatto dish, plate
piazza square, plaza
piazzale *m.* area, courtyard
piccolo, -a small, little
piede *m.* foot; **a piedi** on foot
Piemonte Piedmont
pieno, -a full
pigro, -a lazy
piovere to rain
piscina swimming pool
pittore *m.* painter
pittoresco, -a picturesque
più plus, more; **~ tardi** later; **~ di** more than; **non ... ~** no longer
pizzico pinch
pochi few
poco little; **in ~ tempo** in a short time; **un po'** a little; **tra ~** shortly
poesia poetry; poem
poi then, afterwards
polemica: fare ~ to be controversial
politica politics
politico, -a political
pollo chicken
poltrona armchair
pomeriggio afternoon; **di ~** P.M., in the afternoon; **oggi ~** this afternoon
pomodoro tomato
popolarmente popularly
popolare popular
popolo people
porgere to give, hand
porta door
portare to bring, to take; to wear
Portogallo Portugal
possedere to own
possibile possible
possibilità opportunity; **avere la ~** to have the opportunity
postale postal; **ufficio ~** post office
posto seat, place

potenza power
potere to be able, can, may
povero, -a poor
pranzo dinner; **sala da ~** dining room
pratica practice, paper work
prato field, meadow
precedente preceding
preciso, -a precise
preferibile preferable
preferire to prefer
prego please, you're welcome
preludio prelude
prendere (preso) to have (drink, food), to take
prenotazione *f.* reservation; **ufficio prenotazioni** reservation office
preoccupare to worry; **preoccuparsi** to worry
preparare to set, prepare; **~ la tavola** to set the table; **prepararsi** to get ready
preparazione *f.* preparation
presentare to submit, to introduce, to present
presidente *m.* president
pressione *f.* pressure
prestare to lend
presto early; soon; **un po' ~** a little early, soon
prevalentemente mainly
prevedere (previsto) to expect, to forecast
previsione *f.*: **previsioni del tempo** weather forecast
prezzo price
prima at first; **quanto ~** as soon as possible; **~ di** before; **~ che** before
primavera spring
primo, -a first; **per la prima volta** for the first time
principale main
principalmente mainly; essentially
privato, -a private

probabile probable
probabilmente probably
problema *m.* problem
prodotto product
produrre (prodotto) to produce
produzione *f.* production; ~ **in serie** mass production
professione *f.* profession
professore (male) professor, teacher
professoressa (female) professor, teacher
profondamente soundly
programma *m.* program; **che cos'è in** ~ what are they showing?; **essere in** ~ to be scheduled
programmare to plan
progresso progress
pronto, -a ready; **pronto?** (*on telephone*) hello?
pronuncia pronunciation
proporre (proposto) to propose
proprio, -a one's own; *adv.* really, just
prosciutto ham; **panino al** ~ ham sandwich
proseguire to continue
prossimo, -a next
protesta protest; **in segno di** ~ in sign of protest
provare to try; to try on (clothes)
prudente careful
psicologo psychologist
pubblicamente publicly
pubblico, -a public; **mezzi pubblici di trasporto** public transportation; **giardini pubblici** public garden; **opinione pubblica** public opinion
pulire to clean
punta: ora di ~ rush hour
punto point; **punti cardinali** points of the compass
purché provided that
pure also; **faccia** ~ go ahead
purtroppo unfortunately

quaderno notebook
quadro picture, painting
qualche some; ~ **volta** sometimes
qualcosa something
qualcuno someone
quale which; such as
quando when
quanto how much; ~ **fa 2 più 3?** how much is 2 plus 3?; ~ **prima** as soon as possible; **da** ~ **tempo?** how long; **quanti anni hai?** how old are you?
quantunque although
quaranta forty
quarto quarter; **è l'una e un** ~ it is a quarter past one
quarto, -a fourth
quasi almost
quattordici fourteen
quattro four
quattrocento four hundred
quattromila four thousand
quello, -a that
questionario questionnaire
questo, -a this
quest'ultimo the latter
questura police station
qui here; ~ **vicino** nearby
quindi then, so, therefore
quindici fifteen; **da** ~ **giorni** two weeks
quindicimila fifteen thousand
quinto, -a fifth
quotidiano, -a daily

raccontare to tell
radio *f.* radio
radiologo radiologist
raffinato, -a refined
ragazza girl
ragazzo boy
ragazzone big boy
raggiungere (raggiunto) to reach
ragione *f* reason; **avere** ~ to be right

rallegrare to make happy
rapido (fast) train
rapprendere (rappreso) to set
rappresentante *m., f.* representative
rappresentare to represent
raramente rarely
ravioli kind of pasta stuffed with cheese or meat
reale real
recarsi to go
recente recent
regalo present, gift
regionale: costume ~ regional costume
regista *m., f.* (movie, theater) director
registratore *m.* tape recorder
regnare to reign
regno kingdom
regolarmente regularly
relazione *f.:* **in** ~ **a** in relation to
rendere to return, give back; **rendersi conto** to realize
repubblica republic
residenza *f.* residence
restare to remain, stay
restituire to give back, return
ricco, -a rich
ricerca research; ~ **di mercato** market survey
ricercato, -a sought after
ricetta recipe
ricevere to receive
richiedere to request; to require
ricordare to remember; **ricordarsi** to remember
ridere (riso) to laugh
ridurre to reduce
riempire to fill out
riforma reform
riformare to reform
rigatoni kind of pasta
rimandare to return, send back, to postpone
rimanere (rimasto) to remain
rinascita rebirth

rinascimento Renaissance
ringraziare to thank
rinviare to postpone
ripasso review
riposare to rest
riso rice
risolvere (risolto) to solve
risparmiare to save
rispondere (risposto) to answer, reply
la risposta answer
ristorante *m.* restaurant
risultato result
ritardo delay; **essere in ritardo** to be late
ritenere to think
ritirare to pick up
ritmo rhythm
ritornare to return
ritorno: andata e ~ round trip
riuscire to succeed
rivedere to see again
rivenditore *m.* seller
rivista magazine
romano, -a Roman
romanzo novel
rosa (*invariable*) pink
roseo, -a rosy
rosso, -a red
rumore *m.* noise
russo, -a Russian

sabato Saturday
saggistica non-fiction
sala da pranzo dining room
salariale wage; **i miglioramenti salariali** wage improvements
salato, -a salty
sale *m.* salt
salotto living room
salumeria delicatessen
salumiere *m.* delicatessen seller
salutare to greet, say hello
salutarsi to greet each other
salute *f.* health
salvaguardare to protect

salve hi
santo, -a saint, holy
sapere to know, know how; **lo so** I know it
saporito, -a tasty
sardo: costume sardo Sardinian costume
satira satire
sbalordire to amaze
sbalordito, -a amazed
sbattere to beat
scadenza expiration; **corsi a breve** ~ short-term courses
scampi shrimp
scarpa shoe
scarpone *m.* ski boot
scegliere (scelto) to choose
scendere (sceso) to descend, get off
scheda: ~ **elettorale** voting ballot
scherzare to joke
sci *m.* ski
sciare to ski
scientifico, -a scientific; **liceo** ~ scientific high school
scienza science; **scienze politiche** political science
scioperare to (go on) strike
sciopero strike; ~ **a singhiozzo** work stoppage
scolastico, -a school
sconfitta defeat
scopo purpose
scorso, -a last, past
Scozia Scotland
scritta caption
scrittore *m.* writer
scrivere (scritto) to write; **scriversi** to write to each other
scrupolo scruple
scultore *m.* sculptor
scuola school; ~ **media unica** middle school; ~ **elementare** elementary school
scuro, -a dark; **verde** ~ dark green

scusa excuse
scusare to excuse
sé oneself
se if
sebbene although
secolo century
secondo according to; **secondo, -a** second
sede *f.* seat
sedere to sit; **sedersi** to sit down
sedia chair
sedici sixteen; **alle** ~ at 4 P.M.
segno sign; **in** ~ **di protesta** in sign of protest
segretaria secretary
segreteria registrar's office
seguente following
seguire to follow
sei six
seicento six hundred
seimila six thousand
sembrare to seem
sempre always, still
senato senate
senatore senator
sentimento feeling
sentire to hear; to feel
senza without
sera evening; **di** ~ in the evening, P.M.
serata evening
sereno, -a clear; **è sereno** the sky is clear
serie *f.* series
serio, -a serious; **sul serio** seriously
servire to serve, to need
servizio service; ~ **militare** military service; ~ **meteorologico** weather service
sessanta sixty
sesto, -a sixth
sete *f.* thirst; **avere** ~ to be thirsty
settanta seventy
settantamila seventy thousand

sette *m.* seven; **alle** ~ at seven o'clock

settecentesco, -a eighteenth (century)

settecento seven hundred

settembre *m.* September

settentrionale northern

settentrione *m.* north

settimana week

settimo, -a seventh

settore *m.* sector

sfacciato, -a impudent

sfilata: ~ **dei modelli** fashion show

si himself, herself, themselves, yourself

sì yes

siccome since

sicuro, -a certain, sure

significare to mean

significato meaning

signora Mrs.

signore Mr.

signorina Miss

silenzioso, -a quiet

simile similar

simpatico, -a nice, pleasant, likeable

sincero, -a sincere

sindacato labor union

singhiozzo: sciopero a ~ work stoppage

sinistro, -a left (side)

situato, -a located

situazione *f.* situation

soffriggere (soffritto) to sauté

soffrire (sofferto) to suffer

sogliola sole (fish)

solamente only

soldi *m. pl.* money

sole *m.* sun; **c'è il** ~ it's sunny

solito, -a same old; **più del solito** more than usual; **di solito** habitually

solo only; **non ...** ~ not ... only

solo, -a alone; **da solo (sola)** alone, by oneself

soluzione *f.* solution

sondaggio poll

sorella sister

sorellina little sister

sorprendere to surprise

sorte *f.* fate

sosta stop

sovraffollamento overcrowding

sovraffollato, -a overcrowded

sovrappopolazione *f.* overpopulation

spaghetti: ~ **alla carbonara** spaghetti carbonara style

Spagna Spain

spagnolo, -a Spanish

speciale special

specializzato, -a specialized

specialmente especially

spedire to send, to mail

spendere (speso) to spend (money)

sperare to hope

spesa shopping; **fare le spese (la spesa)** to go shopping

spesso often

spettacolare spectacular

spettacolo show

spiaggia beach

spiegare to explain

spinaci spinach

spirito wit; **fare dello** ~ to be witty

splendido, -a splendid

sport sport; **fare dello** ~ to practice sports

sportivo, -a related to sports

spremuta juice; ~ **d'arancia** orange juice

spuntare to appear

squadra team

stabile stable

stabilimento plant, factory

stabilire to establish

stadio stadium

stagione *f.* season

stamattina this morning

stanco, -a tired

stanza room

stare to be, to stay; ~ **ad aspettare** to be waiting; ~ **per** to be about

stasera this evening, tonight; **a** ~ till this evening

statale state

stato state; **Stati Uniti** United States

stazione *f.* station; ~ **di servizio** service station

stesso, -a same; **allo** ~ **modo** in the same way; **lo** ~ just the same, anyway

stomaco stomach

storia story; history

storico, -a historical

strada street

straniero, -a foreign; **Università per Stranieri** University for Foreigners

strumento instrument

struttura structure

studente *m.* student

studentessa (girl) student

studiare to study

studio study room, study

su on, upon, above

subire to undergo

subito right away

successivo, -a following

successo success

sud *m.* south

suggerire to suggest

suo, -a his, her, your

suonare to play (an instrument), to blow (a horn)

svegliare to awaken; **svegliarsi** to wake up

svendita sale: **in** ~ on sale

sviluppare to develop

sviluppo *m.* development

Svizzera Switzerland

svolgere to do, develop

tabellone *m.* board

tagliare to cut

tale   such
talvolta   sometimes
tardi   late; **più** ~   later
tardo, -a   late; **tarda sera**   late evening
tavola: preparare la ~   to set the table
tavolo   table
tazzina   small cup, demitasse
tè   tea; ~ **freddo**   iced tea
teatro   theater
tecnologia   technology
tedesco, -a   German
teglia   pan
telefonare   to telephone
telefonata   telephone call; **fare una** ~   to make a phone call
telefonico, -a   telephone
telefono   telephone
televisione *f.*   television
televisore *m.*   television set
temere   to fear
tempaccio   very bad weather
temperatura   temperature
tempo   time; weather; **allo stesso** ~   at the same time; **in poco** ~ in a short time; **da quanto** ~? how long?; **a** ~ **pieno**   full time; **che** ~ **fa?**   how is the weather?; **fa bel** ~   the weather is nice; **fa cattivo** ~   the weather is bad
tenere   to keep, to hold
tennis: giocare a ~   to play tennis
tentativo   attempt
teoria   theory
terzo, -a   third
testa   head
Tevere   Tiber (River)
ti   you, yourself, to you
tifo   rooting
tifoso   fan
timido, -a   shy
tipico, -a   typical
tipo   type
tirare   to blow; **tira vento**   it's windy

tornare   to return
torpedone *m.*   motorcoach
Toscana   Tuscany
totale   total
tovaglia   tablecloth
tovagliolo   napkin
tra   between, among; ~ **l'altro** besides; ~ **poco**   shortly
traccia (*pl.* **tracce**)   trace
tram   trolley
tranquillo, -a   tranquil
trasmissione *f.*   program
trasportare   to transport
trattare (di)   to be about, to deal with
trattarsi   to be about
trattativa   negotiation
trattato   treaty
tre   three
trecento   three hundred
tredicesimo, -a   thirteenth
tredici   thirteen
tremila   three thousand
treno   train; **in** ~   by train
trenta   thirty
trentuno   thirty-one
triste   sad
tristemente   sadly
troppo   too; **non** ~ **bene**   not too well; **troppo, -a**   too much
trovare   to find; **trovarsi**   to find oneself
tu   you
tuo, -a   your
turismo   tourism
turistico, -a   tourist
turno: ~ **di lavoro**   work shift
tutto, -a   all, whole; **tutti** everyone

uccello   bird
ufficio   office; ~ **postale**   post office; ~ **prenotazioni** reservation office
ultimo, -a   last; **quest'**~   the latter

umanità   humanity
umano, -a   human
Umbria   (a region of Italy)
umbro, -a   Umbrian
un, un', una, uno   a, an
undicesimo, -a   eleventh
undici   eleven
unione *f.*   union
unirsi   to unite
università   university
universitario, -a   university
uno   one
uomo (*pl.* **uomini**)   man
uovo (*f. pl.* **uova**)   egg
urbanistico, -a   urban
usare   to use
uscire   to go out, to leave
uscita   exit; **senza via d'**~ without a way out
uso   use
utile   useful
uva   grape

va bene   fine, OK
vacanza   vacation, holiday
valigia   suitcase
valle *f.*   valley
vecchio, -a   old
vedere (visto)   to see
vedersi   to see each other
velluto   velvet
velocemente   rapidly
vendere   to sell
vendita   sale
venerdì   Friday
venire (venuto)   to come; ~ **alla mente**   to come to mind
ventesimo, -a   twentieth
venti   twenty
ventiduesimo, -a   twenty-second
ventitreesimo, -a   twenty-third
vento   wind; **tira vento**   it's windy
ventotto   twenty-eight
ventunesimo, -a   twenty-first
ventuno   twenty-one

veramente really, truly
verbo verb
verde green; ~ **scuro** dark green
verdura vegetables, greens
vero, -a real, true; **non è vero?** isn't it true?
versare to pour
verso toward
verticale vertical, down
vestiario clothing
vestirsi to get dressed
vestito dress, suit
vetro glass
vi you, yourself, to you, to it; there
via street; ~ **d'uscita** way out
viaggiare to travel
viaggio travel, trip; **buon** ~ have a good trip
vicinanza neighborhood

vicino near; **lì** ~ near there; ~ **a** near to; ~ **di casa** neighbor
vigile *m.* policeman
vigneto vineyard
vigore: in ~ into force, into effect
villa elegant house
villeggiatura vacation, resort
vino wine
visita visit; **fare una** ~ to pay a visit, visit
visitare to visit
vista: in ~ **di** in view of
vita life
vite *f.* vine
vitello veal
vittima victim
vivere (vissuto) to live
vocabolario vocabulary
voi you

volentieri certainly, gladly
volere to want
volo flight
volta time (in sequence); **qualche** ~ sometimes; **per la prima** ~ for the first time; **una** ~ **per tutte** once and for all
volume *m.* volume
vongola clam
vostro, -a your
votare to vote
voto vote

zero zero
zia aunt
zio (*pl.* **zii**) uncle
zona zone
zucchero sugar

English-Italian vocabulary

The following vocabulary list contains most of the words and expressions needed for the English-to-Italian translation exercises provided in each *Ripasso*. It also contains many basic words and expressions that you may wish to use in preparing guided oral and written compositions. A tilde (~) is used to indicate repetition of a main entry; for example, **be** ~ under **afraid** means **be afraid.**
Abbreviations:

n. = noun	*pl.* = plural	*adv.* = adverb
f. = feminine	*pron.* = pronoun	*v.* = verb
m. = masculine	*adj.* = adjective	*inf.* = infinitive

able: be ~   potere
about   circa, di
abroad   all'estero
absolutely   assolutamente
absurd   assurdo, -a
acceptable   accettabile
according to   secondo
active   attivo, -a
address   l'indirizzo
adequate   adeguato, -a
advise   consigliare
affectionately   con affetto
afraid: be ~   avere paura
after   dopo
afternoon: tomorrow ~   domani
   pomeriggio; **this** ~   questo
   pomeriggio
again   di nuovo
against   contro
agree   essere d'accordo
agreed   d'accordo
airplane   l'aereo
airport   l'aeroporto
all   tutto, -a; *pl.* tutti, -e; ~
   afternoon   tutto il pomeriggio
allow   permettere

almost   quasi
alone   solo, -a
along: ~ **the river**   lungo il fiume
already   già
also   anche
although   benché, sebbene,
   quantunque, nonostante che
always   sempre
amaze   sbalordire
among   fra
amusing   divertente
analyze   analizzare
ancient   antico, -a
and   e (ed *before a vowel*)
angry   arrabbiato, -a
annoying   noioso, -a
another   altro, -a
answer   rispondere; *n.* risposta
anxiously   con ansia
anyway   lo stesso
apéritif   l'aperitivo
apple   la mela
appliances   gli elettrodomestici
   m. pl.
application   l'applicazione *f.*
appointment   l'appuntamento

approach   avvicinarsi
April   aprile *m.*
arch   l'arco
archaeological   archeologico, -a
architectural   architettonico, -a
area   la zona
arm   il braccio; *pl.* le braccia
armchair   la poltrona
around   (andare) in giro per
arrive   arrivare
art   l'arte *f.*
as   come; **as ... as**   tanto ...
   quanto; così ... come
ask (for)   chiedere
asleep: to fall ~   addormentarsi
at   in, a; ~ **(Mario's)**   da (Mario)
attempt   il tentativo
attend   frequentare
attention   l'attenzione *f.*; **pay** ~
   fare attenzione (a)
attentively   attentamente
attribute   attribuire
August   agosto
aunt   la zia
author   l'autore *m.*
authority   l'autorità

automobile la macchina, l'automobile *f.*, l'auto
autumn l'autunno; **in** ~ in autunno
avoid evitare
awaken svegliare

bacon la pancetta
bad cattivo, -a; **not too** ~ non c'è male
baker il panettiere, la panettiera
bakery la panetteria
ball il pallone
bank la banca
banner la bandiera
basketball la pallacanestro
be essere; stare; ~ **able to** potere
beat sbattere
beautiful bello, -a; **very** ~ bellissimo, -a
beauty la bellezza
because perché; ~ **of** a causa di
become diventare
bed il letto
bedroom la stanza, la camera da letto
before prima che, prima di
begin incominciare; ~ **to** mettersi a + *inf.*
believe credere
belong fare parte di
bench la panchina
besides tra l'altro
better migliore
between tra
bicycle la bicicletta
big grande
bill il conto
bird l'uccello
birthday il compleanno
black nero, -a
blackboard la lavagna
blond biondo, -a

blow (the horn) suonare (il clacson)
blue blu (*invariable*); **sky** ~ azzuro, -a
board il tabellone
boat la barca
body il corpo
book il libro
bookseller il libraio, la libraia
bookstore la libreria
booth la bancarella
border *v.* confinare
born: be ~ nascere
both entrambi, -e
bottle la bottiglia
boy (small) il bambino
bread il pane
breakfast: to have ~ fare colazione
bring portare
broadcast mandare in onda
brochure l'opuscolo
brother il fratello
brown castano, -a; marrone (*invariable*)
building il palazzo, l'edificio
bureaucracy la burocrazia
bus l'autobus *m.*
business person il/la commerciante
but ma
butter il burro
buy comprare, acquistare

café il bar
calculator la calcolatrice
calendar il calendario
call chiamare
called: be ~ chiamarsi
calm calmo, -a
campaign la campagna
can potere
capital la capitale

car l'auto; la macchina, l'automobile *f.*
card (postcard) la cartolina
carefully con attenzione
carriage il carrello
cashier la cassiera
casual casuale
cease cessare
census il censimento
centigrade centigrado, -a
century il secolo
certain certo, -a
certainly certamente
chair la sedia
chalk: a piece of ~ un pezzo di gesso
chance: by ~ per caso
change cambiare
chaos il caos
cheap a buon mercato
check il conto
cheerful allegro, -a
cheese il formaggio
chemistry la chimica
chicken il pollo
children i figli
choose scegliere
church la chiesa
city la città; ~ **hall** il comune della città
clam la vongola
class: let's go to ~ andiamo a lezione
classroom l'aula
clean pulire
clear: it's ~ è sereno
clearly chiaramente
clerk l'impiegato, l'impiegata
climate il clima
clock l'orologio
close *v.* chiudere
closed fermo, -a
clothing il vestiario
cloudy: it's ~ è nuvoloso
coat il cappotto

coffee il caffé; ~ **with cream** il cappuccino
cold: it's ~ fa freddo
color il colore *m.*
come venire; ~ **by (to) your house** venire da te
comfortable comodo, -a
complicated complicato, -a
compromise il compromesso
concrete concreto, -a
conductor il/la conducente
confusion la confusione
congratulations complimenti!
consider considerare
contact il contatto
contemporary contemporaneo, -a
continue continuare
continuous continuo, -a
contract il contratto
contribute contribuire
controversial: be ~ fare polemica
conversation la conversazione
cook *v.* cucinare
cool: it's ~ fa fresco
cost *v.* costare; ~ **of living** il carovita
couch il divano
country il paese *m.*; campagna; **to go to the** ~ andare in campagna
course il corso; **of** ~ naturalmente, certamente, certo
cousin il cugino, la cugina
crisis la crisi
criticism la critica
cultivation la coltivazione
curious curioso, -a
cynical cinico, -a

daily quotidiano, -a
dance il ballo; *v.* ballare
date la data
daughter la figlia
day il giorno; la giornata; **every** ~ ogni giorno

dear caro, -a
December dicembre *m.*
decide decidere
decorate abbellire
dedicate dedicare
delay il ritardo
delicatessen la salumeria
delicious delizioso, -a
demonstration la manifestazione
dentist il/la dentista
department (university) la facoltà
departure la partenza
depth: in ~ a fondo
descend scendere
describe descrivere
desire desiderare
desk: teacher's ~ la cattedra; **student's** ~ banco
dessert il dolce
develop sviluppare, svolgere
dial: ~ **a number** fare il numero
dictionary il dizionario
die morire
different diverso, -a
difficult difficile
difficulty la difficoltà
dinner il pranzo
dining room la sala da pranzo
direction direttiva
directly direttamente
director: film ~ il/la regista
disagreeable antipatico
discomfort il disagio
discuss discutere; ~ **politics** discutere di politica
discussion il diabattito
dish il piatto
display la manifestazione; *v.* manifestare
do fare, svolgere; ~ **a favor** fare un piacere
doctor il medico; il dottore, la dottoressa
dog il cane
dominating dominante
door la porta

doubt dubitare
down giù
drama il dramma
dress il vestito; *v.* vestirsi
dressed: get ~ vestirsi
drink la bevanda; *v.* bere
drive *v.* guidare

each ogni; ~ **one** ognuno, -a
eagerly con ansia
ear l'orecchio
easily facilmente
east l'est *m.*
easy facile
eat mangiare
ecological ecologico, -a
ecology l'ecologia
economic economico, -a
efficient efficace
egg l'uovo *m.*; le uova *pl.*
eight otto
elect eleggere
election l'elezione *f.*
electoral elettorale
elegant elegante
elegantly elegantemente
emigration l'emigrazione *f.*
employ impiegare
end: at the ~ alla fine
energetic energico, -a
English inglese
enjoy oneself divertirsi
enormous enorme
enough abbastanza
enter entrare
environment l'ambiente *m.*
envy invidiare
eraser la gomma; **chalk** ~ il cancellino
establish stabilire
European europeo, -a
even: ~ **though** benché, sebbene, quantunque, nonostante che
evening la sera; **in the** ~ di sera

every ogni
everybody tutti
everyone tutti
everything tutto, -a
everywhere dappertutto
evident evidente
exact preciso, -a
excuse la scusa; *v.* ~ **me** scusa; (*formal*) scusi
executive il/la dirigente
exhibit la mostra
exhibition la mostra
expect prevedere
expert l'esperto
explain spiegare
eye l'occhio

face la faccia
fact il fatto
factory la fabbrica
fall l'autunno; la caduta; *v.* cadere
family la famiglia; **head of the** ~ il capofamiglia
famous famoso, -a
fan (*sports*) il tifoso
far lontano, -a
farmer il contadino, la contadina
fashion la moda; ~ **show** la sfilata dei modelli
fast: too ~ troppo in fretta, troppo velocemente
fat grasso, -a
father il padre
fault la colpa
favor: do a ~ fare un favore
favorable favorevole
fear la paura; *v.* temere
February febbraio
feel sentire; sentirsi
feeling il sentimento
few pochi, -e; **a** ~ alcuni, -e
field il prato
fight la lotta
fill: ~ **out** riempire

final finale
finally finalmente
find trovare; ~ **oneself** trovarsi
fine bene; d'accordo
finger il dito; *pl.* le dita
finish finire
firm la ditta
first: ~ **of all** innanzitutto
fish il pesce; ~ **market** la pescheria
fixed fissato, -a
flag la bandiera
flight il volo
flower il fiore
follow seguire
following successivo, -a; seguente
food il cibo
foot il piede
for per
forecast prevedere *v.*
foreigner lo straniero, la straniera
forget dimenticare, dimenticarsi
fork la forchetta
fortunately per fortuna
free libero, -a
Friday venerdì *m.*
friend l'amico, l'amica
from da
front: in ~ **of** davanti a, di fronte a
fruit la frutta; ~ **shop** la frutteria
full pieno, -a
furniture l'arredamento
future il futuro

game la partita
garage il garage
garden il giardino
gas station la stazione di servizio
gasoline la benzina
general generale
geography la geografia

get prendere; ~ **hurt** farsi male; ~ **off** scendere; ~ **up** alzarsi; ~ **ready (to, for)** prepararsi (per)
gift il regalo
girl la ragazza, la giovane; **small** ~ la bambina
give dare; ~ **back** restituire
glad: very ~ **to meet you** (*fam.*) molto lieto di conoscerti
glass il bicchiere
gloves i guanti *m. pl.*
go andare, recarsi; ~ **around** andare in giro; ~ **on foot** andare a piedi; ~ **out** uscire
good buono, -a
good-looking bello, -a
government il governo
graduate il diplomato; *v.* laurearsi
grandfather il nonno
grandmother la nonna
grape l'uva
grass l'erba
gray grigio, -a
greater maggiore
green verde
greet salutare; ~ **each other** salutarsi
grocer il droghiere; ~ **shop** la drogheria
group: pressure ~ il gruppo di pressione

hair i capelli *m. pl.*
half: in ~ **an hour** in mezz'ora
hand la mano (*irreg. pl.* le mani); **on the other** ~ invece
happy felice, contento
harm il danno
haste: in great ~ in fretta e furia
hat il cappello
have avere; ~ (**food, drink**) prendere; **to** ~ **to** dovere; ~ **lunch** fare colazione

head   la testa
health   la salute
hear   sentire
height   l'altura
hello   ciao, salve; hello? (on phone) pronto?
help   l'aiuto; v. aiutare; ~ **each other**   aiutarsi
here   qui; ecco
hi   ciao
high school   il liceo
highway   l'autostrada
hill   il colle
home: at ~   a casa
homework   i compiti m. pl.
hope   sperare
horn   il clacson
horseback: go ~ riding   andare a cavallo
hospital   l'ospedale
hot: it's ~   fa caldo
hotel   l'albergo
hour   l'ora; **rush ~**   l'ora di punta; **in half an ~**   in mezz'ora
house   la casa; la villa
how?   come?; ~ **are you?**   come stai?; ~ **much?**   quanto, -a? ~ **many?**   quanti, -e
however   però
hug   l'abbraccio
human   umano, -a
hungry: be ~   avere fame
hurry   affrettarsi; **in such a ~**   così in fretta; **be in a ~**   avere fretta
hurt   fare male; **get ~**   farsi male
husband   il marito

ice cream   il gelato
idea   l'idea; **good ~**   buona idea
identity card   la carta d'identità
if   se
immediately   immediatamente, subito

important   importante
impossible   impossibile
impression   l'impressione f.
improper   improprio, -a
in   in, a
inadequate   inadeguato, -a
inconvenience   il contrattempo
increase   l'aumento; v. aumentare
indescribable   indescrivibile
inexpensive   a buon mercato
inform   avvisare, informare
individual   singolo, -a
industry   l'industria
inflation   l'inflazione f.
ingredient   l'ingrediente m.
inquiry   l'inchiesta
instead   invece
institution   l'istituzione f.
instrument   lo strumento
intelligent   intelligente
intend: ~ to   avere intenzione di, pensare di
intense   intenso, -a
interest   l'interesse m.; v. interessare
interesting   interessante
international   internazionale
interview   l'intervista
introduce   presentare
investigation   l'inchiesta
invite   invitare
Italian   italiano, -a
Italy   l'Italia

jacket   la giacca
January   gennaio
joke   scherzare
July   luglio
June   giugno
just   giusto, -a; adv. appunto; proprio; appena; ~ **the same**   lo stesso; **I ~ don't understand**   non capisco proprio

keep   mantenere
kind   gentile
king   il re
kingdom   il regno
kitchen   la cucina
knee   il ginocchio
knife   il coltello
know   conoscere, sapere; **I ~**   lo so

laborer   l'operaio
lack   la mancanza
lacking: be ~   mancare
lake   il lago
lamb   l'agnello
language   la lingua; **modern ~s**   le lingue moderne
last   scorso, -a
late: be ~   essere in ritardo
later   più tardi
latter: the ~   quest'ultimo, -a
law school   la facoltà di legge
leave   partire; andare; ~ **(something)**   lasciare
lecture   la conferenza
left   sinistro, -a
leg   la gamba
lemonade   la limonata
lend   prestare
less   meno; ~ **... than**   meno ... di
lesson   la lezione
letter   la lettera
library   la biblioteca
license: driver's ~   la patente di guida
life   la vita
like   come; v. piacere; **I ~**   mi piace (+ sg. noun); mi piacciono (+ pl. noun); **I'd ~**   vorrei; **would you ~?**   vorresti?
likeable   simpatico, -a
line   la fila; la linea
listen (to)   ascoltare
literature   la letteratura

little piccolo, -a; ~ **by** ~ pian piano
live abitare; vivere
living room il salotto
loan prestare
local locale
located situato, -a
lodge alloggiare v.
long lungo, -a; **how** ~? da quanto tempo?
look guardare; ~ **for** cercare; ~ **out** affacciarsi (a); ~ **at** guardare
lose perdere
lot: a ~ **of time** molto tempo
love amare; **I'd** ~ **to** volentieri
luck la fortuna; **bad** ~ la sfortuna
lucky fortunato, -a
luggage il bagaglio

magazine la rivista
magnificent magnifico, -a
mail spedire
maintain mantenere
major maggiore
make fare
man l'uomo; pl. gli uomini
many molti, -e; **too** ~ troppi, -e
map la carta geografica
March marzo
market il mercato
mathematics la matematica
May maggio
maybe forse
meadow il prato
mean significare
means il mezzo
meantime: in the ~ nel frattempo
meat la carne
mechanic il meccanico
media i mezzi d'informazione
meet incontrare; conoscere; ~

(each other) incontrarsi; **very glad to** ~ **you** (fam.) molto lieto di conoscerti
meeting l'incontro
midnight la mezzanotte
milk il latte
mind: have in ~ avere in mente
moment il momento
Monday lunedì m.
money i soldi m. pl.
month il mese
monument il monumento
more: ~ **than** più di; **any** ~ non ... più
morning la mattina; **this** ~ stamattina
mother la madre
motorcycle la motocicletta
movement: feminist ~ il movimento femminista
mountain la montagna
mouth la bocca
much molto, -a; **too** ~ troppo, -a
museum il museo
musical musicale
must dovere

name: last ~ il cognome; **my** ~ **is** mi chiamo
napkin il tovagliolo
national nazionale
nature la natura
near vicino a; ~ **there** lì vicino
need avere bisogno di
neighbor il vicino (la vicina) di casa
neither ... nor non ... né ... né
nervous nervoso, -a
never non ... mai
new nuovo, -a; **what's** ~? cosa fai di bello?
news la notizia
newspaper il giornale

newsvendor il giornalaio
next prossimo, -a; ~ **to** vicino a
nice simpatico, -a
night la sera; **good** ~ buona sera
no nessun(o), nessuna: ~ **longer** non ... più; ~ **more** non ... più; ~ **one** non ... nessuno
noise il rumore
none nessun(o), nessuna
noon il mezzogiorno
north il nord
northeast il nord-est
northwest il nord-ovest
nose il naso
not: ~ **at all** non ... affatto; ~ **even** non ... neanche, non ... nemmeno; ~ **yet** non ... ancora
notebook il quaderno
nothing non ... niente, non ... nulla
novel il romanzo
November novembre m.
now adesso, ora; **by** ~ ormai
number il numero; **a great** ~ **of** molti, -e, un gran numero di
numerous numeroso, -a

obey obbedire
object opporsi
October ottobre m.
of di
often spesso
oil il petrolio; l'olio (food)
offer offrire
OK va bene
old vecchio, -a; **how** ~ **are you?** quanti anni ha? **the oldest** il/la maggiore
on su
once: ~ **and for all** una volta per tutte
one un, un', una, uno

only   solo, solamente
open   aprire
opportunity   la possibilità
optimism   l'ottimismo
orange   l'arancia; (*color*)
   arancione (*invariable*); ~ **juice**
   la spremuta d'arancia; ~ **soda**
   l'aranciata
order: in ~ **to**   affinché, di modo
   che
organize   organizzare
original   originale
other   altro, -a
otherwise   altrimenti
outfit   l'insieme *m.*
overcoat   il cappotto

pack: ~ **one's suitcases**   fare le
   valigie
package   il pacco
pair   il paio
painting   il quadro
pants   i pantaloni *m. pl.*
piece: ~ **of paper**   il foglio di
   carta
parents   i genitori *m. pl.*
park   il parco; *v.* parcheggiare
parking   il parcheggio
part   la parte
participate   partecipare
particular   particolare
party   la festa; (**political**) ~   il
   partito
pass   passare
passenger   il passeggero
passport   il passaporto
past   scorso, -a
patience   la pazienza
patient: be ~   avere pazienza
patiently   pazientemente
peaceful   tranquillo, -a
peach   la pesca
pear   la pera
pen   la penna
pencil   la matita
people   la gente

pepper   il pepe
performance   lo spettacolo
perhaps   forse
period   il periodo
person   la persona; **young** ~
   il/la giovane
petition   la domanda
pharmacist   il/ farmacista
pharmacy   la farmacia
physics   la fisica
phone   il telefono; **make a** ~ **call**
   fare una telefonata
pick: ~ **up**   ritirare
picture   il quadro
picturesque   pittoresco, -a
pink   rosa (*invariable*)
place   il posto; il luogo; **in** ~ **of**
   al posto di; *v.* mettere
plant   la pianta
plate   il piatto
play   la commedia; il dramma; *v.*
   ~ **(an instrument)**   suonare; ~
   a game   giocare
plaza   la piazza
pleasant   piacevole
please   per favore; per piacere
pleasure   il piacere
pocketbook   la borsa
poetry   la poesia
points: ~ **of the compass**   i punti
   cardinali *m. pl.*
political   politico; ~ **science**   le
   scienze politiche
politics   la politica
poll   il sondaggio
polluted   inquinato, -a
pollution   l'inquinamento
pool: swimming ~   la piscina
poor   povero, -a
popular   popolare
popularly   popolarmente
pork   il maiale
porter   il facchino
possible   possibile
postcard   la cartolina
post office   l'ufficio postale
postpone   rinviare; rimandare

postwar period   il dopoguerra
potato   la patata
pour   versare
power   la potenza
precise   preciso, -a
prefer   preferire
preparation   la preparazione
president   il presidente, la
   presidentessa
price   il prezzo
private   privato, -a
probably   probabilmente
production   la produzione; **mass**
   ~   la produzione in serie
program   il programma, la
   trasmissione
progress   il progresso
propose   proporre
protect   salvaguardare
provided: ~ **that**   purché
public garden   i giardini pubblici
   m. pl.
put   mettere; ~ **on clothing**
   mettersi

quarrel   litigare
quarter   un quarto
question: ask a ~   fare una
   domanda
questionnaire   il questionario
quite: ~ **well**   abbastanza bene

radio   la radio
railroad   ferroviario, -a
raincoat   l'impermeabile *m.*
raining: it's ~   piove
rarely   raramente
read   leggere
ready   pronto, -a; **get** ~ **to (for)**
   prepararsi (per)
real   reale; vero, -a
realize   rendersi conto (di)
really   proprio; davvero;
   veramente

reason: for that (this) ~ per questo motivo
receive ricevere
recent recente
recipe la ricetta
record il disco
red rosso, -a
reform la riforma
refrigerator il frigorifero
registrar: ~'s office la segreteria
regularly regolarmente
relationship il rapporto
relatives i parenti *m. pl.*
remain restare
remember ricordarsi
reporter: news ~ l'annunciatore *m.*
representative il/la rappresentante
republic la repubblica
request la domanda; *v.* richiedere
required obbligatorio, -a
reservation la prenotazione; **~ office** l'ufficio prenotazioni
residence la residenza
respond rispondere
restaurant il ristorante
result il risultato
return ritornare, tornare; **~ home** tornare a casa; **~ (something)** rimandare
rice il riso
rich ricco, -a
ride: give a ~ dare un passaggio; **~ in a car** andare in macchina
right: be ~ avere ragione; **is that all ~?** va bene?; **~ away** subito; **~ side** destro, -a
rise innalzarsi
river il fiume
Roman romano, -a
room la stanza
rosy roseo, -a

sad triste
sailing: go ~ andare in barca

salad l'insalata
sale la svendita, la vendita; **on ~** in svendita
salt il sale
same stesso, -a
sandwich: ham ~ il panino al prosciutto
Saturday sabato
save risparmiare
say dire
sea il mare
seashore: go to the ~ andare al mare
season la stagione
seat il posto, la sede
second secondo, -a
secure sicuro, -a
see vedere; **~ each other** vedersi
seem parere, sembrare
sell vendere
senate il senato
send mandare, spedire
September settembre
series la serie
serious grave
serve servire
service il servizio
set: ~ out mettersi
several parecchi, parecchie
ship la nave
shirt la camicia
shoes le scarpe *f. pl.*
shopping: go ~ fare le spese, fare la spesa
short basso, -a
shortly tra poco
show lo spettacolo; *v.* mostrare
shower: take a ~ fare/farsi la doccia
shrimp gli scampi
shy timido, -a
signature la firma
since siccome
sing cantare
sister la sorella
sit sedere

skate (ice) pattinare
ski lo sci; *v.* sciare
skirt la gonna
sky il cielo
sleep dormire
small piccolo, -a
snow la neve; **snowing: it's ~** nevica
so così, quindi; **~ long** ciao
soccer: play ~ giocare a pallone; **~ game** la partita di calcio
socks i calzini *m. pl.*
solution la soluzione
solve risolvere
some alcuni (-e), qualche, un po'di
someone qualcuno, -a
something qualcosa, qualche cosa
sometimes qualche volta, talvolta
son il figlio
song la canzone
soon presto; subito; **as ~ as** appena; **as ~ as possible** quanto prima; **sooner** prima
sorry! mi dispiace!
soup la minestra
south il sud
southeast il sud-est
southwest il sud-ovest
spaghetti gli spaghetti
speak parlare
special speciale, particolare; **nothing ~** niente di speciale
spectacular spettacolare
spend passare (time); spendere (money)
spinach gli spinaci
splendid splendido, -a
spoon il cucchiaio
sport sportivo, -a; lo sport; **~ coat** la giacca
spring la primavera; **in ~** a primavera
square la piazza
stadium lo stadio

stall la bancarella
start incominciare; ~ **to** mettersi a + *inf.*
state lo stato
station la stazione
statue la statua
stay stare
steak la bistecca
still ancora; sempre
stockings le calze *f. pl.*
stomach lo stomaco
stop la fermata; *v.* fermarsi
store il negozio
story la storia
street la strada
strike lo sciopero; *v.* colpire; scioperare
strong forte
student lo studente/la studentessa
study lo studio; *v.* studiare
subway la metropolitana
succeed riuscire
success il successo
suddenly all'improvviso
suffer soffrire
sugar lo zucchero
suggest suggerire
suggestion il suggerimento
suit il vestito
suitcase la valigia
summer l'estate *f.*; in ~ d'estate; *adj.* estivo, -a
Sunday domenica
sunny: it's ~ c'è il sole
sure sicuro, -a
surround circondare
survey il sondaggio
sweater la maglia
swim nuotare

table il tavolo, la tavola
tablecloth la tovaglia
take prendere; ~ **a bath** fare/farsi il bagno; ~ **a trip** fare

una gita; ~ **a walk** fare una passeggiata
talk parlare
tall alto, -a
tape recorder il registratore
taxi il tassì
tea: iced ~ il tè freddo
teach insegnare
teacher il professore, la professoressa
team la squadra
technology la tecnologia
telephone il telefono
television la televisione; ~ **set** il televisore; ~ **newscast** il telegiornale
tell dire
tennis il tennis
thank ringraziare; ~ **you** grazie
that che; quel(lo), -a
theater il teatro
then allora; quindi; poi
theory la teoria
there là; ci; ~ **is** c'è; ~ **are** ci sono
therefore quindi
thin magro, -a
thing la cosa
think pensare; credere
third terzo, -a
thirsty: be ~ avere sete
this questo, -a; ciò
Thursday giovedì *m.*
ticket il biglietto; ~ **office** la biglietteria
tie la cravatta
time il tempo; **(at) what** ~? a che ora?; **for a long** ~ per molto tempo; **full** ~ a tempo pieno; **have a good** ~ divertirsi
tired stanco, -a
to a (ad *before a vowel*)
today oggi
together insieme
token (telephone) il gettone

tomato il pomodoro
tomorrow domani; ~ **morning** domattina; ~ **afternoon** domani pomeriggio; **day after** ~ dopodomani
too anche; ~ **far** troppo lontano; ~ **fast** troppo in fretta
tooth il dente
total totale
tourism il turismo
tourist turistico, -a; *n.* il/la turista
toward verso
town il paese
traffic il traffico; ~ **jam** l'ingorgo
train il treno; ~ **track** il binario
transport trasportare
transportation: public ~ i mezzi pubblici *m. pl.*
travel il viaggio; ~ **agency** agenzia di viaggi *v.* viaggiare
tree l'albero
trip il viaggio; la gita; **take a** ~ fare una gita (un viaggio); **have a good** ~! buon viaggio!
trolley il tram
truck l'autocarro
true vero, -a
try provare
Tuesday martedì *m.*
typewriter la macchina da scrivere

ugly brutto, -a
unbearable insopportabile
uncertain incerto, -a
uncle lo zio
understand capire
unemployment la disoccupazione
unexpectedly inaspettatamente, improvvisamente
unfortunately purtroppo
unhappy infelice

union: labor ~   il sindacato
university   l'università; ~
  department   la facoltà
unknown   sconosciuto, -a
unless   a meno che
unlucky   sfortunato, -a
until: ~ **now**   finora
use   usare; **be of** ~   servire; **get
  used to**   abituarsi (a)
useful   utile
useless   inutile
usual   solito, -a; **as** ~
  regolarmente

vacation   la vacanza; **on** ~   in
  vacanza
valley   la valle
veal   il vitello
vegetable   verdura; ~ **soup**   il
  minestrone
velvet   il velluto
very   molto
victim   la vittima
vine   la vite
visit: (pay a) ~   fare una visita
volume   il volume
vote   il voto; *v.* votare

wait   aspettare
waiter   il cameriere, la cameriera
wake up   svegliarsi
walk   *v.* camminare; *n.* la
  passeggiata

wall (inside)   la parete
want   desiderare; volere
wash   lavare; ~ **oneself**   lavarsi
wastebasket   il cestino
watch: ~ **television**   guardare la
  televisione
way: in the same ~   allo stesso
  modo
weather: it's nice ~   fa bel
  tempo; **it's terrible** ~   fa
  cattivo tempo
Wednesday   mercoledì *m.*
week   la settimana
weekend   il fine-settimana
well   bene; **not too** ~   non
  troppo bene; **very** ~
  benissimo
west   ovest *m.*
what?   (che) cosa? che?; **what's it
  about?**   di che cosa si tratta?;
  rel pron. quello che; ~ **a girl!**
  che ragazza!
wheat   il grano
when?   quando?
where?   dove?
which?   che?; qual, -e? *pl.* quali?
while   mentre
whistle   fischiare
white   bianco, -a
who?   che? chi? ~ **else?**   chi
  altro?
whom?   chi? **with** ~?   con cui?
whose?   di chi?
why?   perché?
wide   ampio, -a
wife   la moglie

window   la finestra
windy: it's ~   tira vento
wine   il vino
winter   l'inverno; **in** ~
  d'inverno
wish   desiderare
with   con
without   senza (che)
witty: be ~   fare dello spirito
woman   la donna
wonder   chiedersi
wool   la lana
work   il lavoro; l'opera; *v.*
  lavorare
worker   il lavoratore/la
  lavoratrice
world   il mondo
worry   preoccupare; preoccuparsi
worse   peggio
write   scrivere; ~ **to each other**
  scriversi
writer   lo scrittore/la scrittrice

year   l'anno *m.*; **this** ~
  quest'anno
yellow   giallo, -a
yes   sì
yesterday   ieri
yet   ancora
young: ~ **person**   il/la giovane

zone   la zona

INDEX

Credits

<small>ART</small>: George Ulrich

<small>MAP</small>: Dick Sanderson

Cover Photo by Ted Spiegel/Black Star

1. Carol Palmer/Andy Brilliant; **2.** Photo Researchers, Inc./J. Pavlosky/Rapho; **4.** Carol Palmer/Andy Brilliant; **6.** left, Editorial Photocolor Archives/Ann Chwatsky; right, Stock Boston/Owen Franken; **8.** Ferdinando Merlonghi; **9.** Guidetti/Grimaldi; **11.** Stock Boston/Peter Menzel; **13.** Guidetti/Grimaldi; **20.** Stock Boston/Peter Menzel; **23.** Carol Palmer/Andy Brilliant; **25.** Stock Boston/Peter Menzel; **35.** Carol Palmer; **38.** Carol Palmer; **46.** Stock Boston/Peter Menzel; **53.** Carol Palmer/Andy Brilliant; **56.** left, Stock Boston/Peter Menzel; center, Carol Palmer/Andy Brilliant; right, Stock Boston/Peter Menzel; **57.** Stock Boston/Peter Menzel; **58.** Stock Boston/Peter Menzel; **61.** Zoltan Nagy/Black Star; **67.** Stock Boston/Peter Menzel; **70.** Carol Palmer/Andy Brilliant; **72.** Wide World; **83.** Leonard Speier; **84.** Fernando Merlonghi; **94.** Stock Boston/Owen Franken; **96.** Stock Boston/Peter Menzel; **107.** Photo Researchers Inc./Ciccione/Rapho; **109.** John Rizzo; **119.** Carol Palmer/Andy Brilliant; **131.** Stock Boston/Peter Menzel; **133.** Carol Palmer/Andy Brilliant; **146.** Stock Boston/Peter Menzel; **148.** Photo Researchers, Inc; **157.** Malcom Kirk © Peter Arnold; **159.** Photo Researchers, Inc./Leonard von Matt; **161.** UPI Photo; **165.** Stock Boston/Peter Menzel; **171.** Italian Government Tourist Office; **184.** Stock Boston/Peter Menzel; **186.** Stock Boston/Peter Menzel; **196.** Carol Palmer/Andy Brilliant; **199.** Photo Researchers, Inc./C. Santos Rapho; **211.** Black Star/Stein/Hamburg; **214.** Black Star/Zoltan Nagy/Rom; **217.** Photo Researchers, Inc./John G. Ross; **221.** Stock Boston/Peter Menzel; **227.** Carol Palmer/Andy Brilliant; **231.** Black Star/Zoltan Nagy; **243.** Stock Boston/Cary Wolinsky; **246.** Black Star/Zoltan Nagy; **252.** Stock Boston/Peter Menzel; **256.** Wide World; **258.** Photo Researchers, Inc./Fritz Henle; **270.** Carol Palmer/Andy Brilliant; **271.** Editorial Photocolor Archives/Lejeune/Sipa Press; **272.** The Picture Cube/Cary Wolinsky; **283.** Magnum/Marc Riboud; **286.** Andy Brilliant/Carol Palmer; **297.** Design Photographers International/Photo by EMA; **300.** Stock Boston/Cary Wolinsky; **313.** Wide World; **316.** EPA Mondadon Press; **328.** Photo Researchers, Inc./John Phillips; **330.** Magnum/Richard Kalvar; **332.** Stock Boston/Joseph Scheyler; **345.** Stock Boston/Peter Southwick; **348.** Photo Researchers, Inc./John G. Ross; **359.** Stock Boston/Peter Menzel; **361.** Fernando Merlonghi; **371.** Stock Boston/Peter Menzel; **374.** Carol Palmer/Andy Brilliant; **385.** Unipix; **386.** Photo Researchers, Inc./Franco Pinna

Color Photo Essay 1:
1. Photo Researchers, Inc./ © Porterfield/Chickering; **2.** Carol Palmer/Andrew Brilliant; **3.** Black Star/Ted Spiegel; **4.** Black Star/Ted Spiegel; **5.** Stock Boston/ © Peter Menzel; **6.** © Peter Arnold, Inc.; **7.** Stock Boston/ © Peter Menzel; **8.** © Peter Arnold/Bruce D. Silverstein; **9.** Photo Researchers, Inc./ © Ronny Jacques.

Color Photo Essay 2:
1. © Peter Arnold, Inc.; **2.** Stock Boston/ © Frank Wing; **3.** Black Star/Ted Spiegel; **4.** Editorial Photo Archives, Inc.; **5.** Andrew Brilliant; **6.** Stock Boston/ © Peter Menzel; **7.** Photo Researchers, Inc./ © Slim Aarons; **8.** Black Star/Ted Spiegel